U0448002

工作

巨变时代的现状、挑战与未来

THE JOB: WORK AND ITS FUTURE IN A TIME OF RADICAL CHANGE

[美] 埃伦·拉佩尔·谢尔 著　秦晨 译

图书在版编目（CIP）数据

工作：巨变时代的现状、挑战与未来/（美）埃伦·拉佩尔·谢尔著；秦晨译著. — 北京：北京时代华文书局，2021.9

书名原文: THE JOB：WORK AND ITS FUTUREIN A TIME OFRADICALCHANGE

ISBN 978-7-5699-4251-4

Ⅰ.①工… Ⅱ.①埃… ②秦… Ⅲ.①工作—研究 Ⅳ.①C913.2

中国版本图书馆CIP数据核字（2021）第 146833 号

THE JOB
Copyright © 2018 by Ellen Ruppel Shell
This edition arranged with InkWell Management, LLC.
through Andrew Nurnberg Associates International Limited
简体中文版由银杏树下（北京）图书有限责任公司出版
北京市版权局著作权合同登记号 字：01-2021-1935

工作：巨变时代的现状、挑战与未来
Gongzuo: Jubian Shidai De Xianzhuang、Tiaozhan Yu Weilai

著　者｜[美]埃伦·拉佩尔·谢尔
译　者｜秦　晨

出 版 人｜陈　涛
责任编辑｜李　兵
装帧设计｜墨白空间·张萌
责任印制｜訾　敬

出版发行｜北京时代华文书局 http://www.bjsdsj.com.cn
　　　　　北京市东城区安定门外大街 138 号皇城国际大厦 A 座 8 楼
　　　　　邮编：100011　电话：010-64267955　64267677

印　　刷｜天津创先河普业印刷有限公司　022-22458683
　　　　　（如发现印装质量问题，请与印刷厂联系调换）

开　本｜690mm×960mm　1/16　印 张｜21　字 数｜260 千字
版　次｜2021 年 9 月第 1 版　印 次｜2021 年 9 月第 1 次印刷
书　号｜ISBN 978-7-5699-4251-4
定　价｜90.00 元

版权所有，侵权必究

献给刚开始工作的艾弗里

工作的最高意义在于，它应是人类的仆人，

而非主人。

——埃德蒙·波尔多·舍克里[1]

1　Edmond Bordeaux Székely，匈牙利语言学家、哲学家、心理学家。——译者注

前　言
心智健全的测量仪

> 工作并不仅仅满足人的物质需求。就其深层意义而言，工作是衡量一个人理智与否的标尺。
>
> ——埃利奥特·雅克[1]

我们为工作所主宰。通过工作，我们施展才华、建构身份、融入世界。诚然，我们最珍贵的回忆并不总是以工作为中心，但我们对自身未来——乃至下一代未来——的希望和梦想，大体上都和工作密切相关。

美国人从小就相信工作具有神圣性：无论在家、在学校，还是在教堂听讲道，入耳的最高赞美莫过于"干得漂亮"（"a job well done"）。政坛的种子选手们对工作总是津津乐道，在政治演说中，"工作"及其同义词被提及的次数超过了"自由"与"公正"二者之和。就修辞而言，即便"自由"的重要性也要屈居"工作"之后。

所以，唐纳德·特朗普的选战基于这样一个承诺毫不为奇：要把"真正的工作"归还给美国东西海岸，要和"不公平的"贸易条约和"不正当的"移民政策角力，从它们的铁腕中奋力夺回2500万个工作机会，将后者像战利品一样陈列在我们脚下。"我将是有史以来最伟大的工作提供者，"未来的总统咆哮道，"看着吧，你一定会感到神

---

[1] Elliott Jaques, 加拿大心理分析学家、组织心理学家。——译者注

奇；看着吧，它就要成为现实。"

我们就真的看着了……我们怎会不关注这个？在如此众多的层面上，工作对我们的意义如此重大。除去睡眠时间，美国人花在工作上的时间比其他任何活动都要多，大约是和家人相处时间的6倍。无论对于个人还是社会，工作不仅是我们的生命线，它简直就是我们的续命之血。工作数量的起落形塑着我们的国民心态：这些数字操控金融市场、影响选民抉择、决定选举结果，它们是恐惧和希望之源。然而，尽管数字能够说明许多问题，却无法解释我们之中很多人在当下的一个感受——工作不顶用了。

这个感受千真万确。美国的立国基础就是"关于职业的宏大叙事"：通过个人的不懈努力和群体的齐心合作，几乎所有人都能顺着职业阶梯爬到中产阶层，甚至更高。当然，并非每个人都有这样的人生轨道，但进入这一轨道的人数，足以说明该愿景的合理性。这样的稳定进程让人期许一代更比一代强，在20世纪的大部分时间中，这种期许也大多变成了现实。

然而，此一时彼一时。进入21世纪，工作数量的增长并未导致贫困的显著减少或是中产阶层的壮大。后工业时代的数字经济虽然创造了些许高薪好职，但这只是一股涓涓细流；与之相比，那些乏善可陈的低薪工作才是滔滔洪波。由此，数字经济导致不平等的急剧扩大，对自由市场民主制度的前提——努力工作会带给我们需要的、想要的结果——构成极大威胁。

由于当下令人晕眩的不确定性，职业生涯中的进展不再如以往那样是顺着牢固阶梯稳步上升，而是如同在光滑的冰崖上惊心攀爬，一失足就将万劫不复。甚至幼儿园小朋友都已对此了然于心。得克萨斯大学的教育研究员克里斯·布朗（Chris Brown）告诉笔者，5岁孩童很快就"学会了他们不该只想着现在，而要担心后面的事——一年级、初中、高中和大学，而这一切都指向他们在未来将要从事的、也就是我所说的'工作'"。

当然，年轻人被特定职业吸引并非坏事。我们当中的很多人，在孩提时代也曾梦想着成为消防员、教师、芭蕾舞者，或者和我一样，想当一名深海潜水员。但是，我们这一代有多少人会在 5 岁时就担心未来能否找到好工作呢？一个是怀有深潜梦的中产阶级儿童，一个是在成长过程中一直为未来焦虑的中产阶级儿童，二者根本不可同日而语。

事情本不该如此。数据时代赠予我们获得信息、使用网络的无限便利，提供了帮助我们把握自身命运的各类市场。这一切似乎都在承诺，我们的人生将会丰富充裕。当然，对一些人而言，这个承诺兑现了。然而，技术并没有像人们预见的那样打造出平等竞争的平台，相反地，技术的巨轮碾过，在我们的竞技场上轧出了更陡的山峰、更深的沟壑。我们一直被灌输这样一个理念：通过正规教育或培训，或二者结合，就能够磨炼本领，成为赢家。而现在我们将看到，这个理念并非无懈可击，因为它忽略了进步的代价。

关于人工智能的核心议题之一就是，有许多对人类轻而易举的任务，对机器则为难关；反之亦然。比如，修剪指甲和将水杯放上餐桌这样的动作，对很多人来说是小菜一碟，对机器却殊为不易；另一方面，那些涉及高水平推理的工作，如簿记、做账、各类银行操作，还有法律档案的分析和医学扫描，机器做起来更为拿手。由于这点和其他原因，中等薪酬的熟练工作和低薪工作相比，其被削减乃至淘汰的风险更大。"中产"遭遇困境，这对于甜蜜的美国梦而言可不是个好兆头。

我曾在底特律和一位 26 岁的企业家聊过。他是这么说的：

> 互联网掏空了中间部分，提升了高低两极。麻烦的是高不成低不就的。要在企业层面上理解这一点，想想我们怎么买书就可以了。如果一个古怪老头经营着一家微型书店，互联网会帮助买家追踪到他售卖的稀缺版本，所以这种小市场依然有利可图。另一头，亚马

逊那样的超级市场，也是能赚钱的。但是，边界书店[1]这种企业的雇员……面对现实吧，他们的工作没有了。书店如此，其他产业也差不离……实际上，大多数产业都如此。

我们的时代咒语"告别平庸"当中暗含着某种威胁：中间层不复存在——你不在顶层，就在底层，或即将堕入底层。然而，显而易见不是所有人都能比别人更好。在大多数事情上，人们总是呈现两头低、中间高的倒U形正态分布。所以，如果说平庸者玩儿完了，我们当中的大多数也就玩儿完了。至少，在适合我们需要、能力和性情的工作机会方面，这已成事实。许多专家这么讲，为数不少的公众也开始对此表示赞同。

成就卓越、或至少接近卓越的压力与日俱增，让人们陷入惨烈的你争我夺。在收入方面，大多数人距离顶层如此遥远，以至于所谓的"赢家"似乎居住在另一星球之上：1600名美国超级富豪拥有的财富，相当于后90%美国人的财富总和。这种戏剧化的差异使得我们格外渴望通过工作来告别平凡，使得我们更倾向于采用甚至合理化"赢者通吃"（winner-take-all）的手段与政策。这样做的后果就是，我们丧失了从工作中获得快乐与意义的能力。

本书固然会涉及国家政策，但我之所以选择一个如此"扎心"又充满争议的话题，其原因既是政治的，也是个人的。这个话题令我着迷，作为母亲和教师，我很难绕开它。在为数众多的儿童身上，我看到了深深的困惑和令人无力的焦虑；我也目睹了芸芸青年积聚着越来越强烈的憎恨和愤怒。我看见那些无耻的托儿在怂恿，让人们及其下一代"为工作做好准备"，而这背后是教育系统的衰败和信念的动摇。我看见，任何"成就"，只要它能够让简历更加光鲜，那么无论其目的多么琐碎无聊，人们都为之鼓掌欢呼；我也看见，许多发自内心的

---

[1] Borders Books，美国著名连锁书店。——译者注

努力，只因不能带来明确的镀金效果，就被人轻视甚至嘲笑。我亲眼看见对工作日积月累的焦虑将很多人——尤其是年轻人——变成了生怕走错一步的冒险恐惧者。（我难忘自己的一个学生。他不得不放弃"自私的"文学专业，改学"有实际作用的"商科，即便他承认，对后者他既无天资也无兴趣。）我的个人观察也在整个国民的恐慌中得到了验证：中国、印度和墨西哥等国的人们也在努力跟进日益波诡云谲的全球经济，而我们自己的经济和劳动力在这些面目模糊的"外国人"面前节节败退，全体美国人都为此忧心忡忡。

毫无疑问，无论在美国还是全世界，工作都已改变。蓝领和白领工作的外包，还有不断增多的临时性工作，都加剧了我们的不安。曾经，老板和工人签订合同，双方默认的是忠诚服务和安全稳定的交易。这一前提如今已不复存在。技术似乎发展出了自己的思维。这些因素使得工作成为问题，而美国人似乎还不能直面这个问题，更不要说坦诚勇敢地解决它。本书就是向着这个缺口的纵身一跃。笔者不会承诺提供任何轻松的解决方案，我甚至不会劝说你相信这种方案的存在。我写作本书，是为了搅动止水，是为了挑战广为接受的智慧，揭示众多迫在眉睫的艰难真相。毕竟，就其广义而言，无论对个人还是国家，如何工作意味着我们如何融入世界。

有言在先：关于工作及其前景，我们需要一场全民大讨论。这场讨论绝对必要，早该发生。在这点上想必读者诸君和我意见一致。但诸君恐怕也在怀疑，以我们公众话语的现状，它能否担当这一重任。你们的怀疑不无道理。在当下时代，索然无味的迎合和主观偏颇的言辞被包装成为理性辩论，空洞的修辞被当成诺言（"我们**将要**夺回采矿工作！"），而承诺则俨然成为已经实现的目标（"新增2500万个工作机会！"）。在这样的时代，几乎很难想象任何议题可以产生富有成效的对话，更不要说如此复杂的一个议题。所以，在进一步的分析之前，我得承认存在着两个非常真实的障碍，不过它们也并非不可逾越。

第一个障碍是如下假设：可量化的效率是进步的首要推手。这个理念已经失去了它的昔日根基。在工业时代，雇主们为提高效率，将工作任务细细拆分并标准化。他们遵循的是一个萝卜一个坑的组织理论，这个坑可以是往炉膛里铲煤，也可以是裁剪布料来做衬衫衣领。在许多项创新背后都是这种使劳动非技术化的逻辑。这项策略在短期内具有相当大的破坏性，长久而言对于经济和社会却是好处多多。由于自动化，我们能够以少产多，从而扩大产量、促进增长，同时还能降低售价。在整个工业时代，许多工人——尤其那些属于工会组织的工人——获得了生产力提高带来的报偿：稳定增长的薪资和实实在在的福利，更有部分幸运儿赢得了对自身职业生涯更好的掌控。日益高效，日益繁荣；贫困减轻了，民主政体更稳固了。劳动生产率的提高促成了美国中产阶级的崛起。

然而，进入数字时代，这种逻辑出现了漏洞。我们对效率的追求有时不容置疑，这让我们低估了工作和生活质量的重要性。我们评价农民的依据不是其产品的营养价值或口味，而是价格；评价医生的依据不是他们救活或改善的生命，而是他们治疗病人的数量；评价老师的依据不是他们给予学生的启蒙和鼓励，而是这些学生考出来的分数。过度强调效率让我们高估某些工作的价值，与此同时低估另一些工作的价值。就像前文提到的那位原本志在文学的学生，我们被推动着去寻求那些对自身无甚意义、对社会的贡献也很可疑的工作。有些商品和服务我们其实并不需要，但效率癖将它们大量生产出来，刺激我们的欲望；而另一些商品和服务确实是我们极度需要的，效率癖却阻碍了它们的充分生产。

另一个让人不安的趋势是，工作者的收入与其付出不成比例。1973年至今，我们的生产率大幅增长，但我们薪资的增长只有其1/6。极少数的人夺走了绝大多数人创造的劳动价值，我们无法再依靠增长奔向繁荣，甚至工作本身也不能保证这一点。事实上，美国低收入者的工资越来越难以糊口，中等收入群体的比例也在缩小：1971

年，61％的美国人属于中产阶级，最近的调查则显示这一比例还不到50％。因此，本书的目标之一，即重新校准以下二者平衡的度量仪：其一为对工作效率和生产力的无尽要求；其二为人自身固有的生产意愿及获得对等报酬的需要。

坦诚对话的第二个障碍是这样一个观念：得到并保住一份好工作是一个"赢家得大头"（winner-take-most）的游戏，少数人的胜利宣判大多数的失败。表面上看，这个假设似乎没有问题，因为对于我们之中的许多人，"求职"已经成了"饥饿游戏"[1]。如今，工作机会要么因自动化而大幅减少，要么从美国这样的高薪国家流向中国和印度那样的低薪国家。世道如此，找工作也就被当成了一项你死我活的惨烈竞技。特朗普深知这一点，所以他利用了这个局面带来的恐慌，向美国人承诺要将工作"带回家"。这个宣言的问题在于，全球经济中，并非所有工作都有所谓的"家"——许多工作都可以四海为家。当它们扎根在低薪国家时，美国消费者或可从更低的商品价格中获益。所以我持这样一个态度：一方面，我认为不应该一味地把工作交给要价最低者；另一方面，我也不赞成将工作强留在已经不合适的国度。事实上，本书的另一预设就是，尽管很多美国原有的工作无法招架全球化和自动化的组合拳，但能够满足求职者的好工作其实也是层出不穷的，无论这些求职者属于什么国籍。

这一切都提出了一个无法回避的问题：我们所谈论的"**工作**"（work）究竟何意？对不同的人提及这个词，会在他们脑中激发不同的想法。所以，进一步讨论之前，我有必要厘清一些术语。工作常常由收入这个最易测量的要素来标定，因此我们会轻而易举地将它定义成任何有偿劳动。然而我们不应如此草率。这种对工作的单维度观念是片面的，若如此解释，只有某类工作名正言顺，其他所有类别的工作都将被贬损。比如，GDP并不计入父母抚养子女的价值，也不包

---

[1] 《饥饿游戏》（*Hunger Game*）为美国作家苏珊·柯林斯的系列科幻小说，其主要情节是人与人之间为了生存的相互搏杀。——译者注

含无数志愿者——善款筹集人、教堂唱诗班、维基百科词条撰写者、血液捐赠人等——的努力成果,然而这些无偿工作价值巨大,丝毫不逊于甚至超过很多形式的有偿工作。志愿消防员和公益律师给社会和社区带来实实在在的好处,相比之下,烟草生产商和网络弹出广告的制作者,无论他们收入多高,他们对社会的贡献都值得怀疑。

所以,我们或可达成一个共识:好工作的意义可以超出市场价值,而且事实也常常如此。不过,接下来的大多数时候,我所说的工作默认指有报酬的那种。若给工作下一个"任何为自身或他人创造价值的活动"这样涵盖一切的定义,那将把我们带进含糊其词的兔子洞。不过,我仍然试图在"工作"和"职业"(job)之间做个区分。工作是人类与生俱来的一种倾向:婴儿找自己的脚趾,微笑,传达需求,这些都是工作,然而我们都很清楚,没有人生来就具有从事一份职业的倾向。[1]

"职业"一词形成于16世纪,当时它的定义是"抢劫或欺骗",指的是从别人身上榨取钱财的肮脏勾当。当时,众多农人和工匠都梦想着拥有自己的土地或作坊,以便通过劳作出人头地;恐怕很少有人想要通过帮助别人赚钱来获得自己的一份薪酬。直到工业时代,"职业"一词才拓宽范围,涵盖了"工作",似乎后者只是前者的子集。然而,事实正相反——在工作的宏大宇宙中,职业才是一个子集。而且,职业并不一定是工作宇宙里最稳定、最值得拥有的角落。无论多棒的职业都有背叛我们的可能,而好的工作从来不会。这一点我相信读者之中的大多数都没有异议。

因此,职业是有局限性的,而在数字时代,这些局限越发凸显:本书写作之际,官方公布的失业率创了17年来的新低,然而这并不能给人带来多少慰藉。现在最重要的不是工作的数量,而是其质量。

---

[1] 在本书的相关部分,为了最大限度传达作者对于"work"和"job"两个概念的区分,译者尽量避免笼统地将二词均译为汉语的"工作",而将二者分别译为"工作"和"职业"。但当作者的重点不在区分两个概念时,为行文方便,有时也会将"job"译为"工作"。——译者注

可在许多时候，质量根本就付之阙如。最新政府统计数据表明，半数的美国劳动者年收入少于30000美元；年收入在50000美元以上的只有1/4。与此同时，几乎所有刚需消费的价格都在持续攀升。家庭健康保险计划的平均每年保费超出12000美元，然而报销门槛却高达8000美元。美国2/3地区的房价增长超出了工资增长。大学学费以前在工薪阶层年收入中的占比还算合理，如今，只是上个本州的公立大学，学费就要耗掉年收入约30%，这还不算住宿、书本和其他相关费用。日托的花费呢？随便找个幼童的父母了解一下吧。

对于越来越多的美国人而言，有份"职业"已经不够了。那么，这是否意味着我们所知的职业正在消亡？一些人认为确实如此。和我交谈的底特律年轻企业家是这么看的："未来的工作将更多出现在雇佣情境*之外*。"

雇佣情境之外的工作。这个概念很重要，后面本书将进一步深入探讨。在那之前请先允许我再树几个路标。"工作"是一个枝蔓丛生的概念，抽象笼统地谈论很难捕捉它的真正含义。所以，在全书中，我试图在各种具体的工作情境中进行叙述：马萨诸塞州东部的一位市场经理，失业后如何彻底改造自己；另一位曾经的市场经理，她原先的职业是帮助其他公司将工作外包至海外；一位中西部的汽车工人，为了"更加先进的生产方式"接受再培训；一位20多岁、理想幻灭的曼哈顿会计；一位生活在北卡罗来纳州夏洛特的3个孩子的父亲，对自己在连锁便利店的工作充满热情；一位曾经驻守在克利夫兰的老兵，贩卖过可卡因，之后因为有人许诺给他洗衣店的股份而获得拯救；一位从艺术学校退学的女士，她在缅因州南部的村舍里为好莱坞大片做设计；以及肯塔基州乡间，正考虑在煤矿之外寻找未来的年轻人。我们将听取上述各色人等的故事，我们的主人公还包括消防员、动物园管理员、医院保洁、摩托车设计师，还有改行做房地产的中国学者。与此同时，为了揭示上述一切故事的意义，我们也会听一听从事另一类工作的人的看法，他们包括：经济学家、哲学家、心理学家、计算机科学家、社会学家和历史学家。他们的洞见很有可能让你惊奇，让你换个全新的眼光去看待工作，包括你自己的工作。

这本书分为4个部分，从工作问题到一些有趣的甚至令人兴奋的解决办法。除了少量迂回的叙述，我的写作方式大致是线性的。全篇从一个叫马林塔尔的奥地利小村庄拉开序幕，它因20世纪20年代末的那场大萧条而深陷困境。之所以从这个貌似与本书无关的地方开始，是因为近一个世纪前在那个小村庄发生的事情迫使当时的世界认识到了我们今天当作天经地义的道理：工作因其丰富、复杂、欢乐和痛苦而成为人类繁荣兴旺的不可或缺之物。

马林塔尔的故事使得本书第一卷的议题——"美国的工作乱局"——格外具备紧迫性。该卷记录的是数字时代工作的分崩离析。我并不赞同消灭智能手机，重回有线通讯——创新是而且将永远是我们通向未来的关键。但我必须警告，近几十年来，创新带来的一系列出人意料的结果已经造成了工作的混乱。

2017年底，当联合国宣布一家新的研究机器人和人工智能的机构创建之际，指出了如下问题："20世纪后半叶，由于机器人技术的迅猛发展，加上计算能力的提高，可分配给机器人和基于人工智能的各类系统的任务范围成倍地扩大了，同时，这些技术操作方式的自主性也获得了指数级的增长。虽然这种趋势有利于全球发展和社会变革……[但]它也带来了法律、伦理、社会层面的担忧和挑战。"

确实，这个时代当道的是优步、自由职业的APP设计师和将任务外包给要价最低者的在线经纪人。在这样的时代，很难明确"受雇"的含义是什么。有人让我们放心，他们说摧毁旧机会的技术将被用来为更多的人创造新的机会，而非仅仅限于往日的少数幸运儿。但问题是，如何创造？几年前，当有人担心技术幽灵将取代工作场所中的人力智能时，经济学家和计算机科学家尚对此嗤之以鼻。如今，面对这种两难局面，他们只得心服口服。本书第一卷将考察上述趋势和其他一些不那么明显的力量，让我们对这些塑造工作方式的因素来一番不无痛苦的审视，并且思考它们如何影响我们的民主政体、经济和人生。

本书第二卷聚焦于工作心理学。我们如何从工作中获得意义？从工作的哪些方面获得我们的身份认同？我们可以假定，意义是由雇主赋予的，而认同是与雇用我们的机构联系在一起的。这么想当然不无道理。但是，当我们不认同雇主的目标，当我们感觉不到雇主的重视，或者，越来越常见的是，若我们没有受雇于任何特定的机构时，那又将如何？在这些情况下，我们如何得到认同，如何理解工作的意义？在试图回答上述及其他相关问题时，我们可以求助于一些伟大的思想者，这其中包括耶鲁大学管理学院的心理学家艾米·瑞斯尼维斯基（Amy Wrzesniewski），她的研究领域就是人们如何理解自己。她指出，我们**做什么**来谋生并不总是决定我们如何**看待**这个谋生之道，至少不是以我们所认为的方式来决定。例如，沃尔玛门口的接待员可能将她的工作视为神召（calling），医生却可能将治疗病人仅仅视为"饭碗而已"，而他们的看法可能都是有道理的。虽然大多数雇主更希望我们把工作当作天赋使命，从而日复一日全身心地投入其中，但瑞斯尼维斯基认为，大多数人或许不应该这样做，因为"蒙召者"更有可能被低估、被贬抑，并且他们的贡献普遍地被视为理所当然；而那些视工作为"饭碗而已"的人就不太可能掉入类似的陷阱。事实上，那些用"有意义的工作"来吸引我们的雇主就像送礼的希腊人[1]——他们的礼物只是些不值钱的小玩意儿，旨在诱导我们融合进企业文化，而非给我们带来真正的价值。我们即将明白，理解工作的意义最终在很大程度上是一个DIY[2]命题。

全球竞争看似导致了对有技术、有知识的劳动力的无穷无尽的需求。美国人正跃跃欲试迎接这一挑战。但如何迎接？为今天的工作培

---

[1] 英语中 Greek gift(s) 直译为"希腊人的礼物"，意为"不怀好意的礼物"，出自特洛伊木马的典故。此处"送礼的希腊人"为 Greek gift(s) 引申。——编者注

[2] 英语"Do it yourself"的缩写，即自己动手。——编者注

训我们自己和子女，还是让他们准备好应对甚至塑造明天的工作？二者哪一个更安全、更明智？传统意义上的正规教育是培养21世纪劳动力的最好方式，还是有更新更好的方式？大学教育目前业已定价过高，作为一种工作战略，其作用是否也被高估了？职业培训计划和学徒制度又如何？"技术鸿沟"是怎么回事？如果它真实存在，我们该如何弥合这一差距？

在这本书的第三卷中，我将上述和相关问题追溯到当下的学校、训练场，以及更远的地方。这部分是全书根本，同时它也是一个可能引发争议的部分。我们大多数人对教育的目的和前景怀有坚定的信念，这些信念至关重要。但我的目标是将信念与现实区分开来。我将着重讲述一所位于铁锈地带[1]深处的大型社区学院，它正在培养新一代无人机飞行员。还有位于阿巴拉契亚腹地的一间小型的人文学院，旨在培养下一代的深刻思想家和创新者。显而易见的是，每个地方的人们都希望得到同样的东西——教育，这种教育能够使他们获得高产出、有目的和报酬较好的工作。然而，梦想毕竟不是马，能够以梦为马的只是一部分人——我将分析为何这部分人可以实现心愿。另外，我也将指出，（在梦想之外）究竟什么东西能够将更多的人扶上马。

本书第四卷，也是最后一部分，以一些活生生的实例来说明工作的未来，这些例子包括：芬兰赫尔辛基的一位哲学系出身的香肠制作者；布鲁克林的摩托车设计师；肯塔基州的一位24岁的扫帚制造人；费城的一位篮球鞋大亨；以及俄克拉荷马州塔尔萨市一家全国连锁便利店的创始人。虽然在许多方面有很大的不同，但他们有一个共同的目的：把工作做好。我们将跟随他们的历程，倾听他们的想法。我们还将倾听一些处于美国，甚至世界前沿的研究工作及其未来的思想家的看法。如果你像我一样，他们的洞察力会让你相信，工作可以是而且应该是我们能够处理好的事。

---

[1] Rust Belt，指从前工业繁荣而今已衰落的地区。——译者注

正如我早些时候指出的，我接下来的意图是挑战已被广为接受的智慧并激发新的思考，而不是用我自己的观点淹没你。但请允许我谈一谈我这一路上不时出现的一些想法。其中最重要的一点是，对人类而言，工作是一个特别重要的需求，工作的事情不能单纯依赖变幻莫测的全球市场。我们也不应随意削减工作岗位，把裁员当作企业创新的良性副产品。在工作问题上，不存在什么"滴流效应"[1]解决法。相反，保留良好的工作必须成为创新的明确**目标**之一，一个需要以开放、透明和紧迫感来应对的挑战。工业时代的战略已经锈迹斑斑，我们不能依赖以此为基础的传统智慧。我们需要一种新的方法来适应新的现实。

接下来，我要阐明为何要将创造可持续和有价值的工作放在我们的公共议程上。所有的利益相关方——企业、政府、教育工作者和公民——没有一方能够单打独斗，想要解决这一问题必须在各方一致同意的基础上进行合作。我们作为一个国家的生存，以及作为自由世界公民的生存，决定了这一策略并非可有可无，而是不可或缺。我这么说毫不夸张。

工作在很大程度上决定了我们星球的命运。好工作带来的稳定可以避免冲突，它带来的明晰思想可以让人们倾向于创造而非破坏。这是大局，但不是唯一图景。在个人层面上，生活中很少有什么东西能像工作那样给我们带来如此重大的目的感。这本书最终关乎工作在我们生活中的中心地位——经济的、历史的和心理的。它还关乎好工作所带来的尊严，以及工作如何发挥其独特作用，使我们充分意识到人何以为人。

---

1 trickle-down effect，这一理论认为经济发展的成果最终会"滴落"到穷人身上。——译者注

目 录

序 幕　坚不可摧 ································· 1

第一卷　美国的工作乱局 ························· 7
第一章　少吃苦头 ································· 9
第二章　爬出棺材 ································· 32
第三章　机器人该交税吗？ ························· 49
第四章　让他们去吃 APP 吧 ························ 64

第二卷　抉 择 ··································· 75
第五章　激情悖论 ································· 77
第六章　心灵的习性 ······························· 94

第三卷　学做工 ·································· 111
第七章　儿童的功课 ······························· 113
第八章　注意（技术）鸿沟 ························· 131
第九章　凝望千哩之外 ····························· 147
第十章　当鬼怪抓住你 ····························· 163

第四卷　重新思考 ································ 179
第十一章　芬兰之路 ······························· 181
第十二章　取消人力出租 ··························· 202
第十三章　朋克创客 ······························· 227
第十四章　能工巧匠 ······························· 248

致　谢 ·· 279
索　引 ·· 283

序　幕
坚不可摧

> 勤劳的种族特别难以容忍懒惰。英国人几乎是本能地将星期天过得索然无味，在这方面他们简直可算天才……因此，英国人会不自觉地渴望他们的工作日。
>
> ——弗里德里希·尼采

大约200年前，在维也纳东南15英里[1]处的菲莎（Fischa）河畔，泥泞的两岸相继盖起了一座又一座的棚屋，于是奥地利的土地上出现了一个叫作马林塔尔的小村庄。那里土壤贫瘠，耕种不易，但河水流动得很快，几乎从不结冰，成为源源不断的水电来源。工业革命唤醒了村庄沉睡的经济，辛苦劳作的农民放弃了卷心菜田和马铃薯地，在工厂开始了新生活。

帝国皇家特许马林塔尔棉纺厂和毛纺厂的机器日夜轰鸣。男人、女人和孩子们肩并肩地坐在长椅上，制作出口到匈牙利和巴尔干半岛的粉红和蓝色相间的花布。工资很低，活儿很累，但工作稳定——人们不用像以前在农场那样担忧恶劣天气或虫害。大家都说，马林塔尔的好人们心满意足，十分感激进步给他们带来的机会。

来自维也纳的金融家和慈善家赫尔曼·托代斯科（Hermann Todesco）是马林塔尔的创建人，也是工厂的老板。该厂是欧洲首批同

---

[1] 1英里≈1.61公里。——编者注

类工厂之一。托代斯科 1791 年出生于布拉迪斯拉发的一个小贩家庭，从贫民区白手起家，成为他那个时代最富有的人之一。他和他的儿子们很受欢迎，也很仁慈，几乎符合所有模范雇主的标准。他们建造了工人住房、幼儿园和小学，还设立了医院，并向工人提供免费医疗。对他们的慷慨，工人报以许多倍的忠诚和生产力。工厂蒸蒸日上，在新的所有制下成长为奥匈帝国最大的纺织厂之一。

工厂的繁荣给马林塔尔带来巨大财富，小镇飞速发展起来。它的节日、戏剧和舞蹈远近闻名，特别是到了冬季狂欢节，整个小镇都笼罩在浓浓的喜庆气氛之中。庄园公园的美丽湖泊、浴池、音乐馆和网球场令人神往。周末，人们携亲带友、成群结队地涌入公园，漫步在鲜花装点的小径和修剪整齐的草坪上。该镇设立了工人图书馆、足球俱乐部、广播俱乐部、戏剧俱乐部、养兔人协会、女子手球队和男子自行车舞蹈俱乐部——在一张照片中，骑自行车的男子身着白衬衫和黑裤子，光彩照人。

人们都认为马林塔尔是一个安全又生机勃勃的地方，普通人在这里也能安身立命、供养家人。但这一乌托邦维持的时间并不长久。大萧条扼杀了奥地利的经济，就像它扼杀了美国的经济一样。急剧的通货膨胀，银行倒闭，消费者需求萎缩，几乎没人能够再购买粉蓝条纹的花布，或其他任何东西。1929 年夏天，工厂开始缓慢而持续地衰落：纺织车间、印花车间和漂白车间都被肌肉发达的人们挥舞着大锤摧毁了。最终，巨大的织布机也被拆解贱卖。1200 多人丢了饭碗。那年冬天，马林塔尔的居民们发现自己被工厂的废墟所包围——凹痕累累的锅炉、破烂不堪的传动轮，以及厂房的断壁残垣。大多数居民靠领失业救济过活，这是他们以前断然不愿陷入的境地。人们绝望了。

新婚燕尔的保罗·拉察斯菲尔德（Paul Lazarsfeld）和玛丽·亚霍达（Marie Jahoda）对这个南边村庄的困境并不知情，这两位社会心理学家的注意力都集中在自家所在的维也纳。作为坚定的社会主义者，他俩为工人的规定工时减少而开心。他们提议了一个研究项目，旨在帮助这些工人更好地利用他们来之不易的闲暇时间。但是，当他们把研究计划交给社会民主党的老大奥托·鲍尔（Otto Bauer）时，他的脸都气白了。难道他们没有意识到奥地利的经济已经烂成一坨屎了吗？关键的问题不是工人们如何度过业余时间，而是失业后他们该如何生存啊！他怒气冲冲地说道，失业到处蔓延，而马林塔尔就是原爆点。

这下拉察斯菲尔德和亚霍达学乖了。他们被派往马林塔尔，一同前去的还有法律学者汉斯·蔡塞尔（Hans Zeisel）及来自维也纳心理研究所的 8 名同事。鉴于马林塔尔是社会民主劳工运动的大本营，人们普遍认为，这种"资本主义的崩溃"将引发政治行动，甚至可能引发暴乱。研究人员的任务就是见证失业者的革命并记录其过程。为此，他们汇编了 478 个村庄家庭及其日常活动的深度记录。他们审查政治和民间社团的成员名单，统计杂货店和肉铺的收据，监测报纸订阅和图书馆的借阅情况。他们手握秒表蹲守树后，记录行人过马路时的步速。他们前往俱乐部和社交聚会，并到居民家进行长时间的访谈。他们还让学生们以"我最想要的是什么""我想成为什么样的人"这样的主题写作文。几个月后，研究人员聚集在一起分析所得数据。他们的发现令人不寒而栗。

被剥夺了生计的村民既没有团结起来进行抗议，也没有诉诸其他任何政治行动。他们只是逆来顺受。曾经熙熙攘攘的图书馆如今门庭冷落；公园荒废，长满杂草；一度火热的公众辩论冷却了；各种社交俱乐部也解散了。孩子们变得茫然无措。一名 12 岁的孩子在作文中写道："我想成为一名飞行员、潜艇艇长、印第安酋长或者工程师。不过，我恐怕连个好工作都找不到。"（有趣的是，这个男孩一边说他"想成为"什么，一边说工作难找。）

在马林塔尔，失业本身已经变成了一种"工作"，人们从事的不是反对体制，而是一种苦不堪言的相互对抗的工作。他们孤立无援而又刻薄悲观。他们窥探彼此，动辄举报彼此，特别是在领救济金的事情上——如果有人被认为是在"骗保"，那么很快就会被邻居和老朋友们告发。还有别的令人伤心的事：宠物们——大多是狗，偶尔是猫——从后院和门廊消失了。关于那个时期的一篇论文标题就是"当人们吃狗的时候"，这篇论文揭示了我们需要知道的有关这些宠物的结局。一位马林塔尔居民说道："丢了猫狗，主人已经懒得报告了。他知道一定是被人吃了，而他并不打算费心去查这人是谁。"

然而，马林塔尔最古怪的现象不是餐盘里的狗肉，而是人们抛弃了他们的时间观念。他们不再戴手表了，吃饭经常迟到。他们放慢脚步，有时甚至慢到堪比爬行。当被问及去了哪里、一天都做了些什么，许多人根本就想不起来。有个男子这样描述自己无所事事的一个上午："不知怎的，就到正午了。"

研究人员十分震惊。贫穷固然是件可怕的事情，但贫穷并不足以解释眼前的悲剧。村民是很穷，但还能吃饱饭——大多数人都有失业保险，还有一些人有养老金。他们拥有住房、家庭，当然，还拥有彼此。然而他们并没有联合起来做能做的事，比如带孩子上图书馆、组织学习小组，甚至，他们本可以站出来向政府提出更多的要求。事实却是，社区原子化，每个人都争先恐后地为自己抢夺一点好处。研究人员做了如下总结：靠救济金生活，既不是社会主义学者们所认为的那种振奋人心的经历，也不是穷人批判者们所说的"不事生产、享受闲暇"的借口。失业本身就是一个打击斗志、扼杀灵魂和制造危机的魔鬼。1971年发表的美国版研究报告中，研究者在前言部分做了如此概括："闲暇被证明是一份悲剧性的礼物。"

马林塔尔调查第一次系统性地详尽分析了失业在经济、心理和精神方面的代价。作者列举了一些工作的"潜在功能"，如结构化的活动、共享的经验、地位和集体目标，没有这些，社会和许多个人就会分崩离析。他们甚至走得更远——将马林塔尔的懒散不安与纳粹征服奥地利联系起来。1938年，当希特勒带着对好工作的承诺吞并奥地利、工厂重新开张并被"雅利安化"之际,马林塔尔的居民才集体长舒了一口气。数年后,亚霍达写道:"能够对抗失业导致的萎靡的,只有工作。"

你很可能认为二战前的马林塔尔和今天的美国不可同日而语。我同意。但是,具有警示意义的马林塔尔故事埋下了一个伏笔,它和我们的时代息息相关,却很少被提及。尽管在当年的马林塔尔,有一些男人不再戴手表,彼此出卖,甚至偷盗邻居的宠物,但并非所有人都如此,尤其是女人们。虽然丢了饭碗,可是马林塔尔的许多女人并没有随之丢掉能动性或目的感,也没有消极无为。工厂关闭后,她们一如既往地早起,每夜比男人平均少睡90分钟。她们严格控制家庭预算,甚至会省下点钱给孩子们买节日礼物。她们在农舍里做些小生意、开辟菜园、养兔子。简而言之,除了不再从事一份有偿工作,她们依然做着工厂营业时的所有事情,甚至更多。正如一位年轻母亲所说:"虽然我现在的工作量比以前少了很多,但实际上我整天都很忙。"这听上去似乎有些矛盾,但研究人员明白她的意思。他们写道:"严格意义上的'失业'一词只对男性适用,因为女性只是没有报酬,而不是真正地失业。"

没有报酬,而非失业……女儿、母亲和妻子们都是如此。不过,性别差异在马林塔尔并没有起到那么大的作用。研究揭示的事实是,当工厂关闭后,有些男人也在继续支撑着自己与生活。他们也种蔬菜、养兔子。他们也花时间带孩子。尽管在技术层面上,他们没有被雇用,但他们顽强地做着那些有意义的事,这些事情将他们锚定在这个世界,使他们的生活井井有条。这些工作并不依赖雇主,而是他们自身的一部分。正如我在本书导言中提到的底特律年轻企业家所说,这些妇女和男子能够"在雇佣情境之外"维持工作,他们不仅更好地谋生,还能够过上更有意义的生活。马林塔尔的研究者们用"坚不可摧"来形容这些坚强的男人和女人。我们将在接下来的章节中看到,他们在动荡变化中挣扎求生的故事对于我们这个时代具有重大启示。

第一卷

美国的工作乱局

我们将为美国人夺取每一份工作而奋战。
——唐纳德·特朗普

第一章
少吃苦头

> 需要多少年的疲惫和磨难，人们才能明白关于工作的简单真理：这样令人厌恶的东西，原来是避免经历人生艰辛，或者说，少吃苦头的不二之选。
>
> ——夏尔·波德莱尔[1]

如果将美国梦打包成一个人的样子，亚伯·戈雷利克（Abe Gorelick）就是它的完美呈现。他年轻活跃、不知疲倦、乐观向上，头发染上了恰到好处的一点灰白，微笑融合了恰到好处的谦逊和魅力。他的住所是一栋在道路尽头的漂亮房子，位于一个好学区，周围都是价值百万美元的豪宅。他开着绿色捷豹送3个孩子去上足球课，那是他的父亲——一位退休的高中西班牙语老师——想都不敢想的豪车。他是两个慈善委员会的成员，并在所属的犹太教堂中担任重要角色。他参加垒球和篮球联赛，为自己投进的3分球自豪。

看一眼戈雷利克的简历就可以明白他有多么成功："高级副总裁""总经理"和"首席顾问"等头衔，与藤校学士学位及芝加哥大学的MBA相映生辉。作为一名经验丰富的战略家，戈雷利克曾是大金融机构、航空公司、制药公司、全球零售商，以及大大小小的新兴公司的合伙人。他精通数字经济，思维超前，是在知识经济领域排在

---

[1] Charles Baudelaire，法国现代派诗人，代表作为《恶之花》。——译者注

前 4% 或 5% 的精英，实属人生赢家。

然而，那是在他 57 岁生日之前。快到 58 岁时，戈雷利克仍然为他的 3 分球感到骄傲。但在那之后，他的人生完全偏离了之前光鲜的简历。我认识他时，他或是在开出租车，或是在全食超市收银，又或在洛德泰勒百货公司兜售领带。与他以前的收入相比，这些兼职工作赚得的碎银子少得可怜。他失业前的最后一份工作是在一家国际营销公司担任全球战略和创新负责人，公司毫不客气地把他裁了，被裁的原因他并不明了。不过他并没有一蹶不振，而是执着地看着他所说的"好的一面"。在全食超市工作时，他喜欢和顾客开些无伤大雅的玩笑；他开出租时，帮助行动不便的老妇上下车，老妇送他礼物，让他很开心——能稍稍改变人们的生活并因此而被感激，这种感觉很棒。尽管如此，他还是想重启**职业生涯**。他对自己的劣势心知肚明——比如年龄对他不利。他并不是老天真，但他不认为年龄是最根本的问题，他认为问题出在**他自己**身上。他有计划地解决这个问题。他咨询就业顾问，加入支持团体，并与妻子一起花了很长时间把过去复盘，试图纠正妨碍他的一切问题，并试图在逆境和挑战面前维持婚姻。他说，在他脆弱的自我边缘，这段婚姻已是摇摇欲坠，而他的自我取决于在事业上的成功。

"曾经有很长一段时间，我只想成为真正的我。"在波士顿郊外的一家咖啡馆，他一边喝着甘菊茶，一边吐露心声，"我想，是这一点害了我。大多数公司要求你必须适应他们的文化，而我并不总是这么做。你懂的，我一直都是我自己。我想，这不是他们所期待的。"

戈雷利克的事业比大多数美国人都要成功。我们或许认为，他有着那般悟性和其他有利条件，理应有更好的意识和规划。对此他坦然承认，同时他说，开出租车或是给杂货装袋也没什么丢人的。

尽管如此，对我们当中的许多人来说，戈雷利克的故事会引发共鸣。我们知道他的感受，因为我们也有同样的感受，或者认识有同样感受的人。我们的工作头衔相当于一个速记标签，一两个词就能说明我们是谁，以及我们在别人和自己心目中的位置。如果你对此抱有怀疑，试试这个思维实验：闭上眼睛，想象一个叫亚伯的58岁男子，他是超市收银员/出租车司机/零售员；再想象另一个同龄的亚伯，他是市场战略高级副总裁。依你看，这两个人——其实是同一人的两个版本——有什么相似之处吗？

我在书中这么早就写到亚伯·戈雷利克，不是为了唤起你的同情，而是为了敲响警钟。几乎以任何客观的标准衡量，他做的每一件事都是对的。以他的教育水平、优秀的履历和乐观的态度，他根本不是我们通常认为的那种活该没有好工作的人。他热衷交际、思维灵活，还是一位慷慨的志愿者。在他身上不存在技术鸿沟的问题，他也并非"草根"。他的遭遇或许算不上典型，但他对此遭遇的反应和许多人类似——将每一次挫折归咎于自身而非体制。这种自责让太多人深受其害。我们固执地相信一个神话：职业轨道的操控在于个人。这是我们的苦恼之源，因为基于这个神话的公共政策不仅与我们的初心背道而驰，而且在某些情况下还会造成危险的分裂。如戈雷利克的案例所表明的，这种分裂是我们不能承受之痛。

社会学家奥弗·沙龙（Ofer Sharone）颇为了解亚伯·戈雷利克及很多像他这样的人。沙龙不仅研究他们，不久之前他自己就是他们中的一员，至少在某些方面如此。进入学术界之前，沙龙从事国际法工作，在全球各地用多种语言进行商务谈判。他感觉自己强大有力、不可或缺。和戈雷利克的情况一样，按照常规标准，他做的每一件事都是对的。但在一次从以色列飞往日本的夜航中，他开始质疑自己。他确实获得了令人迷醉的金钱和地位，但权力——嗯，那是假的。他的许多日常工作看起来都很愚蠢和无聊，这些事情就像磨人的牙痛一样，强制性地、几乎不间断地吸引着他的全部注意力。他告诉笔者："他们期待我全身心投入一份自己几乎无法掌控的工作了，这让我感到很恐怖。"更糟糕的是，他意识到自己为工作而牺牲了太多的个人生活。就在这里，沙龙和他的那些研究对象分道扬镳了：他不再为了维持职业身份扭曲自己，而是开始筹划逃离。

沙龙离开法律工作去读了社会学研究生，他努力回答这样一个问题：为什么他——以及他认识的那么多人——都感觉受困于一个自己无法掌控的工作？为了真正理解这个现象，他需要一个比较对象：其他国家的劳动者也有同样的感受吗？出生于以色列的沙龙自然而然地选择了他的祖国，于是他用常客积分兑了机票，飞往以色列开始调查。

以色列和美国有许多共同之处：都是市场经济，工会不算强势，都有相对灵活的私营部门劳动力市场。两国的高科技产业都在蓬勃发展，且已成为重要的经济类别。它们也是生意伙伴。沙龙说："自20世纪90年代以来，以色列人就把美国的经济模式等同于进步和效率。"然而，沙龙也注意到，尽管有这些共同之处，以色列人和美国人与工作的关联方式实际上大相径庭。

沙龙指出，与以色列人相比，美国人感觉对工作的掌控能力更低。即使在公司法务或金融等压力很大的部门，以色列人也能更加充分地协商雇佣条件，在其职业和个人生活之间找到一种平衡。沙龙告诉我，造成这种差异的一个关键因素在于求职过程本身。

在以色列，如果求职者被拒，他们往往归咎于制度。在美国，被拒的求职者更加倾向于自责。

沙龙把这种态度上的反差归因于他所描述的两种截然不同的招聘策略。在以色列，对求职者的筛选基于一种非个人化的客观程序，其重点是可展示的技能和证书，沙龙称之为"规格游戏"（specs game）。求职者接受关于其能力的严格盘问和测试，有时他们被淘汰的原因是那些和工作并不一定相关的技术细节和特质，比如年龄。这可能会让求职者愤怒，但并不会削弱他们的自尊。他们认为这不是他们的错，而是他们无法控制的不完美的、有时可以说是不公正的制度的错误。

相比之下，在美国，求职者参与的是沙龙所说的"化学游戏"（chemistry game）。虽然可供展示的技能和证书是获得面试资格的关键,但它们通常并不足以让求职者最终被雇用。因此,求职者需要呈现沙龙所说的"人际化学反应",也就是说,不仅要对工作本身,还要对其背后的机构展现出深刻的承诺。仅仅是想要、需要、能胜任一份工作是不够的。正如一家在线求职网站建议的那样:"从具有同等资格的群体中脱颖而出,求职成功靠的是'合适'。"

沙龙将这种对"合适"的强调部分归因于他所说的"职业自助产业"(career self-help industry)。大量的职业导师和咨询师坚持认为,仅向雇主展现职业道德、经验和技能还不够——还得让他们认定你是一个适合这份工作的人。"在美国,会有人不断测试你的认同,这在客观上产生了许多工作经验。"沙龙在马萨诸塞大学阿默斯特分校的办公室对我说,"自助产业让我们相信,他们有秘诀,可以帮助我们成为雇主寻找的那种人。他们警告说,你不能假装自己对工作有热情,你必须让自己真正体验到那样的热情。对相当多的美国人来说,这就意味着,如果你想要让自己和职业身份拉开距离,这种想法在一开始就会阻碍你得到那份工作。"

这种原则不仅适用于戈雷利克这样的人所寻求的高薪白领工作,也适用于应届毕业生所寻求的基本入门级工作。我任职的学校建议学生提前准备好"电梯演讲",以便面试的时候能够迅速地大肆吹捧他们的潜在雇主,同时表现得自己能够顺应公司主流的"组织文化"。炮制这样的"人际化学反应",需要投入大量沙龙所说的"艰苦的情感劳动",以维持一个"全新的人格面具"。这些劳动包括精心打造出一种修辞风格,来展现求职者对和雇主目标相匹配的自身职业愿景的激情。他们必须塑造这样的人设:既有团队精神,又有个人主动性,并且对公司提供的任何服务或产品永远充满热情。在玩这种"化学游戏"的过程中,许多申请者的自我价值感下降——他们认为,求职失败不能怪工作、雇主或体制,只能怪他们自己。我所访谈的许多人——机械师、服务员、药剂师——都把他们在工作上的困难,特别是找工作的困难,归咎于个人失败,而非他们无法控制的经济力量。沙龙告诉我,这是很典型的:在他的调查中,面对"我是否出了问题"这一题项,84%求职失败的美国人的回答是肯定的。

我们必须出卖自己——不仅仅是我们的时间、精力和技能——才能找到并保住一份工作。这种想法在美国非常普遍,影视剧中对此亦有表现。在热播的电视连续剧《都市女孩》(*Girls*)中,莉娜·邓纳姆(Lena Dunham)饰演的汉娜·霍瓦思走进一家面包店。此前,她向这家店投递过一份简历。她刚刚获得了一所著名文理学院的学位,但这个学位显然毫无用处,所以她对一个饭碗的渴望已经到了饥不择食的地步。她走到经理面前,经理却指着一位新雇的员工说:"很抱歉,这个职位已有合适人选。"新员工正在往纸杯蛋糕上撒糖霜,看上去喜不自胜。汉娜对着纸杯蛋糕点点头,一副明事理的样子,心中却充满被贬抑的挫败感。"哇,你真是天生的面包师,这个做得棒极了,一定挺难的吧。"撒糖霜的姑娘从她的手工作品中抬起头,带着梦幻般的微笑:"不难,我刚刚才学的。"经理扬起眉毛对汉娜解释说:"她和我们店的氛围完美契合。我能否给你一个友情建议?如果你在找工作,你可能需要显得更加……比如说,更加轻松愉悦。"汉娜感激地接受了他的建议,而经理也承诺将她的简历存档——然而他俩都知道这是一份空洞的承诺。

纸杯蛋糕的场景只是艺术创作,但我们看到这里还是会心一笑,因为我们知道它在很大程度上也是真实的。我们中的大多数,或者是自己经历过类似的羞辱,或者是认识有此经历的人。这些经历传达的信息是,如果我们得不到或者保不住一份工作,其原因不在于我们的技术、知识或能力,而在于——我们是什么样的人。在我认识的人当中,有一位女士的案例值得一书。为保护她的隐私,我姑且称她为伊丽莎白。33岁的伊丽莎白是华盛顿特区的一名客户经理,被佐治亚州亚特兰大的一家公司通知面试,那家公司显得求贤若渴。尽管之前对找工作不太积极,伊丽莎白还是为面试做了精心的准备,并且带上了一份她自以为会令人印象深刻的PPT。她下了飞机就直奔公司总部，手里还拎着一包过夜的衣物。在热烈欢迎和互相介绍之后，公司的人让伊丽莎白先把PPT放在一边，"穿好衣服"和销售团队一起慢跑。伊丽莎白患有哮喘，尽管如此，她还是从包里拿出了短裤和T恤，迈着沉重的步子，气喘吁吁地跑了4英里。回到办公室，她以为这下该轮到她做演讲了，结果还没有进入正题，她就被告知继续参加慢跑后的祈祷活动——员工们手拉手围成一圈，低头祷告。她婉拒了。祈祷圈解散后，她开始演讲，大家一致认为她的演讲不错。飞回家的途中，她已想好接受这份工作——是的，这家公司有点古怪，但它的薪水和福利都很好，这个职位也很适合她，而且她的演讲让听众鼓掌称道。那个星期晚些时候，伊丽莎白收到了一封电子邮件，惊呆了：公司对她的评价是"不完全合适"，她被拒绝了。

当然，雇主有权拒绝一个看上去不合适的备选人，人力资源专家也普遍认为，"适合"公司文化是遴选新员工的首要标准，而"不适合"几乎不可避免地预示着业绩不佳。但这引出了一个重要的问题——我们所说的"适合"是什么意思，以及，如何实现这一目标？这一术语有时被模糊地定义为员工展现的一种可能性与切实的能力，即此人是否能够适应特定组织的核心信念、态度和行为。这听上去不无道理。毕竟，公开素食者确实不太适合肉类加工厂的销售职位，幽闭恐惧症患者也不太适合地下煤矿作业。但是，当雇主谈到"适合"时，他们并不一定是在谈论个人的偏好和倾向，更多是有意无意地描述与他们自己一致的行为和态度。

和大多数人一样，雇主们更倾向于被那些和他们相像的人所吸引。这种倾向的原因便是心理学家郑重其事归纳的"纯粹接触效应"（mere exposure effect）[1]，即令我们感受最自在舒服的人群，是我们经常接触的那些人——比如亲戚、校友、邻居。通常而言，就是拥有相似的族群、教育背景，以及社会经济地位的人。熟悉带来的不是轻

---

1 又译"单纯曝光效应"。——译者注

视,而是心安。有人甚至将其追溯到进化生物学的"汉密尔顿法则"(Hamilton's Rule):社会行为是围绕各种关系组合演化的,无论血缘抑或部落,关系越密切,就越容易信任彼此。因此,就整体而言,雇主更加偏爱和自己有相同背景、价值观和信仰的求职者,这一点也就不足为奇了。雇主和这样的人一起长大,或者,说得难听些,雇主把他们当作自己的部落成员。无论蓝领白领,每个行业的雇员都被如此评估。不管有没有意识到,我们总是认为,要想"很好地适应"任何特定的工作,员工本人必须和其同事与管理层在价值观、兴趣和目标等方面保持一致。

这种想法似乎是有道理的。没有人喜欢磕磕绊绊的工作环境,古怪的人可能会把工作搞糟。但是,坚持要求员工"适应"某种"文化",实际上是将他们化约为各种刻板类型,组织将面临被打造成回音室的风险:在这种环境中,组织中太多的人太容易相互认同,从而无法预见问题,当然也就看不到解决方案。而在一个具有多元视角的地方,这种弊端是可以被避免的。要求员工"适应"一个预先确定的模式还会产生另一个后果,即把能够胜任的人排除在外,仅仅因为他们在年龄、种族或个人气质方面不符合我们的预期类型。例如,高科技行业以将35岁以上的申请人称为"不合适"而臭名昭著;而建筑行业很难承认女性也会"适合"这份工作。对"适合"的过分关注可以解释,为什么如此多的雇主发现自己找不到"合格的"员工,因为他们往往将"合格的"定义为"和我一样"。比如前面提到的伊丽莎白就深受其害:雇主拒绝了她的求职申请,仅仅是为了录用某个自己信任的同类。

数年前,社会学家劳伦·里维拉(Lauren Rivera)在一项对法律、银行和咨询公司的招聘及雇用实践的长达一年的研究中,注意到了这种"自雇"现象。她的观察和记录表明,这些公司的评估者不仅寻找同事,还寻找灵魂伴侣:和他们具有同样价值观、思想和血统的人。她写道:"面试官往往会把个人的感受放在首位:应聘者是否让他们感觉舒适、合适、兴奋。他们并不那么重视应聘者是否具备卓越的认知和技术能力。在许多方面，他们聘用的方式并不像社会学家所描述的雇主挑选雇员的方式，而更像是在选择朋友或情侣。"里维拉惊讶地发现，共同的业余爱好是评估新员工的最重要标准之一。也就是说，如果求职者和招聘官都是红袜队的球迷，他就更有可能被认为是公司的"好人选"。在另一项更晚近的研究中，里维拉与合作者、多伦多大学的安德拉斯·蒂尔奇克（Andras Tilcsik）发现，申请顶级律师事务所工作的男性应聘者，如果他列出的背景或爱好被认为是属于上流社会的（比如听古典音乐、玩帆船），那么，相比被评定为具有工人阶级背景与爱好的候选人（比如借助体育类奖学金完成学业、听乡村音乐），他更有可能获得面试机会。（上流社会的女性候选人则没有这样的优势，因为雇主认为她们"不缺钱"，所以更有可能辞职。）类似地，加州大学欧文分校的社会学家莎伦·科普曼（Sharon Koppman）发现，对广告及相关"创意"产业应聘者的评价标准，更多是他们的文化认同而非工作质量。科普曼访谈了一些雇主，他们坦承自己对应聘者的教育背景、资历和工作经验相对不感兴趣，他们要找的是精通混合了时尚、美食、音乐、艺术和文学等某种通用语言的"文化杂食者"。自童年起便浸淫其中的候选人——通常来自富裕家庭——被雇主认为"更有创意"，尽管按照客观标准衡量，他们中的许多人并非特别具有创造力。科普曼写道："创意部门的成员认为自己与众不同、聪明有趣，他们更加青睐显示同样特征的应聘者。"

雇主倾向于变更他们的招聘标准，来合理化他们关于何种求职者合适、何种不合适的个人观念，这使事情变得更加复杂。例如，人们普遍认为，即使是面对一个小领导的岗位，申请人也得表现出自信、有事业心。然而，罗格斯大学的3位心理学家发现，这一标准并不一直适用。在他们的研究中，像预期的那样，不管他们在社交技能方面给人什么印象，给人留下自信、雄心勃勃印象的男性比其他男性更有可能被聘为计算机实验室经理。但当女性被评估时，重点正好相反：

熟练、自信、有事业心的女性被认为是有能力的；但在通常被归于女性特质的会照顾人、恭敬顺从等方面，如果雇主判定她们"有社交缺陷"，她们就不太可能被录用。这项研究的结论是："为了打消别人的'不合适'念头，竞聘领导岗位的女性必须展示出毫不含糊的能动性（例如，野心勃勃、善于竞争、能力突出），以证明巾帼不让须眉。然而，当女性真的表现出能动性时，她们又将面临人际交往的惩罚……本研究的新发现是，对具有能动性的女性，社会技能比能力更能预测雇佣决定；对所有其他申请人而言，则是能力比社会技能更加重要。如此一来，评价者将是否能胜任工作的标准从能动女性的强项（能力）转向他们眼中的缺陷（社会技能），以证明雇佣歧视的合理性。"

这种因人而异的"客观性"在蓝领行业的表现略有不同但区别不大。例如，对建筑经理和警官的雇佣标准随性别而改变。如果申请者为男性，当他的教育水平比工作经验更有优势，那么优先考虑教育水平；同等情况的女性申请者，对她的首要考虑因素则变为是否"人情练达"。就像对白领一样，"适合"的标准随着被考查者的变化而变化。这表明，"适合"可能不是衡量个体工作能力的最好标准。

诚然，个性和态度在我们如何对待及履行工作中起着重要的作用，没有人会建议雇主在筛选求职者时忽略这一点。但是，在面试中寻求所谓"文化适应性"实际上少有助益。雇主对应聘者的本能反应是否应该左右招聘过程？对此有人表示怀疑。组织心理学家斯科特·海豪斯（Scott Highhouse）告诉我："100年来的数据说明，典型的工作面试没有多大价值。可以说，在我们这一行，几十年来最重要的技术进步是测试和结构化访谈等决策辅助工具的开发，这些工具大大减少了员工绩效预测中的错误。我们最大的失败或许是没能说服雇主去使用它们。"

说句公道话，确实有越来越多的雇主在寻找对求职者更客观的评估方法。相对常见的一种方法是所谓的"模拟"，即要求应聘者处理与工作相关的实际任务，如解决问题或实时演示。在理论上，这一方法似乎是公平的，但在实践中，它也带有主观性的风险，因为针对不同应聘者如何解决问题及进行演示，雇主们很可能会区别对待。因此，为了达到真正的客观性，一些雇主正转向一种新的方法，即"招聘娱乐"（recrutainment）。

硅谷有几家企业已经制订了一项计划，内容基本上是用电子游戏来取代以往的工作面试，纳克公司（Knack）就是其中一家。其创始人盖伊·哈尔夫特克（Guy Halfteck）曾经是律师，并在以色列海军担任过副舰长，拥有管理学博士学位。他曾在申请一份对冲基金工作时，因被认为"创造性不足"而落选。他并未因此陷入绝望，而是开始寻找一种更好的方式，让像他这样的求职者能展示自己的才华和潜力。回顾自己的学术工作，他找到了他所认为的解决问题的关键：博弈论。这是数学的一个分支，它关注的是这样一种竞争性情境：某个参与者的行动结果在很大程度上依赖于其他参与者的行动。哈尔夫特克召集了一个由数学家、心理学家、软件工程师、教育工作者和其他领域人才组成的团队，创建了纳克公司，旨在开发一个技术平台并将其推向市场。这个平台把行为科学和数据分析整合为一些游戏，来揭示求职者在诸多指标上的潜力。例如，在公司开发的一款名为 Dashi Dash 的标志性游戏中，求职者扮演的是日本餐厅的服务员，他们要一边问候并服务一部分顾客，一边观察另一些顾客的面部表情，以此推测他们的食物偏好。哈尔夫特克宣称，应聘者玩 Dashi Dash 不过 10 分钟，雇主就能判断他们在诸如情商、风险承受力和适应变化能力等方面的特质。似乎赞同他的招聘经理还不少：2017 年，纳克赢得了 200 多家企业客户。然而，尽管纳克和其他公司的类似方法越来越受欢迎，但目前并无充分证据表明，相对于别的更主观的招聘方法，游戏提供了真正的改善。

我们倒是可以肯定，在许多行业，招聘**已经**成为一种游戏。与失业率巅峰的 2009 年春季相比，近年来求职者与就业机会的比例开始大幅下降，但多数职位的竞争依然激烈且几乎没有减弱的迹象。工作网站"玻璃门"（Glass Door）2017 年的一项调查显示，平均每份工作公告带来超过 250 份的简历，只有 2% 的申请者能进入面试。事实上，绝大多数应聘者没有得到任何回应，更别提得到他们申请的工作了。这点无关他们是否会玩电子游戏以获得招聘官的青睐。我们的求职困难及对现任工作的不满，其深层原因在于好工作的稀缺。然而很多人罔顾事实，排斥这种说法。我问沙龙为什么会出现这种情况，他的回答带有些许挫折感："我们希望每个有才华的人都能找到自己喜欢的工作，但愿如此吧。"现实是，就业市场已经越来越像折扣店，许多人根本无法获得一份配得上他们的能力、才华和教育水平的工作。然而这一现实太令人不安了，以至于大多数人无法面对。所以，我们只能埋头苦干，努力使自己成为一个"合适的人"。

成为一个合适的人并不容易，尤其是变成适合那些曾经支撑国民和国家的工作岗位的人。原因在于，当美国变得越来越富有的时候，大多数美国人却没有富起来。在过去 20 年里，美国人家庭收入的中位数基本上停滞不前，2007—2011 年的经济衰退使这个问题变得更加严重。它导致家庭财富直线下降，1/4 的美国家庭失去了至少 75% 的金融资产，超过一半的家庭损失了至少 25%。（对于有色人种来说，这种财富损失尤其严重，他们一开始就没有多少财富，因此从比例上看他们的损失更大。2013 年，白人家庭的财富平均是黑人家庭的 13 倍。如果控制其他变量，这是有数据可查的 30 年来最大差距。）与此同时，可维持生计的稳定工作数量也大幅下降。2000—2017 年，高中毕业生的实际薪酬下降了 4.3%，然而这些有工作的还算是幸运儿：2017 年，在没有大学学位的 25—54 岁人群当中，26.6% 的人根本就没有工作，这一数字比 2000 年高出了 5 个百分点。大学毕业生也好不到哪儿去：纽约联邦储备银行的最新分析报告称，近期毕业的大学生中，有 30%—40% 的人未能充分就业，就是说，他们从事的工作在技术方面并不需要大学学位。事实上，尽管在 2007 年 12 月至 2009 年 6 月的经济衰退之后，官方公布的失业率已明显下降，但拥有好工作的美国人数量也在下降。更令人惊讶的或许是，更多的人认为自己的工作前景很差，或者根本没有。30 年前的美国，处于黄金工作年龄（25—54 岁）的男性中，只有 1/16 既未就业，也没在找工作。今天这一比例是 1/8，女性则是 1/4。其他发达国家的情况并非如此。储备银行对 8 个国家——美国、瑞典、德国、法国、英国、加拿大、西班牙和日本——的调查显示，美国的黄金年龄就业率最低。另一项调查则显示，美国甚至落后于波兰、拉脱维亚、葡萄牙和哥伦比亚。一方面，数百万婴儿潮一代延迟退休，留在了工作岗位；另一方面，2018 年 5 月的数据显示，仅有 62.7% 的适龄成年人在工作，或是在找工作。

诚然，处于 25—54 岁黄金就业年龄的人选择放弃工作，部分是为了去读研究生或照顾年幼的孩子。然而，这些因素并不能完全解释劳动参与率的下降。社会科学家为这种所谓的"逃离工作"（flight from work）提供了多种理论，但并不是所有的理论都令人信服。然而大多数人同意，这归根结底是经济和社会福祉的明显恶化，特别是在曾经繁荣的美国工人阶级中的恶化。对于许多美国工人阶级的人来说，找工作太麻烦了，似乎并不值得。与其他选择相比，确实如此。

处于黄金工作年龄却没有工作的男子中，有 1/3 的人领取社会保障残疾津贴；而相同年龄段的工作男子中，这一比例仅为 2.6%。然而，与公众的普遍感觉相左，残疾人并非好吃懒做——领取残疾补助的人平均工作年限高达 22 年。不工作的人当中，有整整一半的人每天都在服用止痛药。一位初级保健医生告诉我："我收到了很多填写残疾表格的请求。他们当中有许多人并未丧失工作能力，但他们看不到工作的目的。他们根本不认为自己是更大事业的一部分。"普林斯顿大学的经济学家安妮·凯斯（Anne Case）和安格斯·迪顿（Angus Deaton）指出，上瘾、抑郁、自杀、心脏病和癌症患者数量正在上升，中年死亡率也在上升——但这仅限于处于黄金工作年龄的白人。虽然经济学家们并不坚称这些"绝望死亡"与缺乏好工作之间存在因果关系，但他们确信，在疼痛、抑郁、社会功能障碍程度的上升和蓝领繁荣程度的下降之间，存在着相关关系。

凯斯和迪顿认为，实际和预期收入的下降并不能完全解释美国白人工人阶级的健康状况不佳。非裔和西班牙裔美国人的收入也有所下降，但这些群体的健康状况却改善了。在欧洲，死亡率趋势与收入趋势并不同步，即使在收入急剧下降的阶段，比如世界金融危机之际，也是如此。那么，在美国的白人工人阶级那里，到底是什么导致了这些"绝望死亡"呢？尽管目前还无法证实，但凯斯和迪顿提出了一个令人信服的理论：原因在于希望——或者更确切地说，缺乏希望。非裔和西班牙裔美国人及欧洲人对经济发展的期望值可能很小或根本没有，但美国白人大多数都曾满怀期望。与健康衰弱和早逝相关的，是希望的破灭，而非失业本身。

当我们不能达到自己的期望时，就会倾向于认为自己做了"错事"，这种担忧播下了焦虑的种子。世界卫生组织的报告称，美国是这个星球上最焦虑的国家之一。这种压力在很大程度上源于工作中缺乏能动性的感觉。根据美国压力研究所（American Institute for Stress）的数据，由于过度的工作压力，美国每年在医疗保健、缺勤和减压治疗等方面，需要多支出 3000 亿美元以上。或许有点出人意料，各行各业都是如此。表面上看，努力进取的白领压力更大，但研究表明，蓝领工作者——如流水线厨师、工厂工人、实习护士——更加脆弱。奥弗·沙龙解释道，个中缘由在于蓝领工作的高强度和他们自身对工作的低掌控性，二者相结合，对健康产生了不利影响。高强度的工作不一定致病，但如果我们在高强度的工作中无法决定做什么、怎么做，这就很可能导致患病。对于越来越多的美国人来说——不管他们多么成功——这些压力已经让工作面目全非：它曾是满足和自豪的源泉，如今成了一场充满焦虑的无形较量。"我们的身份不断受到考验，"沙龙告诉我，"不安全感，焦虑，如影随形。"

一个人要具备对工作的"心理所有权"，关于这一点的重要性，目前已有不少论述。总体而言，它意味着我们与自己所从事的工作有利害关系，类似于企业主和企业之间的利害相关。但并不是所有人都赞同这个说法。相反，有些人更喜欢"租用"工作，其理由也是很充分的。当一栋房子或一辆汽车归我们所有时，我们会承担起维护和改善它的责任，部分原因在于，我们认为这样做对我们自己甚至子女来说是一项明智的投资。相比之下，一份工作并不一定如此，因为我们大多数人只是服务于我们的雇主。因此，讽刺的是，那些声称对工作拥有"所有权"的人，反而最有可能被工作宰制。

宾夕法尼亚大学管理学学者亚历山德拉·米歇尔（Alexandra Michel）研究了这种工作所有权的悖论，不仅如此，她自己就曾经是这一悖论的亲身体验者。喜欢穿黑色连身裤、戴珍珠项链的米歇尔保持着往日成功投资银行家的风格和本能，但对于什么是生命中最重要的东西，如今她的认知已不同于过去。她说："我大学一毕业就被高盛录用了。管理层告诉我，我将会没什么机会去享受私人生活。这对我而言没什么啊。作为一个 22 岁的年轻人，能够与这些聪明努力的人为伍，真是激动人心。我感觉像是掌握了世界经济的脉搏。"但在"奔三"之际，米歇尔开始产生疑虑，其中就有奥弗·沙龙反复思考的问题：为了一家他们无法掌控的企业，银行家们为什么愿意牺牲几乎所有除睡眠之外的时间？和沙龙一样，米歇尔辞去了她的高薪工作，转而进入学术界寻找答案。

她告诉我："银行家们被认为是'宇宙的主人'。他们没有真正的老板，因此表面上看，他们的工作**似乎**都是自动、自愿、自我监督的。但我认识的每一位年轻银行家都过着这样的日子：每周工作 80—100 个小时，没有什么个人生活。这点令我不解：如果他们有这么多的自由，为什么过得千篇一律呢？"

"努力工作/尽情玩乐"的陈词滥调并不能充分解释米歇尔的困惑——她和同事们何以开始自己剥削自己？目前还不完全清楚为什

么会发生这种情况,但历史上依然有一些线索可循。几十年前的1954年,小威廉·H.怀特(William H. Whyte Jr.)曾试图回答一个相关的问题。怀特最广为人知的著作是《组织人》(The Organization Man)。这本书出版于1956年,当时作为《财富》杂志编辑的他和他的团队开始记录一种新的管理趋势。他写道:

> 近期出现了一种有趣的说法:高管们终于能够明智地对待工作了。工人很久以前就把每周工作时间缩短到40小时或更少,现在高管也开始这样做了。干吗不?正如高管们自己常说的那样,税收消除了他们过度工作的动机。而且,"多重管理"的趋势使得加班不再必要,实际上,他们直接丧失了加班的积极性。有能力的高管应该是充分休息的人,他珍视闲暇时间,并且鼓励下属效仿。

通过对221名经理人和高管的访谈,怀特和他的团队发现了一个事实:在他们的样本中,大多数男性花在办公室工作上的时间比花在其他任何事情上的时间都多。正如怀特所说:"他们几乎已达极限。"官方规定的工作时间是从上午8点或9点到下午5点或6点,但对大多数人来说,这只是下限。他们的晚上和周末充斥着文件、电话和商务会议。按照怀特的统计,这些高层人士每周的平均工作时间为57—60小时,这足以把人拖垮。他们如此努力,尽管并不总能得到经济上的相应回报,但这种行为却被高度赞赏。他写道:"高管们……一致认为,上级乐意见到他们每周工作54小时,上级更喜欢见到他们每周工作60—65小时。"

这些发现在很多方面是反直觉的。在更早的时代,与这种奴隶般的工时捆绑最紧密的不是精英,而是低收入工种——文员、工厂工人和农场雇工,因为他们在这件事上别无选择。富人享受他们的闲暇时光,并以此为荣。他们认为"挣扎求生的阶层"很可怜。如果你已拥有一切所需和大部分所欲,为什么还要流汗苦干呢?如经济学家索尔斯坦·凡勃伦（Thorstein Veblen）在《有闲阶级论》(*The Theory of the Leisure Class*)中所言："放弃劳动……是业已获取卓越经济成就的传统标志。"

很难说清世道是何时变的，长时间工作成了高地位和有权力的象征。可以肯定的是，这一变化与二战后的经济繁荣和日益高涨的消费主义有关，它让工人愿意交出闲暇来换取额外的收入。但对领取高薪的高管阶层，这一点并不能完全解释他们的行为。怀特有如下表述："总而言之，存在着这样的一类人，他们如此投入工作，以至于无法区分工作和生活——而他们很高兴自己将二者融为一体。"照这么说的话，今天的高薪雇员应该也是很开心的。最近的研究表明，在超时工作的可能性方面，收入最高的白领工人比收入最低的蓝领工人要高出一倍，尽管对于前者，这种加班基本上是没有报酬的。简而言之，在过去20年，美国最富有人群的闲暇时间出现了最大幅度的下降。至少可以说，他们在努力塑造忙忙碌碌的形象。我们的现任总统特朗普就是一个再典型不过的例子，他曾自豪地宣称自己是"首席工作狂"。

为何如此多的富人热衷于吹嘘他们非凡的职业道德？其缘由尚不能确定。不过，有些社会科学家将其归因于"物以稀为贵"这一简单的经济学原则：当人们想要的某种东西短缺时——不管它是特定年份的钵酒、荷兰大师的绘画、黄金，还是人类的努力——我们都会更加珍视它，对它的欲望也就更加强烈。长时间工作就是一种令人看起来不同凡响的方式，它让某人显得对上司和同事都不可或缺。正如一位研究人员指出的，自愿性过度工作"由如下观念驱动：忙碌的人拥有一些优质的人力资本特征（如能力、抱负），因而是稀缺品，是就业市场所需要的"。还有一个或许更加险恶的因素影响到我们中的许多人，不仅是富人，即一种错误的信念：凡有利于工作的，就一定有利于做这项工作的人。

和大多数人兢兢业业工作的场所相比，华尔街这种"高大上"的地方有所不同。本质上，华尔街的银行家是金钱导向的——至少在理论上，他们工作越努力，进项就越多。这一点区别于教师、消防员或图书编辑等许多其他行业。尽管如此，我们依然可以认同米歇尔的观点：她在华尔街得到的经验教训，对我们所有人都有借鉴作用。

为了获取这些经验教训，数年来米歇尔一直追踪着一群年轻的银行家。她和这些银行家走得很近，从而得以听到他们的一些令人震惊的个人经历。可以想象，银行家们都是充满竞争意识、能够自我驱动的人；他们无需关注假期，因为他们几乎从不休假。他们中的大多数都用美元来衡量他们的自我价值，而且他们的老板也尽其所能强化这种倾向，并想尽办法让他们坚守岗位。老板满足他们的每一个需要——吃饭、干洗衣物、汽车保养——简直就是全天候的支持。咖啡和糖果无限量供应，咖啡因和糖结合，激发出米歇尔所说的"持续的神经应激状态"。

纳贾希亚·钦奇利亚（Najahyia Chinchilla）是一名底特律的建筑师，他证实了米歇尔的观点。钦奇利亚曾为纽约的投资银行设计办公空间，他说："银行希望雇员待在他们的办公桌旁，所以我们确保他们拥有所需要的一切。例如，我们在每个工作空间旁边都设计了厨房。如今，这一做法在很多行业广受青睐。我们设计的空间不再针对朝八晚五，因为大家不再遵循这样的工作时间。如今的工作时间是每周7天，每天24小时，我们在设计时就要将这点牢记在心。"

在公开场合，许多雇主确实会倡导平衡工作与生活的理念，但实际做起来怎样就不得而知了。正如高盛一位高级主管告诉米歇尔的那样："雇主们越是谈论工作与生活的平衡，这个问题就越是严重。他们本来就不去区分工作和生活，越是把二者混为一谈，就越容易榨取员工的劳动。"

米歇尔追踪的年轻银行家们正是这一结论的例证。他们炫耀自己的旺盛精力，嘲笑任何哪怕是最轻微程度示弱的人。数年后，他们当中许多人在米歇尔所说的"全身反叛"（full-body rebellion）中崩溃，出现了偏头痛、睡眠障碍、饮食失调等症状。他们用酒精、毒品、色情作品、血拼、食物和性来自我治疗。米歇尔提到一位银行家的抱怨：不管喝多少红牛，不管嚼多少含尼古丁的口香糖，他依然无能为力。"这就像一场自我战争，"银行家说，"我最大的敌人就是我的身体。"在那之后几周，米歇尔注意到另一位银行家的衬衫上有血迹。"我问他怎么了，他不理我。他的助手告诉我，他在办公室待了三天三夜，不断地抱着垃圾桶呕吐。助手认为他得了肺炎，可他就是不肯回家。这家伙还以为一切尽在**他的**掌控。"

我得再次承认，所有这些关于投资银行家及其困境的言论似乎并不适用于别人——毕竟，这些人都是投资银行家，而不是社会工作者。但米歇尔对我说，就算银行家稀有如煤矿里的金丝雀，他们和我们所处的世界并无本质不同。精力优先于经验，全天候上班，以及工作和家的合并，这些都是当今高压工作场所的特征，无论是在纽约的摩天大楼还是在孟菲斯的仓库中。即便是看似无害的开放式办公室（令人想起交易大厅或投资银行），也已成为实施控制的武器。"开放式办公室让员工感到自己受到了监视，"米歇尔说，"每个人都在观察其他人，这就形成了一个以往独立办公室所没有的控制网络。"

在米歇尔看来，投行的经营方式与所谓扁平化公司结构的兴起有关。在这种组织结构中，员工和高层之间只有很少的管理层。据说它能鼓励员工决策，有人认为它能促成工作场所真正的民主化。在投资银行中，扁平化的层级设计最大限度地减少了银行家之间的权力差异——所有在同一年聘用的银行家都共同晋升，而且是以相当快的速度。在不到十年的时间里，就有可能到达组织的最高水平：总经理。这意味着所有可感知的权力差异都被视为是暂时的，它们仅仅是一个个可以迅速跨越的障碍。

扁平化结构在今天越来越流行，不仅在投资银行和其他金融机构，而且在咨询公司、律师事务所、媒体和 IT 公司中也是如此。人们津津乐道的运用这一策略的先锋是电子游戏开发商维尔福公司

（Valve Corporation），它因颠覆公司的层级体制而赢得热烈赞誉，人们亲切地称之为"平地"（Flatland）。维尔福公司引以为傲的一点是，它没有明确的指挥系统和中心业务计划，雇员可以自由选择自己的项目，自由安排自己的时间，甚至可以参与招聘决策。大家根据"360度反馈"原则对彼此的技能、工作效率和团队合作进行判断，由此员工可以得到同事对自己的长处和短处的一系列匿名评价。这些分数被汇总起来，生成一个数字，代表员工对公司的"相对价值"。所有这一切都是为了让员工感到，自己被赋权进行互相评判，而不是由监工来评判。

维尔福公司的联合创始人兼总经理是加布·纽威尔（Gabe Newell），一个不修边幅、语气温和的哈佛辍学生及微软前高管。纽威尔想尽一切办法激励公司员工的创造性与合作精神：不仅为员工提供无限制的假期和病假，还会通过支付员工自己及其家人的度假花销来进行奖励。纽威尔特别重视维护员工的思维灵活性和魄力，也不授予他们什么职位头衔，按他的说法，头衔"和制造最佳用户体验毫无关系"。

你大概已经猜到了，"平地"也有阴暗面。由于缺乏经理的评判和支持，员工面临着巨大的压力，需要自行"适应当前的企业文化"。未能做到这一点的人或是被边缘化，或是被淘汰出局。几年前，该公司"选退"了20多名顶级工程师，其中包括游戏设计界传奇人物杰里·埃尔斯沃思（Jeri Ellsworth）。她后来与人合伙创建了一家新公司。在埃尔斯沃思看来，维尔福的公司架构是"伪扁平"的，其中隐藏着一层权威，其施加的压力类似于"要在中学同学小圈子里成为受欢迎的人"。埃尔斯沃思说，由于公司员工薪酬的很大一部分是基于同事们所感知的个人表现，因此大多数工程师都倾向于从事那些引人注目的、几乎肯定会成功的项目。她告诉我，总体而言，维尔福公司名义上鼓励大家去冒的那些风险，她的前同事们实际上唯恐避之不及。

维尔福公司当然是一家开拓性的公司，但它的管理结构并不新颖。自20世纪90年代以来，咨询师们一直建议美国企业将层级结构扁平化，让工作人员能够独立思考，并更快地对客户的需求做出反应。在此过程中，公司取消了许多中层管理人员的职位，但高级管理人员的数量时有增加。高层收入的增长显然与此相关（据报道，加布·纽威尔的净资产为55亿美元），但这种调整在催生创新方面的作用尚不清楚。埃尔斯沃思指出："人们认为，扁平化的层级制度会带来颠覆性创新，然而它带给维尔福公司的——没有创新，只有颠覆。"

广为流传的"颠覆性创新"一词，源于哈佛商学院的经济学家克莱顿·克里斯滕森（Clayton Christensen）。他在1997年出版的畅销书《创新者困境》（*The Innovators Dilemma*）中提出这一概念，随即风靡商界，尤其是科技行业。然而，尽管雇主们常常鼓励员工要有"颠覆性"，但这个词的意思实际上并不确定，甚至有人怀疑，恐怕雇主们自己也是云里雾里。它似乎意味着希望员工能有主人翁精神，把自己当作企业主，勇于创新、勇于冒险来解决公司的问题。它假设每个人都能够且应该给组织的内部结构带来激动人心的变革。不幸的是，这一假设造成了诗人加里·斯奈德（Gary Snyder）曾经所说的"双重负担"。它暗示现有的程序至少是有缺陷的，因此，如斯奈德所言，我们不得不去"做一些理应更好、更不同的事情"。麻省理工学院的文化历史学家罗莎琳德·威廉姆斯（Rosalind Williams）曾经观察到，在这种思维模式下，如果有人抗拒变化——如果他们尊重前人的程序、创新和成就——那么，"他们就会饱受责难，没人认为守成是人类生活中不可替代且不可或缺的一部分"。也就是说，我们拒绝研究过去并从中学习，而是条件反射式地将它视为过时甚至无关紧要的东西。

这种傲慢让我们自食其果，其中有一些已经影响到了每一个人。我们可以把过去的工业时代想象成一个僵化的、令人窒息的等级制度的集合，盘踞其顶端的是一个抽着雪茄、拒绝变化的顽固精英；我们也可以把当下的"后工业时代"想象为去中心化、参与性的工作场所的集大成者，其控制和导向并非产生于条条框框，而是来自雇员一致认可的价值观和行动。然而，尽管这是一个非常理想的承诺，在实践中这个承诺却很难兑现。

在早些年，管理理论学家詹姆斯·巴克（James Barker）仔细观察了一家小型制造商的变化过程。该制造商宣称公司已从等级官僚体制转变为一群自我管理的团队体制，即所谓"合弄制"（holocracy）。巴克注意到，当团队成员从管理监督中解脱出来时，他们往往比他们的前任老板对彼此施加更多的控制。在没有外部强加结构的情况下，这些员工形成了自己的等级制度和暴政。他们的工作时间变得更长。每个人都渴望被别人视为有价值的团队成员，为此他们牺牲了个人时间、家庭时间和身心健康。巴克写道："同伴压力和理性规则的强有力结合……制造了一种新的铁笼，而囚禁于其中的人们，几乎意识不到这个铁笼的存在。"

近十年前，奥弗·沙龙走进了这个铁笼，开始为一家他称之为"巨科技"（显然这是个化名）的西雅图大型软件公司工作。在那里，就像今天在其他许多公司一样，员工们被期望从事所谓的"竞争性自我管理"。为了赢过同事，有些员工会把一件平时不用的风雪衣或防雨夹克挂在办公椅上，试图以此愚弄管理层，让他们认为自己一直努力工作到深夜。这种做法非常可悲，因为大多数员工的实际工作时间本来就长得难以置信：平均每周60—70小时，有些甚至多达80小时。许多人感觉别无选择。尽管名义上公司的结构是"扁平层级"，但它对员工的排名却形成了这样的曲线：任何时候都会有大约20%的员工被自动列为"低于平均水平"。每年都有10%的员工被解雇，甚至包括那些在官方职位描述之外做出了额外贡献的员工。这就造成了一种有毒的氛围，即便最优秀的员工也会感觉受到威胁。

神经学家发现，当我们察觉被人拿来与其他人做比较时，我们天生的"战斗或逃跑"（fight-or-flight）的反应就会起作用，释放出与压力有关的荷尔蒙，导致易怒、失眠和焦虑。"巨科技"公司的情形确实如此。由于存在这种因排序靠后而被炒的可能性，有些员工甚至会故意给同事使绊子。一位身心俱疲的工程师曾对沙龙说："在这台跑步机上，你的额外工作将标准拉得很高，然后这被抬高的标准被重置为最低标准，再之后你不得不做更多的事情。"

在我和亚伯·戈雷利克初次交谈的一年之后，他又回到了这台跑步机上。他最近与一家大型广告公司签了一个项目，负责开发加拿大地铁餐厅的数字账户。这份新工作只用得上他经验和能力的一小部分，薪水也不如他的预期。另外，这依然是份临时工作。尽管如此，他仍然为"回到马鞍上"而兴奋不已。他不再开出租车或卖领带了，但他目前还没有辞掉全食超市的工作。他说，周六一大早起床上早班不容易，但他想暂时保留这份工作，为了"记住自己曾经处于怎样的境地。"他没有明说，但他内心所想的一定还包括"有可能再次处于怎样的境地"。10个月后我们再次聚谈，亚伯在广告公司的工作已告完结，他又回到了就业市场。他已年近六旬，但年龄丝毫没有削弱他的决心。他说，这是态度问题，也是保持领先的问题。他告诉我说："我还在奋斗。我已下定决心天天向上。"

第二章

爬出棺材

我第一次见到艾米·科特曼（Amy Cotterman）是在俄亥俄州代顿（Dayton）的一次非正式聚会上。遇见她是我的幸运。几年前，《福布斯》杂志曾宣布代顿是"十个死亡最快的城市之一"。同年，一名代顿男孩偶然发现邻居已风干的尸体在一个废弃房屋的壁橱里晃动——早在事发五年前，这名男子就因为丧失抵押房屋赎回权而上吊自杀了。持有贷款抵押的银行既没有进行调查，也没有试图收回损失，因为这样的房产在代顿比比皆是，基本上一文不值。这个故事令科特曼深感不安。但她告诉我，这并没有改变她对自己出生地的感情。她已走遍世界，可依然自豪地称代顿为家乡。

科特曼曾在相当薄弱的基础上建立了她非凡的职业生涯。作为一名中等生，她于20世纪80年代中期从大学辍学，在一家为汽车经销商设计并销售软件的公司找到了一份工作。她对软件和汽车并不特别感兴趣，但很快就成了公司的后起之秀，超过了年纪更大、经验更丰富的同事。那是一个令人兴奋的时期，她抓住了刚刚流行起来的台式电脑。然后，在1991年，万维网面市了。"它改变了一切。"科特曼告诉我,"我们会在美国的公司总部开发软件,让它通过反病毒软件运行,然后将其发送给我们在印度的合作伙伴。我们的夜晚正是他们的工作时间,他们会检查病毒,在我们的第二天早上将软件发送回来。我的老板说:'你们得一天 24 小时、一周 7 天为我工作,你的生活必须围绕工作来安排。'这不是建议,而是一条命令。"

科特曼挺身而出,迎接挑战。她为此自豪。"我把这个挑战干掉了。"她回忆道。但当公司被出售时,她感觉到变化即将来临,而且不是对她有利的变化。于是,她辞职了,开办了自己的咨询公司,帮助客户将生产业务发往海外。不知她哪来的时间结婚,反正,她嫁给了一位和她同样事业优先的前同事。他们每月争取见面两次,但有时连两次也见不到。她忙得不可开交。她说:"那时候,美国公司纷纷利用减税政策打包离开。而我,就是促成这一切的人。"

科特曼发明了"coffinize"(棺材化)这个词来描述工厂被一块块地拆掉、准备运到国外的过程。她解释说:"你把所有的机器、设备、货架,所有东西都拆掉——拍好照片,写下如何重新装配的说明,然后把它们装箱。一步一步来,就跟拆装宜家的家具一样。接下来把箱子盖好,把它们一排排装进卡车,就像一排又一排的棺材。做完这些,你会有个想法:哇哦,这就是美国工厂之死。"

科特曼并没有时间为美国工厂的死亡而烦恼。她自己的工作活得很好,每周 7 天都是工作日。到晚上就不一样了,这时,无法控制的焦虑成堆地涌上心头。她不明白为什么自己会患上失眠症和偏头痛,但她的朋友们心知肚明。"他们告诉我,我住在云端[1],我当时不知道他们是什么意思,因为我根本没有时间去看电影。"

对于有时间看电影的人来说,《在云端》让人感触颇深。乔治·克鲁尼饰演的瑞安·宾汉姆是一位"裁员协助专家"。他身穿阿玛尼西服,朝着各家公司俯冲而下,为经理们代劳他们自己没有勇气做的事

---

1 原文为 *Up in the Air*,这个说法来自乔治·克鲁尼主演的同名电影,中文译名《在云端》。——译者注

情：将粉红色的解雇通知单亲自发到被炒的员工手上。宾汉姆是 21 世纪的 J. 阿尔弗雷德·普鲁弗洛克[1]，区别仅在于，普鲁弗洛克用来丈量生活的是咖啡勺，而宾汉姆用的是常客里程。他无妻、无孩，亦无根，在某些方面他就是科特曼曾经努力想要成为的那种典型的"零阻力员工"（zero-drag employee）——专注工作，不受家庭、公民责任或其他任何事物的干扰。《在云端》提醒我们，"得到一切"可能意味着为工作交出一切，而工作并不会给我们好的回报。

好吧，现在我们明白了，过度工作不好，但我们并不会因此减少工作量，个中缘由一言难尽。诚然，我们需要钱，但这并不能解释一切，因为许多人宁愿放弃带薪休假也要上班。根据政府调查，美国私营企业雇员平均享有 10 天带薪假期和 6 个公众假，低于全球大多数其他富裕经济体设定的最低法律标准。即便如此，大多数美国人都休不满这些假期。

虽然我们知道"那个人"对我们并无忠心，我们依然如此忠诚地为此人工作，这又是为什么呢？调查显示，员工担心老板和同事会惩罚他的懈怠。但还有另一个原因，科特曼就是这个原因的典型表现。在另一项调查中，当被问及为什么不休假，超过 10% 的受访者勾选了这个回答："因为工作就是我的生活"。

这又何错之有呢？毕竟弗洛伊德曾宣称，工作和爱情一样，都是"人性的基石"。（当然，弗洛伊德是一个自认神经质的人。他承认自己沉迷于工作，任由其吞噬生活。他曾经向一位朋友吐露心声："没有工作的生活对我毫无舒适可言，我最关心的病人就是我自己。"）但即便弗洛伊德也明白，人类与蚂蚁不同，忙碌并非我们的天性。

事实上，早在数十年前，进化人类学家马歇尔·萨林斯（Marshall Sahlins）就已提出这样的观点：如果可以选，大多数人会选择休闲而不是劳动。和二十世纪六七十年代的一小部分学者一样，萨林斯开始

---

[1] J. 阿尔弗雷德·普鲁弗洛克为英国诗人 T. S. 艾略特的作品《J. 阿尔弗雷德·普鲁弗洛克的情歌》的主人公。——译者注

质疑曾经铁定的假设，即狩猎-采集者的生命短暂而原始，除了回报甚少的苦干之外，几乎什么都没有。在他对许多现代狩猎-采集社会的里程碑式的基础性研究中，萨林斯观察到，只要填饱了肚子，大多数人都会满足于社交、游戏、制造艺术品，或者干脆什么也不干。他写道："他们无所事事，远离焦虑，就和我们在泰晤士河边野餐差不多。"萨林斯总结道，如果没有社会的谴责，几乎没人会有劲头儿去从事稳定的工作。"当今社会，在人的无限欲望和有限手段之间存在着一条鸿沟。大家为了弥合这条鸿沟而辛苦劳作，这真是一场现代悲剧。"

萨林斯及其同事可能是首批记录这一观察结果的人，但他们并不是首批关注到这个问题的人。德国哲学家黑格尔用了大半生为自己的报酬而奋斗。他认为，出于非必要的苦干不是人类的自然倾向。他写道："野蛮人很懒，喜欢独自发呆，这点和受过教育的人不一样。实际上，教育的要义就是培养有事做的需要和习惯。"然而，即便维多利亚时代的贵族们算是"有事做"，但这并不是我们今天许多人所说的职业。贵族们根本无心"被雇用"，而且他们还瞧不起那些被雇用的人。（美国公共广播电视网播出的古装剧《唐顿庄园》令人欲罢不能。追剧迷们看到，无论是医生理查德·克拉克森，还是教师萨拉·邦廷，在贵族眼中都只是高级仆人罢了。）事实上，休闲历史学家本杰明·亨尼克特（Benjamin Hunnicutt）已经指出，在人类历史的大部分时间里，进步意味着"超越金钱，向家庭、社区和心灵生活开放自我"，人们的工作量只要能维持体面生活就可以了。

新教工作伦理的兴起，在某种程度上是对上述观点的回应。工业时代给中产阶级的商人、技工和手艺人带来了经济和社会地位的上升。他们理直气壮地想要更多的东西，同时也理直气壮地服务于和他们一样物欲膨胀的人。这一声势不断壮大的阶级抱团赞颂工作的"尊严"，把"无所事事的富人"连同他们的统治阶级势利推出老远。与此同时，新教教义强化了19世纪德国社会学家马克斯·韦伯所说的

"拯救焦虑"（salvation anxiety）。那是一种持久的不安，唯一的治愈方法就是充满信心的艰苦劳动。这种理念认为，既然懒惰是一种罪，那么勤劳工作就为通往天堂的道路扫清了障碍。正如苏格兰哲学家和散文家托马斯·卡莱尔（Thomas Carlyle）在1843年所述："怀疑、欲望、悲伤、悔恨、愤怒和绝望，所有这些都像恶犬一样困扰着可怜的工人——以及每个人——的灵魂。但他以不顾一切的勇猛拼命工作，于是恶犬们全都被镇住了，它们低声哼哼着退回洞中。现在，他成了真正的人。"

卡莱尔对他所说的"工作骑士精神"佩服之至，至少在修辞上如此——他曾宣称"劳动巨人"是"上帝最真实的象征"。但值得注意的是，卡莱尔写下这些著名的语句之时，他的国家正处于经济危机中——当时工作机会很少，成千上万的同胞正在逃离苏格兰高地的马铃薯饥荒。另外值得一提的是，在工作问题上，卡莱尔本人并不总是以"不顾一切的勇猛"来完成手头的任务。年轻时，他以当老师为生，在一封给朋友的信中吐露了自己的心声："这是真的！我讨厌教书……无论教什么课。然而，一个孤独的人能做些什么呢？布莱德韦尔的住客讨厌打大麻，但他们更讨厌被鞭打。"（布莱德韦尔是伦敦的一所监狱，囚犯们的任务之一是用锤子敲打大麻，以分解纤维来制作绞索等物。）一旦有了机会，卡莱尔就辞去教职，重拾他"不顾一切的勇猛"来读书、写作，以及从事他口中的主要职业："漫步田间，思绪蹁跹。"

19世纪伟大的散文家、诗人和设计师威廉·莫里斯（William Morris）是卡莱尔的忠实拥趸，但他也不能容忍老人家的虚伪。他写道："所有劳动都是好的，这也已成为现代道德信条——对于那些靠他人劳动生活的人来说，这个信条真是太方便了。"在莫里斯的时代，工业化已开始给工人阶级造成重大损失，对此莫里斯深感震惊。他警告说，除了帮助支付账单和迫人劳碌，工厂将剥夺工作本身内在的人类价值。在美国尤其如此，有偿工作似乎比大多数其他人类活动更受推崇。德国出生的数学家兼记者弗朗西斯·格伦德（Francis Grund）谈及他在美国的新家时说："美利坚合众国的居民们把生意和工作当作享受、当作娱乐。在这个星球上，没有任何其他国家的国民能像美国人一般乐在其中。活跃的职业生涯不仅是他们幸福的主要来源，也是他们民族之所以伟大的基础。如果缺少工作的支撑，美国人就是绝对悲惨的。他们将体验的不是一般的不开心，而是无所事事带来的可怕的恐惧。"

托马斯·杰斐逊曾论及新大陆和旧世界之间的一个鲜明对比：新大陆实行的是"基于天赋和美德而自然形成的贵族统治"，旧世界的统治则可推定为一种"不自然的贵族统治"。他的意思是说，美国人靠自己赢得特权，而英国人则是继承特权。然而，除了少数例外（如百老汇热门音乐剧《汉密尔顿》[1]的粉丝们所特别意识到的那样），美国的开国元勋们大多来自特权阶层，是鄙视劳工阶层的势利眼。乔治·华盛顿主张，只有"下层阶级"才应该冒着生命危险去当步兵，而杰斐逊则建立了一个公立学校系统，将少数有才华的学生从工人阶级的"垃圾"中挖走。詹姆斯·麦迪逊则担心民众的暴政，他认为参议员"应该来自富人并且代表富人"；换句话说，他解释道，"来自更有能力的人"。

当然，在殖民地时期，奴隶、美洲原住民与大多数妇女都没什么机会获得地位上升。但有史以来的美国一直标榜能人统治、任人唯贤。大家都相信，出身一般阶层甚至底层的人可以轻易地进入统治阶级。不知何故，这种想法总是令美国人入迷，它已主导了公众的思想。奇怪的是，这种信念在阶级分歧最大的时候尤其坚定——例如，在南北战争结束后快速工业化的所谓"镀金时代"（Gilded Age）。

---

1 音乐剧《汉密尔顿》的主人公为亚历山大·汉密尔顿。他是美国开国元勋之一，出身底层。——译者注

1868 年，霍拉肖·阿尔杰（Horatio Alger）出版了《擦鞋男孩的纽约街头生活》(Street Life in New York with the Boot Blacks) 一书，讲述一个贫穷的白人男孩通过坚持不懈的努力从贫困走向发达的故事。曾为牧师的阿尔杰共出版了近百本围绕同一主题的小说。这个主题是当时富有的实业家们的信条，他们最津津乐道的就是自己如何"白手起家"。正如法国历史学家亚历克西斯·德·托克维尔曾带有几分挖苦地写道，美国人似乎"不欠任何人任何东西，他们对任何人都不抱任何期望；他们养成了一个习惯：总是认为自己是独立作战，想象整个命运掌握在自己手中"。

美国人"倾向于"想象命运掌握在自己手中，托克维尔认为这有点天真得可爱。他说，如果他们真有这样的控制权，他们早就个个发财了，然而事实上"[美国]大富豪的数量却很少"。今天，许多政治家继续宣扬一种模糊的希望，即只要工作足够努力就能够成功。尽管如此，许多美国人开始理解托克维尔的观点。当然，大多数仍然相信努力工作的价值，但我们也意识到，真正重要的不是我们付出多少劳动，而是付出什么样的劳动，后者在很大程度上取决于我们出生的环境。

斯坦福大学的社会学家戴维·格拉斯基（David Grusky）是研究不平等的专家。"机会平等是美国人的一项基本价值观——它写在我们的 DNA 里。"他告诉我，"但有证据非常清楚地表明，现实和这一理想有很大的出入。"例如，出生在收入最低的 10% 家庭的人，和那些出生在家庭收入处于最高的 10% 的人相比，前者平均的终生收入大约是后者的 1/3。生于不利环境的人面临许多障碍，特别是缺乏积极的榜样和进入好学校的机会。格拉斯基说，还有其他的甚至可能更重要的因素。

"人们的普遍想法是，数字革命增加了对有技术的劳动力的需求，降低了对非技术劳动力的需求。"他说，"好吧，听上去没毛病，但我们谈论的是什么技术？似乎没有人知道——经济学家、其他社会科学家、任何人——都不知道。然而这显然是一个需要回答的重要问题。如果我们不知道怎样的技能可以真正带来回报，人们应该获取什么技能呢？因此，我们决定解构技能的概念，找出具体有哪些技能会带来最大回报。"

格拉斯基和他的同事仔细研究了社会科学家关于技能和好工作之间关系的假设。他们的发现令人吃惊。"大家都以为计算机技能是关键，"他说，"但从我们的发现来看，情况并非如此。最突出的是分析技能——批判性思维、逻辑思维和推理。"格拉斯基说，最容易获得这些分析技能的人，其成长环境使得他们在日常生活中便有机会磨炼这些技能。

分析技能是通过权衡证据、识别模式，将问题概念化并在可获得信息——即便这些信息不够全面、完整——的基础上，解决问题的能力。它与定量技巧的不同之处在于，它不仅涉及了解规则，而且还涉及如何与何时打破规则。因此，尽管人们通常认为，所有学生都必须掌握"数学和计算机技能"，但光有这些技能还不够。要想获得成功，学生们需要的不仅仅是技术上的技能，他们还必须学会如何将这些技能应用于现实世界的问题，以及懂得将其应用到哪些问题上。分析性思维通常需要想象不同的情境和观点，思考有哪些有效的策略来处理它们，然后根据每个选项的预期效果做出判断。一般来说，相对富裕的人比那些处境不利的人更多接触到这种富有挑战性的思维方式，因而也就更有经验。这是因为，富人有更多的机会跳出日常生活的迫切需要去思考问题。

格拉斯基说："我们所处的历史时代要求人们具备更高的灵活性。从短期来看，旨在获取一套固定技能的培训没什么问题，但受训者获得长期回报的可能性比过去要小得多。现在重要的不是固定技能本身，而是发现、抓住并充分利用机会的能力。"

例如，一名高中生可能决定接受焊工培训，因为根据政府统计，这是一份急需人工的工作。但熟练的焊工需要涉及面较广的教育和经验，这使得他们的服务相当昂贵，所以，焊接已经日益自动化。虽然机器人焊工需要人类的指导，但只有受过最高等级训练的熟练焊工才能提供这种指导。考虑到机器人比人类效率高得多，传统焊工的需求将会减少，因此有兴趣从事这一行业的年轻人不能仅仅满足于获得当下的技能，还要拥有超越这些具体技能的思考能力。

格拉斯基接着论证，中产阶级的衰落使美国人更难获得需要这些技能的所谓的"好"工作。虽然"好"工作的定义见仁见智，但2012年，经济与政策研究中心（Center for Economic and Policy Research）的经济学家约翰·施密特（John Schmitt）和他的同事贾内尔·琼斯（Janelle Jones）还是制定了一些实际的指导标准。据他们评估，一份"好"工作的最低标准是至少37000美元的年薪（大约相当于现在的38900美元），加上医疗保险和退休计划。按照这个标准，只有不到1/4的美国人有一份好工作。没有好工作的人当中大约有一半遭遇霉运三连——低薪工作、没有福利、没有退休计划。看着这些数据，施密特和琼斯颇为震惊地发现，自1979年以来，对于创造良好的就业机会，美国经济已经丧失了足足1/3的力量。而且，相当多（如果不是大部分的话）的力量损耗是由技术进步造成的。

历史并非一直如此，至少从长期的历史来看不是这样。在整个19世纪和20世纪初，一系列令人惊叹的发明——蒸汽机、装配线、铁路、电气化、内燃机、石油加工、飞机、汽车——导致了一些就业机会的**暂时**消失，但它们随后又创造了新的就业机会。例如，内燃机砸了驯马师、铁匠和鞍具工匠的饭碗，却为汽车工业奠定了基础，而后者直接或间接地雇用了数千万美国人从事运输、制造、销售、保险、筑路和其他行业。由于上述及类似的历史事例，人们一直相信，威廉·莫里斯所说的"有价值的工作"的暂时衰落是可以预见的，但在技术造就更多、更好工作的过程中，这只是一个附带的损失。

然而，尽管工业时代的创新常常创造出许多新的就业机会，但数字时代是否会依然如此却非常不确定。事实上，一些专家认为自动化和数字化更有可能与工作机会的总体下降相关联。经济学家罗伯特·戈登（Robert Gordon）指出，随着电子数据变得免费，它在创造劳动力方面的边际效益接近于零。Facebook 和其他信息提供商依赖客户来创建内容——所有的消息、照片、视频、评论、点赞和"戳"（poke）都为 Facebook 及其投资者带来不菲收入，却不一定能提供多少工作岗位。尽管美国互联网信息服务提供商的市值惊人，但和直接提供了 443000 个就业岗位（其中许多是工会岗位）的全美最大连锁超市克罗格（Kroger）相比，它们的差距就太大了。美国最赚钱的公司——苹果——在 2017 年直接雇用的美国员工只有 77000 人。

早在 20 世纪 30 年代，巴克敏斯特·富勒（Buckminster Fuller）[1]就创造了一个奇特的词汇——"少费多用"（ephemeralization）——来描述这种少花钱多办事的现象。纵观人类历史，用更少的资源做更多的事情可以提高效率，使我们的世界变得更美好。但现在可以说，在这个方面我们已经达到了一个极限。通过赋予机器更多类似人类的能力，我们似乎在越来越多的行业中、在价值链的大多数位置上减少了对人力的需求。数字技术使工人比以往任何时候都更有生产力，但随着时间的推移，生产力的提高并不总是导致工资或工作质量的提高。它也没有导致更多的人获得更具挑战或需要更高技能的工作。令人震惊的是：总体而言，数字技术导致了对高薪、高技能工作需求的下降。

对技能需求的下降？对大多数人来说，这句话听起来很荒谬。我们听到的都是关于知识经济及其对技术和管理能力几乎无止境的需求。技能是 21 世纪王国的关键，难道不是吗？

这同样是个复杂问题。没有人怀疑掌握技能有助于拓宽个人前途。但总的来说，有令人信服的迹象表明，对技能的需求已经冷却。2013 年，不列颠哥伦比亚大学的经济学家保罗·博德里（Paul

---

[1] 美国建筑师、作家。——译者注

Beaudry）和同事及约克大学的其他专家们首次报告了这一令人震惊的趋势，但反响寥寥。博德里告诉我："20 世纪 80 年代末，尤其是 90 年代，人们对高水平技能的需求很大。各个组织都将计算机引入到工作场所，这导致对各种业务和管理服务的需求。可一旦自动化系统启动并投入运行，对技能的需求就会逐渐减少。在这个信息技术革命的成熟时代，拥有大学学位只能部分帮助一个人获得高薪的管理和技术工作。此外，在竞争调酒师和一般职员岗位时，拥有大学学位的人比起那些受教育程度较低的人，胜算更大。"

数字时代的资本主义似乎由于对就业机会进行两极分化威胁到了数字时代的民主——在高层增加了一些工作岗位，在底层增加了更多工作岗位，同时挤掉了许多稳定的中层工作岗位。来自美国劳工统计局的数据显示，增长最快的是低薪工作——护士助理、家庭保健助理、个人护理助理、餐馆（包括快餐馆）备餐师、女佣和门卫。虽然像软件设计师和计算机分析员这样的高薪工作也在增长，但它们的增长速度要慢得多。

麻省理工学院经济学家大卫·奥特尔（David Autor）说："最强劲的就业增长并不是最高层次的增长，而是工资最低的那 1/3 岗位的增长。"尽管人们可能更愿意相信，我们的经济需要更多的工程师和科学家，但更大的需求是对服务人员的需求，这些人——至少在技术层面上——能力要低得多，对教育的要求也低得多。

2016 年，美国恢复了在此前金融危机中失去的大部分就业机会；失业率降至 5% 以下。政界人士为此欢呼，但许多老百姓有理由感到不那么高兴。就业增长的份额当中，足足有 58% 是时薪 7.69 到 13.83 美元的职业，而中等报酬范围——时薪 13.84 到 21.13 美元——的工作岗位有 60% 消失了。仿佛一波来势汹涌的浪潮席卷了我们的海岸，退潮时，留在岸上的是数百万个糟糕的工作岗位，而数以百万计的好工作则被卷进海水中。雇主们抱怨他们找不到足够的"好员工"，但这通常并非真的因为好员工匮乏，而是因为好员工受不了那些低收入的不稳定工作。

英国经济学家盖伊·斯坦丁（Guy Standing）撰写了大量文章，阐述他所说的 20 世纪那种个人财富主要来自工资的收入分配体系的崩溃。如今，与之形成鲜明对比的是，财富从工薪阶层流向"食利者"，即金融、实物或知识财产（比如软件）的所有者。他创造了"朝不保夕族"（precariat）这个词，用来描述一个饱受"4A"毒素煎熬的新工人阶层，这 4 个 A 即焦虑（anxiety）、失范（anomie）、异化（alienation）和愤怒（anger）。在设定雇用要求时，雇主们满心期望这样的朝不保夕族心甘情愿地抛开其个人的生活需要，去适应不可预测的时间表和不确定的职业前景。当他们提出这些要求时，相当多的雇主假造出一种欢快气氛，声称是在给工作场所提供"自由"和"灵活性"——似乎这周不知下周的日程安排及报酬几何，是值得员工感恩戴德的事。

斯坦丁说："我们已经将便携式工作的概念理想化了，我们总在宣扬，人们可以打包自己的技能，带着它们四处闯荡，并按自己设定的价格出售这些技能。当然，确实有人能够做到这一点。但是，认为我们可以通过这种模式建立社会而不需要任何对个人的保护，那只是一种幻想。所谓为自己工作的人实质上是在为暴君工作——你的价值仅仅在于你最终的工作表现。你总在被评估、被打分。一直要担心下一块面包在哪里，这意味着对自己的生活失去了控制。"

把握这一趋势的一种方法是着眼于特定的就业类别。与其选择一个明显衰落的职业，比如旅行社代理或高速公路收费员，不如让我们来看看专家们一致认为需求旺盛且不断增长的职业：高校教师。高校教学不免也有创新——它可以远程进行，大学确实在这么做。比如，通过"慕课"（MOOC）这样的开放式大规模在线课程，一名教师可以向世界各地数十万人授课。尽管如此，大多数高校教学都是面对面实时进行的——一位老师，一个课堂。鉴于美国人寻求中学后继续教育的压力越来越大，专家们预测，对大学教师的需求将大幅增长，且肯定高于所有职业的平均增长幅度。然而，与经典经济模型所预测的相反，对大学教师的强劲需求不一定会导致大学教师就业条件的改善。

要理解个中缘由，不妨将高校教师与另一个职业类别——农场工人——进行比较。很难想象在马里兰大学帕克分校工作的教师与在加州卡斯特维尔田野工作的洋蓟采摘者有什么共同之处，但二者之间确有共性。大多数农场工人从事的都是计件的临时工作；大多数兼职大学教师的工作也是临时的，报酬按课时计算。无论是农场工人还是兼职教师，都容易受到最后一分钟变化的影响，导致收入损失。恶劣天气或收成不佳可能会导致田间工人的收入损失；选课人数不足可能会导致课程被取消。无论是农场工人还是大学教员，都不太可能通过工作获得雇主补贴的医疗保险、退休福利或其他福利。他们也不太可能处于"职业阶梯"上前景光明的较高层级。

可是，社会对于农场工人和大学教师的需求都很大，按常理来看，他们的工资应该有所提高，工作条件也应有所改善。为什么现实并非如此呢？答案是，因为有足够的合格大学教师和农场工人来满足社会日益增长的需求，所以，即便抗议也是徒劳。

你完全有理由怀疑这一说法。考虑到最近对农业劳动力短缺的抱怨，人们可能会认为，至少农场工人是供不应求的。从2010年开始，全国各地的农场主都在说，他们招不到农场工人（这在一定程度上要"归功于"奥巴马政府对非法劳工的打击）。据报道，到2015年，农场工人短缺极其严重，以至于农场主们别无选择，只能将蔬果产量削减9.5%，因此带来的损失高达31亿美元。那么，这是否真的意味着劳动力短缺呢？不一定。

几乎以任何标准来衡量，农场工人都不是一份好工作。2016年这一行的时薪是10.83美元，而在美国最大的农业州加州，农场工人曾经每天需要工作到10小时以上才能领到加班费。这一状况持续多年，近期才得以改观。许多农场工人连最低工资都挣不到。他们一般都没有签劳动合同，不得不承受这样的压力：或者飞快地干活，或者失去工作。有个问题我们无法回避：到底是农场工人短缺，抑或仅仅是愿意并能够在这些苛刻条件下劳动的农场工人短缺？

幸好，有一个"自然实验"给我们提供了答案。加州吉尔罗伊的克里斯托弗农场（Christopher Ranch）是美国最大的大蒜生产商，具体位置处于硅谷所在地圣克拉拉县的南端。2016年底，克里斯托弗农场的剥蒜、烤蒜和包装岗位短缺50名工人。农场开出的工资是时薪11美元——从农场工人的平均工资水平来看，这已算高薪了。但在繁荣的圣克拉拉县，这个显然还不够高，那里的全职工人平均年收入为121212美元。因此，2017年1月，该农场将工资提高到时薪13美元。还没到2月，克里斯托弗农场的员工就招满了，还有150多人在等候名单上——其中有些人宁愿每天花两个小时通勤，也要来剥蒜皮、包装大蒜。

这样的案例表明，尽管雇主可能会抱怨农场工人——或兼职教师——"难找"，但这种困难并不一定来自真正的劳动力短缺。相反，基本的经济原则表明，劳动力过剩而不是短缺，才会使得雇主有底气提出低于标准的条件。一旦这些条件获得改善从而导致大量就业申请，"劳动力短缺"的说法就站不住脚了。

前总统威廉·麦金利曾有一句名言："廉价商品意味着廉价劳动力，而廉价劳动力意味着廉价的国家，我们的开国元勋当初想要建立的可不是廉价国家。"鉴于美国奴隶制、契约苦力和血汗工厂的历史，麦金利这么说真是大错特错。美国就是一个以廉价劳动力为基础的国家。自20世纪70年代工会不断衰落以来，我们已经开始依赖廉价劳动力来支撑某些行业。总有人警告说，如果这些行业的工人胆敢要求更高的工资或更好的雇用条件，他们就会成为自动化的牺牲品。事实上，劳工统计局预测，尽管未来10年对农产品的需求不断增长，但对农业工人的需求不太可能增加，因为他们的工作正在不断被自动化。

也许，兼职的大学教师、农场工人和其他合同工确实可以灵活地在不同的工作岗位之间流动，但与此同时，他们当中也有许多人（如果不是大多数的话）宁愿放弃这种灵活性，来换取对自己工作生活的更多控制力。在 IT 公司、仓库、银行、保险公司和流水线上工作的数以百万计的美国人也是如此。他们的合同只承诺了灵活性，但没有带薪假期、病假、雇主赞助的医疗保险或其他通常为固定员工提供的福利。虽然目前还不清楚到底多少美国人是合同工，但毫无疑问，这个数字正在迅速增长。根据一些人的估计，到 2020 年代末期，美国私营部门近一半的劳动力都将体会到这种岌岌可危的状态。正如一位合同工在《华尔街日报》调查中的回答："大型企业钟爱的灵活性转化为对以下问题的持续焦虑：是否明天你就会被宣布为'冗员'？"

大约十年前，专业服务公司威利斯·托尔斯·沃森（Willis Towers Watson）在全球范围内对 22 个国家的 2 万名员工进行了调查。他们发现，大多数员工不再看重工作中的"灵活性"，而是渴望稳定。足有 1/3 的受访者表示，他们希望在整个职业生涯中只为 1 家公司工作，另有 1/3 的受访者表示，他们希望为总共不超过 3 家公司工作。除报酬外，稳定和工作保障优先于所有其他变量，包括"挑战"和"自主"等被吹得神乎其神的因素。一些专家将这归因于经济衰退的后遗症。他们预言，一旦经济复苏，工人的态度将会改变。但在 2016 年进行的一项针对 3.1 万名员工的后续调查中，这种感觉依然存在，工作稳定仍是最优先考虑的事项。

语言学家和社会批评家诺姆·乔姆斯基（Noam Chomsky）曾宣称，雇用临时工是企业商业模式的组成部分，目的是降低劳动力成本，增强"劳动力奴性"（labor servility）。对于越来越多的人来说，他的话是对的。如果没有安全保障，我们很少或根本没有手段来运用付出了高额代价才获得的灵活性——事实上，不少人在打不止一份工，仅仅是为了维持生计。我们日益不稳定的工作关系引发了压力，这种压力可能导致糟糕的人际关系、脆弱的健康状况和无能为力感，从而使人们难以掌控或做出改变。

如何使自己适应一个日益不稳定的工作时代？这不是一个容易回答的问题，也不适合一概而论。没有放之四海而皆准的路径，也没有一个确定的解决方案，但对许多人来说，第一步是质疑一个深入人心的假设，即我们必须让自己去适应工作，而非创造我们能掌控的、适合自己的工作。

回忆一下本章开篇时提到的艾米·科特曼，我们在代顿遇到的成功的顾问。我和她上次交谈时，听到了一些她平时不怎么说的事情。她告诉我，她丈夫在相当年轻的时候就去世了。当时，这令她惊慌失措，毫无目标。看向未来，她意识到自己恐怕很有可能与先夫有着相似下场。因此，她不再像过去那样一味强撑，而是花了一点时间重新思考。她的结论是，尽管她的所作所为是别人眼中的"成功"，但她的工作对她自己而言并无多大意义。

她回到家乡代顿，满怀期望，但不是人们通常认为的那种期望。"代顿位于铁锈地带，"她说，"我知道，全职的、永久性的知识工作在这里并不多。那个时代已经过去。"因此，她并没有更新简历，也没有试图重复她曾经的职业生涯，而是精心设计了一种对她来说有意义的生活。这种生活的中心不是一个通往成功的岗位，而是作为目的的工作本身。

她回到大学学习烹饪科学，主修烘焙专业。毕业后，她与人共同创办了一家烘焙合作社。她在当地一家熟食店兼职担任餐饮经理，并在当地社区学院教授烘焙。她承担了志愿工作，成为大代顿地区的活跃分子。她开始过上这样一种生活：她的自我意识不是来自职业身份，而是来自她自己可以赋予意义的工作。她以前以为自己根本不会想要这样，但现在她明白了，这才是她一直想要的生活。她说：有生以来，自己第一次感到了内心的安宁。

"我们从小就受到这样的训导：一切都是为了成功。但是没有人告诉你，在通往成功的道路上，你得满足海量的要求——总是要认识合适的人，总是要有正确的想法，总是要做最聪明的，总是要忙忙碌碌，永远不知道这忙碌的尽头。当我放下这一切，一个全新的世界向我敞开了。这并非不确定的生活，实际上恰恰相反——做需要做的事情，做自己感觉正确的事情，并按照我自己的标准做好它。这可不是什么不稳定。挣脱旧的自我很难，但也激动人心。当我放弃了对成功的执念，我终于在我的工作中找到了真正的意义。在我的生命中，第一次，我自己——而不是工作——成为主宰。"

第三章

机器人该交税吗？

一旦人类发明出能替代自己工作的机器，他就得挨饿。这个事实多少有点悲剧意味。

——奥斯卡·王尔德[1]

9号公路途经波士顿，穿过马萨诸塞州，直达伯克夏县最大的城市，约有5万人口的皮茨菲尔德。在皮茨菲尔德以东，9号公路变成伍斯特路。这个名字来源于伍斯特市，它曾是全美最大的线形材料生产地——产品包括棘铁丝、电线、电话线，以及皇家伍斯特紧身衣公司用于制造内衣的钢丝。这家公司曾是全美雇用女性员工最多的公司。老伍斯特的居民仍然记得工厂的钟声，那标志着工作日的开始和结束。现在大钟静默，线材厂和紧身衣厂已经被三家全国最大的雇主所取代：沃尔玛、塔吉特（Target）和家得宝（Home Depot）。

如果这种故事听起来似曾相识，理应如此。近20年前，零售业就已超过制造业，成为美国最重要的就业岗位创造者。每9个美国人中就有1个在零售业工作，这一比例超过医疗保健和建筑业相加的比例。那可是海量的工作机会。不幸的是，按照上一章述及的标准，零售工作通常不是好工作。本书写作之际，非领班岗位零售人员的平均时薪为10.14美元，不到全国平均水平的一半。超过一半的零售员工

---

[1] Oscar Wilde，19世纪英国作家，代表作为《道连·格雷的画像》。——编者注

没有任何形式的福利。

作为一国人民，我们已经与这一趋势和平共处，这多少令人不安。我们当然知道，iPad 和 Mac 不是在美国制造的，很多电视机、家电、工具、玩具或衣服也不是美国制造。我们也知道，很多美国人赖以为生的，是上述产品的设计、营销、广告、运输，尤其是销售。零售已经成为我们所知的世界，一个消费者——而非工人——为王的世界。毕竟，沃尔玛商场几乎可以自主营业，在该公司最近推出自动扫描货架机器人之后尤其如此。由于这些创新，整个零售业的每位员工的平均销售额在短短几年内翻了一番。

不过，在生产率方面，没有一家实体零售店——无论其效率有多高——能与在线商务相比。自 2014 年以来，后者已成为增长最快的零售渠道。中国的阿里巴巴集团作为亚洲最有价值的公司，是你死我活的零售领域中的世界老大。阿里巴巴的影响力如此之大，以至于 2017 年 1 月，该公司创始人马云成为美国大选后第一位公开会见特朗普的中国商人。然而，由于种种原因，阿里巴巴迄今未能在美国站稳脚跟。在美国独占鳌头的是亚马逊。

分析人士预测，到 2020 年，美国 3.6 万亿美元零售市场的 1/5 将转移到线上，其中 2/3 的份额将由亚马逊独得。美国人在线上每花费 2 美元，就有 1 美元被亚马逊赚取。迄今为止，在图书、音乐、视频游戏、手机、电子设备、小家电、玩具、杂志订阅，以及似乎所有其他方面，它都是全美最大的销售商。因此它得了个绰号叫"万有商店"（Everything Store）。亚马逊在几乎所有的零售类别中都占据了大量的市场份额，包括它的自有品牌食品系列。消费者的每次点击都会帮助亚马逊收集关键信息——消费者的地址和信用记录，他们曾在亚马逊网站上买过什么甚至是浏览过什么。利用这些数据，亚马逊与每个人都建立了更亲密的关系，其目标是在每个人身上实现更多的业务。2018 年 5 月，亚马逊有 1 亿高级会员，平均每人每年缴纳 99 美元会员费，在此平台上购买近 1300 美元的商品。除此之外，亚马逊还拥有数百万不买会员资格，但在网站上购物的消费者。该公司生产从电池到婴儿食品的数千种产品，并拥有 Zappos、Shopbop、IMDb、Audible 和 Twitch 等耳熟能详的品牌，它甚至还制作电影和电视节目。"亚马逊手工制造"准备挑战 Etsy，而"亚马逊办公"则打算给史泰博（Staples）和其他独立的办公用品供应商致命一击。[1] 分析师们通常倾向于对冲赌注，但有一件事他们似乎一致同意：亚马逊正朝着全球第一家万亿美元公司的方向一路狂奔。[2]

有人说亚马逊的首席执行官杰夫·贝佐斯善于与人打交道，不管此话真假，他的一个明显的商业使命是尽可能少地雇用员工。说句公道话，该公司的效率如此之高，它需要的员工确实相对较少。在亚马逊，每名员工每年创造的价值约为 40 万美元，这几乎是沃尔玛——美国效率最高的大型零售企业——的两倍。受到亚马逊这一巨大成就的影响，许多老牌零售商——从沃尔玛、百思买（Best Buy）到布鲁明戴尔百货公司（Bloomingdale's）——也开始在网上销售，其中有些已经死于这一试水过程。事实上，除了加油站、新车和二手车经销商、杂货店和酒类专营店，伴随着电子商务的飞速发展，实体店的零售业务全部都在下滑。

看上去，电子商务似乎代表了未来。2013 年 7 月，时任美国总统奥巴马在田纳西州查塔努加的一个巨型亚马逊配送中心发表了关于就业的激动人心的演讲，这并不令人意外。就像伍斯特和许多美国小城市一样，查塔努加曾经是一个繁荣的工业城市。它地处中央，有着便捷的公路和铁路运输，还有工作意愿强烈的劳动力，这些使它成为一个非常受欢迎的制造业基地。在 1979 年的制造业高峰时期，1/3 的查塔努加居民通过生产纺织品、家具、钢铁和非处方药［如罗来兹（Rolaids）］谋生。但当时间进入 20 世纪 80 年代，这些工作大部分都

---

1 Etsy 是一个手工艺品交易网站；史泰博（Staples）是一家办公用品供应商。——译者注
2 2018 年 9 月 4 日，亚马逊盘中股价涨至 2050.5 美元，市值突破 1 万亿美元。但它是第二家达到此成就的公司，第一家是苹果。——编者注

消失了，查塔努加不得不寻找新的方法来为其居民提供衣食住行。亚马逊似乎是解决方案的一部分：21世纪的查塔努加，正需要一个像亚马逊这样的属于21世纪的公司。

彼时，查塔努加已经用税收优惠和土地使用权吸引了几十家公司，其中包括给大众汽车的5亿美元一揽子计划，该计划很快就膨胀到了近10亿美元。给亚马逊的优惠没那么多，但在价值数百万美元的协议中，含有一大块前军用土地，而且免征10年物业税。作为交换，亚马逊承诺提供就业机会。与大众等公司的工作不同，亚马逊的大部分工作没什么技术含量，几乎人人能做。仓库拣货员的轮班工作内容就是，戴着耳机听指令，将手推车推到指定的货架，从指定货箱中提货并把它放进篮筐，然后将篮筐推往下一个需要提取的货物。因为仓库很大，他们的行走路线有时很长。奥巴马总统在发表演讲之前，就曾对它超过百万平方英尺[1]、相当于28个足球场的大小惊叹不已。他兴高采烈地环视着这个巨大的空间，把它称为"南方的北极"，并称赞聚集在他身边的工作人员是"漂亮的小精灵"。尽管少数几个人反对总统的措辞，但他们的小声嘀咕早已淹没在围观者雷鸣般的掌声里。

在那之前几年，亚马逊曾在得克萨斯州的欧文市距离达拉斯-沃斯堡国际机场不远的地方开过一家类似的工厂。和查塔努加一样，达拉斯的位置非常适合做配送中心。只需48小时或者更少的时间，达拉斯集散的货物就可以通过卡车运输，送达超过35%的美国人；如果使用铁路运输，这个比例甚至能到99%以上。和查塔努加一样，为了吸引就业机会，得克萨斯州的想法和行动都是大手笔。欧文市拿出价值2.69亿美元的税收减免和其他激励措施，以呼应当时的亚马逊全球运营与售后服务副总裁戴夫·克拉克所描绘的"伟大工作"前景。但他没有告诉欧文市善良的人们，这些工作是否会持续存在，也未告知

---

[1] 1平方英尺≈929.03平方厘米。——编者注

这是些什么样的工作。然而得克萨斯州已是箭在弦上，亚马逊席卷而入。

在时任州长里克·佩里的领导下，得克萨斯州采取了比其他任何州都更有力度的刺激措施来创造就业——大约每年价值为190亿美元的优惠政策。在21世纪第二个十年，这种慷慨帮助得克萨斯州赢得了全国新增私营公司的一半饭碗。当州长吹嘘这一非常实际的成就时，他没有意识到得克萨斯州的贫困程度也很高，而且太多人从事的是低于最低工资的劳动。部分是因为，许多得克萨斯人虽然被雇用，但他们并不是真正意义上的"雇员"。说到这一迅速增长的合同工群体，得克萨斯州是领跑者。

从经济崩溃到经济复苏的过程中，与合同代理公司签约的美国人数量增长到了1600万，这一速度高于总体就业增长。这些统计数据清楚地显示了其他劳动力数据报告付之阙如的内容：经济复苏带来了以下两种就业方式人数的大幅增加，其一为合同工（平均合同期限约为3个月），其二为优步和"来福车"（Lyft）等平台上的自我雇用人员。美国的平均时薪为24.57美元，而这些"替代性"就业的平均时薪约为17美元，且常常为非全职、临时性、季节性工作。

欧文市的亚马逊合同制员工时薪大约8美元，还要被劳务代理公司刨去交通和支票兑现手续费，这意味着他们的实际所得有时远低于最低工资。但再说这些已经毫无意义，因为后来亚马逊与得克萨斯州审计署在返税问题上闹翻了。随即该公司便将得州业务连根拔起，他们关闭了达拉斯的仓库，把它挪到一个更加友好的地方：田纳西州的查塔努加。

查塔努加憋足了劲争取亚马逊的落户：市议会一致投票通过了3000万美元的激励方案。它还赠送给该公司80英亩[1]的场地，并花费400万美元将那块地准备就绪。作为交换，亚马逊承诺提供1476个全

---

[1] 1英亩≈4046.86平方米。——编者注

职工作和 2400 个季节工职位。那些有幸成为长期雇员的员工时薪为 11.25 美元，而临时雇员的收入则完全有赖于劳务代理公司愿意分享的比例。为了防止货物盗窃，公司要求员工每天接受两次金属探测器的检查，而这个程序占用的是工作之外的时间，这进一步大大降低了他们的时薪。

听上去，奥巴马总统在演讲中似乎暗示，亚马逊在查塔努加创造了许多实实在在的中产阶级就业机会，但并不是每个人都这么认为。一位评论员将总统在亚马逊仓库的演讲比作"在杂货店的零食区宣布一项健身计划，而且，当看起来不甚健康的美国人把一大袋薯片扔进购物车时，点头表示赞同"。从亚马逊本身的所作所为来看，这位批评者的意见是对的。毕竟，杰夫·贝佐斯常年向全公司的所有员工提供**辞职**补偿，而且他毫不掩饰自己对机器人的痴迷。在全球范围内，他的公司已经安装了 10 万多台机器人，据说它们与仓库中的人类"完美共生"。他还计划再增加成千上万的机器人员工。虽然还不清楚到底什么是"完美共生"，但根据亚马逊统计，机器人每年为每个仓库节省开支高达 2200 万美元。该公司的自主未来总体规划还包括使用无人机和自动驾驶的送货车辆。虽然贝佐斯坚称，这些都不会减少就业机会，但这话只能听听而已。亚马逊将继续在全球各地开设仓库，并为这些仓库增配预计总量 10 万的机器人。当这个目标实现之际，在亚马逊领取工资的每个员工——无论全职还是兼职——都能顶得上传统实体经营中的两个。正如资深 IT 分析师蒂姆·林德纳（Tim Lindner）在一份报告中向业内人士透露的那样，减少就业岗位是任何在线零售商的明确目标："劳动力是仓库运营中的最高成本因素。亚马逊配送中心的业务正在转向高度自动化，这已不是什么秘密……此外，它拥有别的技术，可以进一步减少处理客户订单所需的人员数量……你听过一句老话吧，'垃圾进，垃圾出'（Garbage in, garbage out）。人类的阅读能力日益下降，在收货码头接收货物时，'垃圾进'的问题日益严重，因此，采用自动化方案来解决这个问题就成了不二之选。"

林德纳所说的"垃圾"指的是人为错误，而与此相对的概念显然是机器人的精确度。然而，机器人根本就不够精确。正如你我所知，对人类而言最简单的任务对机器人而言却可能会非常困难，比如从架子上抓取小件精细物品。硅谷企业家、计算机科学家加里·布拉德斯基（Gary Bradski）是工业知觉公司（Industrial Perception）的联合创始人（这家初创企业于数年前被谷歌收购）。该公司开发了计算机视觉系统和装卸卡车的机器人手臂。布拉德斯基告诉我："对亚马逊和所有互联网零售商来说，它们的全部成本就在于把东西从一个地方搬到另一个地方，该行业的所有基本人员都被当作叉车的延伸。人类作为叉车的延长臂是相当昂贵的，而机器人手臂大幅削减了成本。"

Sawyer 是波士顿的反思机器人公司（Rethink Robotics）开发的工业机器人，它提供了一个令人印象深刻的例子，说明了这些手臂如何无所不能。Sawyer 的创意来自罗德尼·布鲁克斯（Rodney Brooks），他发明了智能扫地机器人 Roomba，以及在伊拉克、阿富汗用于清理掩体和"9·11"后用于清理世贸中心废墟的机器人 PackBot。与 Roomba 和 PackBot 不同，Sawyer 看起来很像人类——它的脸是一块能播放动画的屏幕，轮子则是它的腿。人类抓住并调整它那与猴子相仿的手臂，通过引导它做一系列的运动来"学会"程序，只要这些程序可重复，你需要它做什么，它就能自己做什么。机器人能够像人类一样快速、流畅地感知和操控物体，而且它们要求的回报很少：传统的工业机器人需要支付高额报酬给工程师和程序员来编写、调试代码，但对于 Sawyer 这样的新型机器人，即便高中辍学生都可以在不到 5 分钟的时间内学会编程。布鲁克斯曾经估算，Sawyer 和它的哥哥、双臂机器人 Baxter 的"工资"相当于每小时不到 4 美元。

在关于工作及其未来的讨论中，机器人的巨大身影若隐若现，这有可能使我们的对话深陷错误的假设。直到最近，许多经济学家都怀疑自动化能否永久性地大规模取代人类工作者。人们一直在放手让机器人去做那些它们更能胜任的工作，而根据"比较优势"的经济原则，可以预测人类将在那些对机器人最不利的领域保持优势。按照这种逻辑，技术不会取代我们，而是将赋予我们自由去做更少危险、更具挑战的事情，基本上，就是那些让人之所以为人的事情。

例如，在2016年，国家公路交通安全管理局正式承认"软件"为无人驾驶汽车的驾驶员，这是面向全国410万有偿司机——包括出租车、卡车、公共汽车和优步司机——的广而告之。但在竞争优势的名义下，这并不意味着砸掉他们的饭碗，而是让他们获得进入新角色的自由，他们可以去发明新型发动机，设计新型挡泥板，或接受那些只能依靠人类能力去应对的其他挑战。然而，近年来许多专家已指出，上述论证的问题在于，它建立在一个错误的前提上——即认为人类在承担大多数任务方面具有真正的优势。

2015年3月，来自世界各地的数十位科学家、工程师和商业领袖聚集在马萨诸塞州剑桥市参加一个名为"机器人也疯狂"（Robo Madness）的会议，这个会议名称倒是恰如其分。第一位发言人是来自弗吉尼亚州的民主党参议员马克·沃纳。在富有激情和感染力的演讲中，他说到要"发明工作"，即创造那种拥抱科技进展、同时让更多人在经济中站稳脚跟的工作。"过去，弗州人以生产烟草、纺织品和家具为生。"他告诉听众，"现在，他们需要资本主义内部的新结构，以及将其视为资产而非成本的未来。"参议员沃纳不确定未来会是什么样子，他的姿态表示，预测未来不是他的事情。他结束发言后，下一个在演讲台上接受挑战的是麻省理工学院的计算机科学家达尼埃拉·鲁斯（Daniela Rus），一位前沿的机器人专家。

鲁斯在罗马尼亚长大。她对机器人的迷恋可以追溯到童年时期，她一遍又一遍地看电视剧《迷失太空》（Lost in Space）的午后重播。片中的B-9是一个拥有超人力量和未来武器的机器人，当B-9带着人类的情感弹奏吉他时，鲁斯为此目眩神迷。她说，机器人很快就会将自己融入日常生活的结构中，并与这种结构的肌理"别无二致"。

她举例说，机器人女仆会在早上"醒来"，感应到主人想要一杯咖啡或者橙汁。因为家里没有现成的，机器人就会跳进自动驾驶汽车，开到杂货店和其他机器人一起排队点单。鲁斯说，想喝咖啡或果汁的人类当然也可以自己做这些，但他们似乎不太可能真的亲力亲为，因为机器人——而不是其他人类——经营着这些店，所以来了也没什么和人类互动的机会，所以，人类没什么动力去自找麻烦。

在描绘这个玫瑰色的未来时，鲁斯并没有考虑以开车为生的数百万美国人，也没有考虑那些卖咖啡和橙汁的人。她也没有提及这样的可能：有些人——或许是许多人——更喜欢自己去买咖啡或果汁，并在店里和营业员聊上几句，我就是这样的人。会议暂停休息时，这个小想法令我心情沉重。我有理由认为，这也可能是利奥·斯普雷彻（Leo Sprecher）的想法。此人曾在我身后排队买咖啡，看上去有几分困惑。他向我做了自我介绍，说他拥有多个计算机学位，这让他在"巴德夫人馅饼店"（Mrs. Budd's Pies）的首席执行官位置上得心应手。鉴于我俩身处麻省理工学院的机器人会议，我顺理成章地认为"巴德夫人馅饼"有些讽刺意味，可能是一个新兴高科技企业的产品代号。结果斯普雷彻告诉我，"巴德夫人馅饼店"真的就是卖馅饼的。我一下子来了兴趣，请他告知详情，斯普雷彻说乐意为之。

接下来的一周，当我们在午餐时间会面时，斯普雷彻跟我细细讲了公司的创业史。公司起于草根，其发端是位于新罕布什尔州的一间小型家禽类食品店，店主名为欧文·巴德（Irving Budd）。那是20世纪50年代初期，经济正处于一个短暂的衰退期。鸡肉销售情况不错，但还不够好。问题是，如何才能卖得更好呢？巴德苦思而不得。有一天，一位路过的推销员向他介绍电烤鸡，说这是一种"增值"产品，会使巴德的利润增加好多倍。巴德依言行事，电烤鸡的确卖得不错，但并没有推销员说的那么好，每天都会有几只剩下来。巴德将这些卖不掉的烤鸡带回家后，他的母亲巴德太太便将它们做成家传美食。鸡肉馅饼的历史就此开始了。

巴德夫人馅饼号称"新鲜""从未冷冻""本地"和"自制",并以此建立了产品声誉和客户群。在其 Facebook 页面和自家网站上,心满意足的食客给出好评;戴着发网的员工开心地微笑着,他们自豪地举着托盘,上面是外皮金黄、馅料厚实的完美馅饼——每一口都如您自家祖母做的一样美味。公司声称它的使命:像为家人服务一样制作每个馅饼,因为顾客就是家人!您,我们的顾客,是巴德夫人大家庭的一员。您将我们带回家,就是与您自己的家人一起创造美好的回忆。

你可真爱自制馅饼啊!我称赞斯普雷彻不改初心。我以为他会谦虚地微微一笑,想不到他唉声叹气:"我们开始自动化了。"他死死盯着他的咖啡杯说,"我们现在有 85 名做馅饼的员工,计划是减少到 25 人,也许更少。如果你曾经在生产车间与人打过交道,你就会知道原因。机器不会耍态度,没有状态起伏,没有'问题'。自动化从未如此便宜:一台大型制馅饼机可以在两年内甚至更短时间收回成本。消费者要求低价(一块 4 人份的馅饼售价不能超过 5 美元!),股东逼着你给他们带来最高的投资回报。除了用机器,我们别无选择。"

我无能为力,只有深表同情。人类太复杂,被机器取代不一定是坏事。和巴德夫人馅饼店的快乐员工不同,很多人都不喜欢自己从事的工作。我们会感到疲倦、饥饿、分心、愤怒、困惑。我们会犯错,有时会犯大错。机器没有人类的弱点和偏见,能够排除偏见和错误假设从而更好地权衡。也许最关键的是,面对呈指数级增长的数据,机器对它们的保存和处理要比人类准确得多。

每一分钟,仅在美国一地,谷歌就会提供 360 万次搜索服务;垃圾邮件发送者会发出 1 亿封电邮;Snapchat[1] 的用户会发送 527000 张照片,天气频道则会播发 1800 万则天气预报。这些,以及更多数据——在以合适方式收集、编码、分析之后——可用于几乎任何高

---

1 一个在线照片分享平台。——译者注

阶任务的自动化。数据还可以作为人类经验和直觉的替代品。在线购物和社交媒体网站"学习"我们的偏好并使用相关信息进行价值评估，以影响我们的决定，并最终影响我们的行为。这对未来的工作有什么预示意义？对这个问题的回答令人紧张，它充满不确定性。

我们所知道的是，人与机器之间的任务分配取决于两者的生产力——当人工能比机器更便宜或更快地完成工作时，通常它就会被保留。但是没有任何经济原则可以证明，人类总能胜出。就像巴德夫人的"自制"馅饼一样，当人类不再跟得上节奏时，就得卷铺盖回家。

从做汉堡包，到下棋，直至外科手术等任务，有关机器人超越人类的报道比比皆是，它们业已成为媒体的陈词滥调，以及海量商业叙事的背景。从各方面来看，这些案例只是一个不断增长的趋势的开始。美国科学促进会（American Association for the Advancement of Science）曾举办过有关这个议题的会议。我问参会的计算机科学家摩西·瓦尔迪（Moshe Vardi）：为什么众多经济学家和政治家们都难以应对这一迫在眉睫的威胁？

"这是因为在大约 2009 年之前，并没有真正的威胁，"他告诉我，"巨变是自那以后才发生的。计算机能看、能听，并具有明显优于人类的面部识别能力。仅与几年前相比，机器了解人类世界的能力已大幅提高。我们还没有在人脑中发现任何机器无法模仿的功能。我们处于人类历史上一个独一无二的时间节点。我们正坐在一个巨大变化的顶端。"

这一变化的一个标志性事件发生在 2016 年 3 月。谷歌人工智能程序阿尔法狗（AlphaGo）在人机大战中击败了来自韩国的世界级围棋大师李世石。围棋是一种古老的棋盘游戏，以其令人费解的复杂性而闻名。每场比赛都有 10360 种可能的步骤[1]，这是一个令人难以想象

---

[1] 作者此处数据不知从何得来。事实上，直至今日围棋变化依旧无法单纯穷举（AlphaGo 采取的方法是优化穷举），准确变化数也是未知。——编者注

的大数字,棋手完全不可能预先评估每次落子。这种复杂性使得围棋比国际象棋更加难以预测:棋手不是预见到各种可能性,而是通过凝视棋盘上的棋子来**感知**这些可能性,他们的感知有时是有意识的,有时干脆就是无意识的。阿尔法狗达成类似目标则是通过科学家所谓的神经网络,它大致相当于在生物系统中运行的神经细胞网络的数学版本。就像人类的大脑一样,阿尔法狗具有无穷无尽的学习能力,但它的学习方式不仅仅是人类棋手所进行的"观察"棋局。阿尔法狗的设计师们赋予该程序一种能力:它能与自己进行数百万场比赛,在没有任何人为干预的情况下不断提高水平。换句话说,阿尔法狗似乎具备了本书前一章论及的分析技能,这是一项在数字时代获取好工作的关键技能。这些机器能够想象和表达问题、将其概念化,并在可得信息的基础上做出正确决策,从而解决问题。在这项能力上,机器正在日益精进。

对于科学家希望通过这一系列研究所取得的成果而言,阿尔法狗只是一个例子。如今各家公司,无论大小,都在热火朝天地投入这项事业。例如,科技巨头 IBM 宣称:"在未来 5 年内,机器学习应用将带来新的突破,这将扩展人类的能力,帮助我们做出正确的选择。机器将守望我们,助我们以强有力的新方式驾驭我们的世界。"该公司的目标是在 5 个时机成熟的方面掀起变革:医药、教育、零售、在线安防,以及所谓的"有感知的城市"——即通过特定技术,在居民自己意识到之前就了解其需求的城市。这些当然都是非常广泛的大类划分,它们将带来难以预估的就业数量,而 IBM 只是这项事业的数百名参与者之一。投入其中的公司大多数都是全新的,或者几乎是全新的。就在几年前,世界上只有 4 个实验室致力于开发人造神经网络。如今,它是计算机科学研究最热门的领域之一。然而,它可能并不会实际雇用许多工人:2018 年春天,IBM 解雇了数以千计的美国员工,其中大多数受过高等教育,许多人还是机器学习和人工智能方面的专家。

巴特·塞尔曼（Bart Selman）是康奈尔大学计算机科学教授，他的专长是知识转化，即将现实世界的信息转化为计算机可以理解的语言，以使其据此运行。他警告说，虽然目前计算机还没有完整的人类能力，比如，它们缺乏"常识"和掌握语言深层含义的能力，但这种情况即将改变。"人工智能的圈内人都相信，机器将在未来15—20年内与人类智能相匹配。"他告诉我。他用医学领域来作为例证："医生在99％的时间内做的都是非常标准化的事情，他们的工作是高度常规性的。而且，许多非常规的操作也可以由机器来完成。机器在诊断疾病方面已经超过人类医生，很快机器所掌握的知识就会将医生甩出一大截。对此医生们十分抗拒，他们可不想被机器取代。但在10年、也许15年之后，大多数医生就要丢掉饭碗。"

这听起来可能有些极端，但同意塞尔曼的大有人在。尽管我采访过的其他计算机科学家普遍认为，在未来一段时间内，人类判断对于医学中的关键决策依然至关重要，但他们也预测，自动化将很快可以提供更高质量的护理、更便利的就医和更低的成本，这可能会消灭一些人——也许是许多医生——的职业角色。毕竟，机器人即便算不上完美，也比复杂而昂贵的人类更好用。鉴于在心脏病和癌症之后，误诊已成为美国人的第三大死因，机器人似乎是一种明智的、也许是更好的选择。毕竟，是人就会犯错。

霍德·利普森（Hod Lipson）是哥伦比亚大学机械工程学教授，他和他的学生在该校的创意机器实验室里训练机器，赋予它们反思能力、好奇心，以及创造性——是的，创造性，包括厨艺方面的创造性。他一边和我聊着，一边完成新设备的最后步骤。这种设备使用软件从混合的糊状物、啫喱、粉末和液体成分中制做出美食。看上去，这台机器可以与三星级米其林厨师竞争。当然，它也可以做巴德夫人的馅饼，如此一来，斯普雷彻就可以将员工精简为几个技术人员，又或许，连技术人员都不用。当我跟利普森说到这个想法时，他并不开心。他说，将几乎每项有难度的任务都进行自动化，对于像他这样的科学家和工程师，是一种本能的要求。整个工程学的目的就是减轻苦差、提高生产力。放在过去，这是一贯正确的做法，是好事。然而现在，他并不确定是否依然如此。

我采访的大多数专家对此也不能确定。我们都以为，最受威胁的是常规性工作（特别是那些高薪的常规性工作），比如簿记和文件检索等一些"知识"工作。我们确信，在可以预见的未来，那些需要决策和个人主动性的"创造性"工作将继续留在人类领域。但在访谈数十位计算机科学家、工程师和经济学家之后，我意识到，风险最大的并非总是复杂性最小的工作。在某些情况下，风险最大的恰恰是最复杂的工作。

例如，快餐连锁店并不急于将翻烤汉堡的工作自动化，尽管它们早就可以选择这么做。其原因在于，翻烤汉堡很简单，如果没有工会支持，干这活儿的人只能拿低工资。但对于从事心脏手术、离婚诉讼、财务建议、绘制建筑效果图和汽车设计图的人来说，情况大不相同。如果这些复杂且耗资巨大的任务自动化，其节省的工资很快就能抵消机器费用，从而为雇主带来巨大的回报。因此，虽然公众相信，只有低工资的常规性工作才面临最大风险，科学家和技术人员依据他们的实际所见并不这么想。事实上，当人们组织起来试图改善劳动条件时——比如正在进行中的"每小时15美元"的最低工资运动——通常的结果就是，老板们威胁要用机器代替人工。他们确实有这个底气。

"自动化和人工智能将会把我们所有的工作都拿走，"利普森告诉我，"或者几乎所有工作。即便不在我们的有生之年，那么在我们孙辈的一生中，这个一定会发生。我们要如何去面对失业的未来？如何从生活中获得意义？这对任何工程师来说都是一个新的巨大挑战，而我们甚至都还没能把这个问题说清楚。这是人类历史上一个全新的情况，但我们对此毫无准备。也许我们以为自己准备好了，事实上根本没有。是的，我们当然可以接受更好的教育，以更好地应对这一切。

能这么做很棒，但它不是答案。并不是所有人都可以成为技术专家、科学家或数学家，即使可以，当机器能够免费从事这些工作时，谁还会付钱给我们呢？是的，我们当中有一些人将制造这些机器、编写代码并提供重要的思想。但让我们面对现实吧，并非所有人都可以为谷歌工作。"

第四章

让他们去吃 APP 吧

> 我知道，创建并发展一家企业需要极大的毅力，而面对未知需要决心。我也知道，承担这种风险会使我们的国家和世界变得更加美好。
>
> ——唐纳德·特朗普

谷歌的"互联校园"（connected campus）位于马萨诸塞州剑桥市，占地两座办公大楼，而这两座楼隐藏在一家素食三明治店的身后。它如此难找，简直有些令人惊讶。访客通常会先走过一两次，然后再向路人询问，才能最后发现它的位置。这可能是一个心照不宣的提醒：谷歌根本无需吹嘘自己，它天然就是世界上最被认同的品牌之一。在吸引人才方面，谷歌尤其如此。对地球上几乎任何地方的聪明年轻人而言，为谷歌工作都是他们的梦想。据调查，每 5 个美国大学毕业生中就有 1 个将谷歌作为自己的意向雇主。对全世界大学生的调查得出了类似的结论。没有任何其他公司能够望其项背。

谷歌也是继苹果之后全球最有价值的品牌。该公司投入的领域如此宽广，甚至它自己的员工也有点跟不上：Chrome 浏览器、安卓智能手机操作系统、谷歌云计算平台、YouTube 视频共享平台，以及包含谷歌地图、谷歌邮箱和谷歌文档的在线服务。作为谷歌的母公司，Alphabet 是自动驾驶汽车领域的重要力量，其投资部门 GV 拥有 300 多家公司，其中包括优步。以上业务已经足以令人印象深刻，但谷歌远不止这些，它的巨量收益流还有另外的来源。

谷歌大约 90% 的收入来自广告，这其中有超过 3/4 的广告发布在公司自己的网站上。谷歌仅需雇用少量员工，便可获得这笔额外收入。这种模式出色的赢利能力，都被那些忠实的投资者群体看在眼里。

用谷歌搜索一下 Google，你会看到那些预料之中的炫酷空间：到处都是看上去类似玩具的东西，还有各种诱人小食。同时，你也会看到出乎意料的，比如这样的影像：在伦敦的谷歌公司午餐室，营销经理肖恩·奥克兰（Shawn Aukland）向他的男友、同为谷歌员工的迈克尔求婚，谷歌无伴奏合唱小组在旁边低吟布鲁诺·马尔斯（Bruno Mars）的《嫁给你》（"Marry You"）。并非所有人会喜欢这种体验，但显然，喜欢它的人数足以让世界上很多人梦想成为谷歌的一员。值得注意的是这些人梦想成真的概率：每年的申请人数多达 300 万，而被录用的比例是 1∶428。相比之下，申请进入哈佛大学的机会要大得多——1∶14。

安德鲁·迈克菲（Andrew McAfee）是《第二机器时代》（*The Second Machine Age*）的合著者、麻省理工学院斯隆商学院数字商业中心的首席科学家。我俩一起去了"合法海鲜餐厅"（Legal Seafoods），这是一家颇受欢迎的餐厅，距离谷歌剑桥校区仅几步之遥。在那里，我们讨论了上述这一切将会产生何种影响。迈克菲看上去有点出神，仿佛他也在梦想着进谷歌。在某种程度上，他确实想。他一边查电邮，一边点了蟹饼三明治，同时还抓起一支笔，在餐巾纸上草草写下 4 个词：亚马逊、苹果、Facebook、谷歌。2016 年夏，他口中的这"四骑士"的市值已超过 1.8 万亿美元，这大致相当于印度的国内生产总值。印度的人口超过 12.5 亿，而在 2016 年，四骑士雇用的美国人加起来不到 40 万，其中还包括苹果零售店和亚马逊仓库的员工。（亚马逊声称将于 2018 年收购全食超市并雇用后者的 10 万员工，其中大部分是仓储员工。）"要想稳住就业率，每 3 个月就需要 40 万新增岗位,而四骑士对此毫无贡献。"迈克菲说。事实上,尽管这些科技巨头在吸引资本和公众眼球方面取得了巨大的成功,但在创造可持续就业机会方面,它们没有一个能够比得上传统企业如克罗格、家得宝、惠普、通用电气、IBM 和沃尔玛。

迈克菲狂热地鼓吹技术的意义,他总是将其称为"富足的创造者"。当然,这种说法适用于他,也适用于那些在隔壁谷歌办公室做着黑客吃着零食的快乐员工。而且迈克菲认为,对于所有人都如此——Instagram、Facebook、Snapchat、YouTube、Twitter,当然,还有谷歌搜索——这些都是迈克菲称之为"赏金"的部分。但他也承认,这笔"赏金"的获取,只需要数量较少的雇员,这就是数字野兽的本质。他说:"我们所看到的是一个富裕至极的经济体,它的运行方式和工业时代有天壤之别。"

那么,人们对于工作的看法发生了什么变化呢? 想想两家公司:其一为 Instagram,一个数字时代的产品;其二为柯达,一个工业时代晚期的产品。Instagram 是由麦克·克里格(Mike Krieger)和凯文·斯特罗姆(Kevin Systrom)共同创办的,该公司在旧金山的一个小空间里聚集了个由年轻工程师和营销人员组成的小团队。他们创建并销售的这个应用程序使得数亿人能够共享数十亿张照片。而乔治·伊士曼(George Eastman)创立的柯达公司则在一个大型工业园区聚集了多达 145000 名员工。这家标志性的公司在其鼎盛时期提供了全美 90% 的胶卷和 85% 的照相机。

在 2010 年成立后不到两年的时间里,Instagram 以 10 亿美元的价格被出售给了 Facebook,此举在一夜之间造就了十几位千万富翁。而就在 Instagram 被出售前的几个月,柯达这家拥有 110000 项专利的公司宣布破产,大量忠诚的员工陷入困境。

在柯达时代,生产力、就业率和收入中位数共同增长。公司创始人乔治·伊士曼认为,自己对员工及所居住的城市——纽约州罗切斯特富有责任。作为有史以来最慷慨的慈善家之一,伊士曼还将前所未有的巨款捐赠给麻省理工学院、塔斯基吉研究所（Tuskegee Institute），以及他家乡的各个机构——罗切斯特大学、诸多医院和牙科诊所、一家管弦乐厅和音乐学校。他对员工也很大方，赠予他们价值成千上百万美元的股票。在写给同事的一封信中，他写道："为了被我聚集在这里的数以千计的人们，我要让罗切斯特成为地球上最适宜居住和养家的地方。"

今天，让企业家如此慷慨的动力要小得多：尽管许多成功的企业主都是慈善家，但由于互联网不被地域限制，在员工或社区忠诚度方面，全球经济对雇主的要求和期望要小得多。

在乔治·伊士曼时代，创新对工人和公民的影响相当明显。部分归功于柯达的创新，几乎任何人都可以操作相机。这些相机和胶卷的制作与销售带来了无数的好工作，从而使得工人们有财力来购买自己的相机。相比之下，如某观察者所言，数字时代带来的是"主观的创新经验与其对经济的客观影响之间的巨大差异"。也就是说，创新对不同人群的影响不同，具体取决于我们是买家还是制造者。作为消费者，数以百万计的用户获得了迈克菲描述的"富足"。但作为工人，并非如此。"美国创造富足的能量是巨大的，"他告诉我，"但只有一种方法可以抵达富足，那就是通过我们的劳动。可现状是，并非所有人都能多劳多得。这是个大问题，不过解决这个问题并不在我的职责范围之内。"

那么，我们的国民代表（参见前一章中的参议员沃纳）或经济学思想家呢？如果解决数字时代的工作问题也不在他们的职责范围，那么这该是谁的责任呢？无论其立场，政治家和权威人士都倾向于相信企业家。在 2016 年斯坦福大学全球企业家峰会上，奥巴马总统宣称创业"是增长的引擎……能够创造高薪工作，将新兴经济体带上繁荣之路，并使人们合力解决更为紧迫的全球问题"。总统候选人希拉里·克林顿承诺，对创业或加入新兴公司的大学毕业生，要设法减免他们的学生贷款。唐纳德·特朗普总统则毫不掩饰地表达他对企业家精神的崇拜，而这一策略对数百万选民具有极大的吸引力。

事实上，整个美国都对那些为创造商机而不惜赌上一切的冒险家情有独钟。在欧洲，学童们被教育要尊敬诗人和哲学家；在美国，他们学到的则是崇拜像史蒂夫·乔布斯、比尔·盖茨和埃隆·马斯克这样的企业家。"**商业英雄**"这个词本身就有明显的美国味儿。对我们而言，"英雄"通常意味着"创新者"，无论这种创新会给个人和国家带来怎样的未来。现在的问题是，创新什么？为谁创新？

哈佛大学的经济学家约瑟夫·熊彼特发明了"创造性破坏"（creative destruction）一词，用以描述这样一个过程：创新在造就新的技术、企业和工作的同时，也摧毁了原先的一切。这方面的典型例子就是前面提到的汽车工业——汽车的创新为工厂工人、经理、管理人员、工程师、设计师和销售人员带来了无数的新机会，同时剥夺了铁匠、马具制造者和其他行业的原有机会。其他许多领域的创新也是如此。1950年去世的熊彼特认为，创新以及将这些创新商业化的企业家，都是资本主义和经济增长的驱动力。在1942出版的《资本主义、社会主义和民主》（*Capitalism, Socialism, and Democracy*）一书中，熊彼特写道："开辟国内外的新市场，以及从工艺品店到美国钢铁公司之类的组织发展，都显示了同样的产业变异过程——如果我可以使用这个生物学术语的话——即不断地从内部彻底改变经济结构，不断地摧毁旧的、创造新的。这种创造性破坏是资本主义的基本事实。"

新的创新型公司推动了大部分就业增长，熊彼特的这一观点风行经济学界。马萨诸塞理工学院的研究员兼商业顾问大卫·L.伯奇（David L. Birch）的观点也是如此。伯奇于1979年出版了一本仅52页的报告《工作的生成过程》（*The Job Generation Process*）。据他估算，只有15%的新工作是由拥有500名或更多员工的老牌公司创造的，而60%的工作是由拥有20名或更少员工的公司创造的，这些公司中的大多数都是新成立的公司。后来，他修改了这些数字来支持一个令人惊讶的说法：小型新公司创造了足有 80% 的新工作岗位。

伯奇声称，小型新公司创造了大部分新工作岗位。这种大卫与歌利亚式的叙事激发了公众的想象力并得到了政策制定者的认可。彼时，自由主义者和保守派双方不约而同地赞成放松行业管制，下面的想法具有很大的吸引力：如果没有政府和工会的干预，斗志旺盛、勇于冒险的企业家可以通过创造就业来维持和发展国家。突然之间，小微企业不再是过时的夫妻店，而是名副其实的岗位制造机。政治家们一致认为，对于如此劳苦功高的创业者，应该给予实质性的监管自由度和纳税优惠。

20 年后的 2010 年，考夫曼基金会（Ewing Marion Kauffman Foundation）发表的研究结果再次支持了这一观点。在一个被广泛引用的分析中，基金会的经济学家蒂姆·J. 凯恩（Tim J. Kane）发现，在 1977—2005 年的大部分时间里，老牌公司导致美国人每年失去约 100 万个工作岗位（也就是说，这些公司每年解雇的人数比新雇员工多 100 万）。与此同时，他估算初创企业每年平均创造 300 万个工作岗位。凯恩的结论振聋发聩：“在就业增长方面，初创企业并非一切，它们就是唯一。”尽管许多分析师百思不得其解：为何只有初创企业才能创造就业机会？但凯恩报告的影响力无论怎么高估都不为过。两党共同委托考夫曼基金会协助起草《创业法案》（Startup Act）2.0 和 3.0，该法案包含一系列对初创企业的扶持政策，包括豁免投资者的资本利得税，减少其他监管负担，以及外国企业家获取美国签证的便利措施。2012 年颁布了旨在减少对新公司监管的《初创企业扶助法案》（Jumpstart Our Business Startups Act）[1]，在该法案的背后同样是考夫曼基金会。而特朗普政府之所以通过减税政策，在很大程度上要归因于这一主张：减少对公司和富裕人士的税收将激发创业，从而带来工作机会。

---

[1] 因其英文缩略语为 JOBS Act，故而又译《乔布斯法案》。——译者注

然而，以上所有方法都存在一个问题：实际上，企业家和就业增长之间的相关性比决策者所宣称的要弱得多。我们需要解决的难题是：初创企业是否真的创造了永久性工作，抑或，我们只是一厢情愿地相信如此，并且挑选相关事实来证明这一点？在回答这个至关重要且极其复杂的难题之前，我们必须承认，"**初创企业**"（start-up）和"**企业家**"（entrepreneur）这两个词对不同的人意味着不同的东西。

听到"初创企业"这个词，我们可能会想到像迈克菲口中的"四骑士"那样炫目的、市值空前高涨的创新型企业。但是，任何新注册的公司，只要它拥有一名员工（通常是创业者本人），都可以被称作初创公司。至于"企业家"，就其广义而言，是任何创造新业务的人——无论此人的业务是供应热狗还是制造开创性的医疗设备。不过，经济学家对"复制型"企业家和"创新型"企业家做了一些区分。复制型企业家（例如热狗供应商）重复现有的商业模式，创新型企业家（如开创性的医疗设备制造商）则创造了新的东西。

凯恩在其调查中，将任何创造至少一份工作的企业家都算作"工作创造者"，包括那位和大多数企业家一样，仅为自己创造工作的热狗供应商。此外，在这项研究中，一家解雇所有员工的破产公司（这是大多数新企业5年之内的结局）也被算作"工作创造者"，因为它毕竟创造了至少一份工作。然而，净增工作——即创造出来的就业机会减掉失去的就业机会——才是最重要的指标。一旦如此计算，在美国乃至全世界，企业家实际创造的持久性岗位都会显著减少。

因此，企业家精神并不一定会带来就业机会或经济增长。实际上，一个国家的企业家精神水平往往与其竞争力呈**负相关**。世界上最具创业精神的国家是乌干达，该国超过28%的工作者是企业家。世界第二大创业国是泰国，其次是巴西、喀麦隆、越南、安哥拉、牙买加和博茨瓦纳。我们当中很少有人会将这些国家误认为是创新或繁荣的动力源：2016年，乌干达的人均收入低于700美元。我们也不会把大多数美国小企业——美甲店、理发店、咖啡馆、清洁和园艺服务之类——误认成熊彼特所说的"进步引擎"。这些复制型的小企业可能很有创业精神，但它们创造的就业机会很少，提供能够维持生计的工资的岗位则更少。实际上，绝大多数新的小企业主并不打算建立一个雇用他人的公司，他们只想自我雇用。

初创企业也不比传统企业更具创新性或生产力。相反，企业的创新能力和生产能力往往随着经营年限的增加而提高。这意味着，那些已经建立很久的、无趣的老牌公司才更有可能以富有成效的方式进行创新，而不是新的、活泼的初创企业，后者的寿命通常只有 5 年，甚至更短。

事实上，大卫·伯奇本人也开始质疑小型新公司创造就业机会的能力。1994 年，他与一位颇具声望的批评者、哈佛经济学家詹姆斯·梅多夫（James Medoff）合作撰写了一篇文章，他们在文中将美国公司分为 3 类：大象、老鼠和瞪羚。大象代表步履沉重的大型公司，雇用了大量的人，但没有创造很多新工作（比如沃尔玛）；老鼠是焦躁的小型企业，最终产生的价值很少，提供的工作岗位也很少（比如热狗摊）；瞪羚象征敏捷的、迅速扩张的公司，虽然远不如大象稳健，但可以创造真正的价值和真正的工作。几乎每个产业中都有瞪羚，它们不一定只存在于我们以为的和创新相关的领域：在 20 世纪 90 年代，它们是多如牛毛的技术公司；在 21 世纪初，瞪羚多见于与住房相关的服务业。伯奇和梅多夫得出的结论是，高影响力的瞪羚在美国公司中占比不到 4%，却创造了 70% 的新工作岗位。平均而言，瞪羚公司的寿命是 25 年——按照硅谷标准，它们已垂垂老矣。

保罗·南丁格尔（Paul Nightingale）曾担任苏塞克斯大学科学政策研究部门的战略教授，他也曾是一位工业化学家。他告诉我，企业家精神本身从未成为经济增长的强大动力。比起老企业的工作岗位，初创企业带来的工作岗位通常意味着更低的生产率、工资和稳定性。"实际上，创业公司的创新精神往往不如老公司。"他说，"大多数创业活动只导致了劳动力流动，工人从一个工作转移到另一个工作，而不是产生新岗位。"南丁格尔补充说，少数公司取得了非凡的成功，特别是谷歌、Facebook、亚马逊、Twitter等新技术和社交媒体公司。它们遮蔽了这样一个事实：大约有90%的新公司迅速而彻底地失败了，他们的员工（如果有的话）也受到拖累。

正如凯斯西储大学创业研究教授斯科特·沙恩（Scott Shane）曾经观察到的那样，如果要新增9个持续10年的就业机会，需要创办43家新公司。他补充说："如果你只是阅读有关新企业在增加就业机会方面表现的新闻报道，你绝对想不到真实数据是如此难尽如人意。"

我们对新鲜玩意儿孜孜不倦的追求——无论它们是新应用程序、新的饮食指南，还是新的视频游戏——有时会让我们忽视那些可以创造真正价值并带来稳定的高薪岗位的工作，我们会低估这些工作中的创新含量。但是，能够真正改善我们生活的那种创新并不容易，或者说，成本较高。私营部门曾经在基础研究中发挥了比今日大得多的作用，特别是在那些它们与公众部门共同投资的高风险、高回报的合资机构，例如施乐帕克研究中心、IBM研究院、杜邦实验室、贝尔实验室和微软研究院硅谷实验室。但近几十年来，这些机构和其他的类似机构纷纷被抛售、关闭或削减规模。很多时候，资金不再投向这些长期项目，而是被转而用于满足投资者的短期需求。在公共领域也发生了类似的事情。美国科学促进会报告说，在联邦预算总额中，研发比例从1965年的11.7%下降到了2016年的约3.4%。即便如此，特朗普政府还是认为这个比例太高了，2018年，涉及主要研究机构的政府预算被进一步削减了22%。

确实，新公司能够蓬勃发展——Instagram、Facebook、谷歌就是最好的例子。企业家精神和技术创新确实能够带来经济学家所说的"赏金"。然而，越来越多的"赏金"并没有以好工作的形式被大众分享。事实上，初创企业雇用的员工仅占全部美国在岗人员的不到3%，这并不是一个建立强大经济的平台。如果我们坚持将工作的未来寄托于对创业精神的激励，就会导致一大批经济学家所言的"非生产性创业者"出现，他们创造的价值很小，而且几乎不会带来任何新岗位。

创造更高效的机器以缩小对人类劳动力的市场需求，我们在这方面的能力几乎是无限的；利用数字技术以减少对人类思考力的市场需求，我们在这方面的能力更是无远弗届。我们正处于一个关键的转折点，过去的经验不再是未来的可靠指南。我们急需重新考虑工作的前景和目的，并制订一项不是基于自由放任的万灵药，而是真正有据可依的计划。第一步是找出需要保留的工作要素，这些要素可以正本清源，扩展对于"工作"意义的狭隘厘定。也就是说，这些要素不仅对我们的经济和民主，而且对我们的人性至关重要，它们需要被甄别出来，大力保护。

第二卷

抉 择

一个人要想生存就得工作。
若他想要好好生活,他的工作必须富有成效和意义。
——兰登·吉尔基[1]

---

[1] Langdon Gilkey,美国神学家。——编者注

第五章

激情悖论

在每一个职业中，工作的意义不仅在于做了什么，更在于这一过程带给人的成长。

——爱德华·霍华德·格里格斯[1]

迈克尔·普拉特（Michael Pratt）拥有校队运动员的强壮外表，虽已步入中年，他依然会找时间去打比赛。他是一个魅力十足的人，任职于波士顿学院卡罗尔管理学院。作为一名顾问，他的挣钱方式是向高管们提供咨询，后者经过他的启发，可以挣到更多的钱。但普拉特真正的兴趣并不在钱，他长时间思考的问题基本和价格无关，这些问题包括每个人如何在工作中获取意义。

普拉特并没有声称自己拥有所有的答案，而且据他所知，其他任何人也都不拥有它们。他说，信口开河的概括十分可疑，因为"意义"这个词本身就是相对的、因人而异的。工作不是产品，也不是你能拿在手中的东西。它是一个"生活领域"，一个高度个人化的领域。尽管如此，他仍然相信，通过工作寻求意义是生命中最强大，同时也是最容易被误解的驱动力之一。

"当理论研究者——经济学家、社会科学家，以及相关领域的推广普及者们——谈论工作时，他们并没有谈论人们实际所做的工

---

[1] Edward Howard Griggs，美国作家、教育家。——译者注

作，"他告诉我，"而且大多数时候，他们不会和实际工作的人交谈。他们假设什么重要、什么不重要，而这些假设通常都是错误的。"

为了弄清哪些工作要素确实至关重要，普拉特花了很多时间去访问护士、安利经销商、消防员等各行各业的人们。他喜欢专注于具体的内容——人们对自己的工作究竟抱有怎样的预期和希望。他常常发现，人们所希望的和那些假设不符。首先，并不是每个人都寻求在工作中找到激情（passion）。

他以自己的祖父作为例证。普拉特的祖父是一名安装玻璃的工人，他没有很喜欢安装和修理窗户，这不是他的梦想，他甚至都不愿多谈这事儿。这不是他的激情所在。然而，普拉特说，他祖父相信，自己的工作质量会影响到自己和家人，出于这一点及其他考虑，他花大力气去做好工作。看来，专注于任务并保证其成功完成，给他带来了一种在生命的其他领域——无论是在智力层面、人际关系层面，抑或精神层面——难以复制的满足感。这份工作给了他所需要的东西。

在普拉特祖父的时代，很少有美国人能够奢侈地考虑其工作的意义，他们根本就不了解这意味着什么。只有极少数可以人尽其才、丰衣足食，今天也还是这样；在那个年代，大多数人并没有如此的期待，即便是像普拉特祖父那样的手艺人，这一点则和今天大不相同。过去，做手艺活儿通常需要驯服一个人的创造性倾向以适应市场的需求，而许多工匠觉得，这些限制在某种意义上反倒让他们更自由自在。普拉特的祖父是否曾在工作中寻求意义？他从未说过，但普拉特认为他能在自己干的活儿当中看见意义。"当我问我的祖父，'你今天做了什么？'他可以给我一个明确的答案。"普拉特告诉我，"他很满足，并为此自豪。"但对于今天的许多人来说，这种满足感是飘忽不定的。"如果我们不生产具体有形的东西，如果我们不知道好工作与坏工作的标准，我们就很难从中得出意义。"

卡尔·马克思曾设想过一个公民"像人一样进行生产的乌托

邦……我们的劳动产品成为诸多反映我们本质的镜子"。马克思和其他社会批评家认为，工业化使得劳动者个人从自己的劳动中剥离，从而模糊并扭曲了这种镜像。他写道："像其他用于提高劳动生产率的工具一样，机械也是旨在降低商品的成本，并通过缩短工人为自己劳动的时间而延长他无偿贡献给资本家的劳动时间。机器是产生剩余价值的手段。"

这是一种合理而严肃的关切。正如一位19世纪晚期观察家所写的那样，"我们可以理解手工织布者的激烈反对，因为织布曾是纺织行业家族中的主要收入来源……[正如]后来，裁缝们激烈反对在他们的行业使用缝纫机"。实现自动化之前，手艺人既负责产品的设计，又负责它的手工生产，他们通常都能够实际掌控自己的劳动过程。而机器削弱了他们的掌控能力。

尽管如此，如马林塔尔的故事所暗示的那样，机器也带来了好处。农业和手工劳动常常不够可靠，因为其成功与否主要取决于个人的努力。相比之下，工厂让数以百万的人实现了稳定、专注，并获得了生命中的群体归属感。和马林塔尔的纺织厂一样，缅因州的造纸厂、北卡罗来纳州的家具工厂，以及中西部的汽车工厂都催生了繁荣和目标的一致性。工厂将具有不同背景和倾向的人聚集在一起，让他们在自己成长的社区之外，得以建立另一个社区。工厂还可以为员工带来一种属于某个场所的感觉，让他们相信，如果单干的话就只能对付些小事，在一起工作则可以为某种更大的目标做出贡献。当然，工会放大了这种团结的感觉——工会鼓吹工人们为共同的事业团结起来，有时甚至宣扬，工人们可以共同步入中产阶层。工会并不总是干好事，或总是被工人需要。但对于许多工人来说，工厂可以成为第二住所，而同事则是第二家庭。

作为第二家庭提供者的集中化的工作场所——无论是工厂还是办公室——仍然普遍存在于我们身边，这点毋庸置疑，但它们的数量正在下降。越来越多"非核心"的工作职能，比如IT技术、交通运输、食品外卖和保洁服务，都外包给了临时工和自由职业者，或者在某些情况下被发送到劳动力更便宜的地方。因此，我们发现自己面临寻找工作意义的挑战。在这种工作中，工作场所本身已没那么重要。从某种意义上说，我们正在回到独立的商人、农民和工匠的时代，我们正走向一种经济体，在其中，我们的工作认同较少依赖于任何特定的机构，而更多地依赖于我们与工作本身的关系。

可以肯定的是，依靠机构来为我们创造意义从来都不可靠。在20世纪70年代后期，匈牙利出生的心理学家齐克森米哈利（Csikszentmihalyi）指出，虽然80%的成年人声称，他们即使不需要钱也愿意工作，但这当中的绝大多数人也说，他们迫不及待地想要辞职。由此他得出的结论是，虽然人们非常希望工作，但许多人并不想待在他们的岗位。所以他开始着手揭示，工作中有什么吸引人的内容，以及岗位中又有哪些令人厌烦的内容。为此，他研究了工作中的人，有一件事让他感到特别惊讶：最具幸福感和满足感的工人，并不那么看重他们工作的最终产品。

这似乎与迈克尔·普拉特说的他祖父的故事相矛盾，后者通过制作有形的东西而发现了意义。但仔细想想，给他祖父带来意义的并不是做好的窗子，而是做窗子的过程。齐克森米哈利在他的职业生涯早期也发现了类似现象。他观察了一群视觉艺术家，目的是弄清楚他们的动机是什么。他指出，这些艺术家如此热忱地投入工作以至于真的废寝忘食。这并不奇怪。但令人惊讶的是，虽然艺术家们看上去很喜欢创作，却很少关心它的成果。他们并没有自豪地展示已完成的画作，而是将它们像木料一样随意堆着，然后又开始下一件作品。这种做法很有意思，因为它似乎与流行的行为心理学范式相矛盾：该范式认为，人的行为动机在很大程度上取决于对食物、性、金钱或赞美等方面奖赏的期望。艺术家们毫不讳言，普通公众不太可能认可或购买他们的画作。所以，让他们坚持工作的不是金钱，也不是赞美。（当然，也不可能是性——这个他们不用花钱就能尽情享受。）对艺术家而言，有意义的是创造的过程，而不是由此产生的结果。

后来，齐克森米哈利及其同事将注意力转移到了其他类型的工作者身上：农民、外科医生、计算机程序员、教师和熟练工匠。像艺术家一样，这些人都声称，和其他很多事情相比，工作才是他们的最爱。他们对工作充满热情和专注。齐克森米哈利总结说，所有这些人的共同之处在于，他们能够进入所谓的"心流"（flow），它是这样一种心理状态：人们被一项工作本身深深吸引，以致忘却自我，并不觉时间流逝。而且，不仅像艺术家和外科医生这样的高级专业人士在工作中找到了心流，达到这种境界的还有蓝领工人。齐克森米哈利时常提及的例证是"焊工乔"（"Joe the Welder"），一名60岁出头的男子，曾在芝加哥南部的一家铁路车辆装配厂工作。

在大部分的工作时间里，焊工乔都待在3个大型的机库式建筑里面，将巨大的钢板焊接到货车车厢的底盘上。机库夏热冬寒，常年嘈杂。毫不奇怪，和乔一起工作的其他焊工非常讨厌如此枯燥的工作并感到不适。但乔不一样，他对待工作精益求精且充满幽默感。正如齐克森米哈利所说，乔的秘密在于，他在工作中获得了心流，并将它带入生活当中。乔和妻子住在一个小平房，他给这个小房子造了露台和花园，配了他自己设计的喷水系统。他还在花园四周安装了太阳光谱的泛光灯。到了晚上，喷水器上方灯光亮起，乔便可以欣赏水幕上的彩虹。

齐克森米哈利发现，乔能够在别人认为很糟糕的环境中获得心流，因此他将乔描述为"自成目的"（autotelic）。这是一种难得的禀赋。齐克森米哈利说，当乔在自家花园里制作彩虹时，他的同事们则在酒吧挥霍闲暇，或是在家里的电视机前喝啤酒，而且他们总是忽视妻子的要求。"我们访谈的其他焊工把工作当作负担，随时随地都想逃离。"齐克森米哈利写道。

齐克森米哈利似乎暗示，焊工乔的事迹不仅关乎工作，还关乎一个人的道德品质。乔被塑造成这样一个高大的形象：他在别人憎恶的工作中找到乐趣，从而不仅做到与同事、上司相安无事，还能与大自然和妻子和谐共处。管理人员和咨询师们都喜欢讲述乔的故事，这是劳动者幸福生活的例证。但乔的经验果真能告诉我们工作在生命中的意义吗？心流果真是快乐工作的先决条件吗？如果是，我们应该努力实现心流吗？

齐克森米哈利的回答似乎是肯定的，他的许多追随者也是如此。在他的书和演讲中，齐克森米哈利强调了实现心流的3个关键前提：保持明确的目标和进步意识；将精神能量集中在项目上；保持挑战和能力的平衡，即任务应该具有挑战性但不至于令人生畏。乔因为满足了所有这3个条件而受到青睐。但乔不是一般人，他似乎天生就能苦中作乐，就像在最黑暗的乌云上找到银边，而这银边恰巧又与他雇主的目标一致。虽然热心人可能会祝贺乔获得心流，虽然顾问可能会建议雇主寻找更多像乔这样的员工，不那么厚道的人却有可能将乔看作一个笨蛋，他待在或酷热或严寒的机库中，心甘情愿地被管理者夺去尊严。

对于日常情境而言，心流这个词听上去有点生僻。"在状态"或"在线"这样的描述其实是类似的意思。许多人通过运动、兴趣爱好和休闲活动来体验这种状态，如跳舞、作曲、园艺、烹饪、下棋，或玩视频游戏。然而，虽然我们可能会在这些活动中发现心流，但它们很可能与雇主的目标无关。事实上，玩视频游戏是进入心流最可靠的方法之一，因为视频游戏可以满足齐克森米哈利强调的实现心流的所有要求——激发专注和进步感，以及不断加码但仍可对付的难度。但这些元素在大多数工作中都不存在，心流的鼓吹者们不太可能鼓励雇主将工作任务变成视频游戏。

正如齐克森米哈利后来发现的那样，在被他人监视、评判并规定时间的情况下，很少有人能够达到心流状态。乔为自己的每一次精心焊接而感到自豪，但并非所有人都有机会长时间专注于特定的任务。例如，虽然高档餐厅的主厨可能会在设计并烹饪精致菜肴中获得心流，但快餐店员工就很难做到这一点。后者的工作无非是将冻土豆和热油倒进炸锅、服务顾客、收银、擦地板。即使好不容易进入忘我的心流，他们的反应或许会是惴惴不安。高端精品店的职员可能会因自己熟知面料和剪裁而信心满满，他们在与顾客分享这些专业知识的时候可能会体验心流，但折扣店的职员很难在接听电话、记录款项、折叠衣物和堆货等不断的任务切换中有此体验。独自工作的作家可能会在创作新小说时找到心流，但是一名在多项任务、截止日期和文山会海中挣扎的广告文案会觉得，心流就像下班时地铁上的空位一般难以捕捉。

心流的概念或许可以追溯到哲学家弗里德里希·尼采，他强调保持乐观和建设性态度的重要性。尼采写道："对必须要做的事情，不仅要忍受，还要爱它。"但在此，尼采并不是说我们可以学会爱工作。相反，他写道：

> 人们美化"工作"，津津乐道"工作的福气"。在这些话语中，我看到了一个隐蔽的观念，如同对非私人化的有用行为的赞美，这种观念包含着对个人事项的恐惧。从根本上说，如今人们都感觉到工作的注视——而工作意味着从早到晚的劳碌——它相当于最好的警察，使每个人都不敢越雷池半步。它极大地阻碍了理性的发展，令人没有想法，不再渴望独立；它消耗了大量的心智能量，人们因而无法反思、冥想、做梦，也消除了忧虑爱恨；它设定了一个始终在眼前的小目标，保证你能轻松实现、定期满足。因此，一个人们持续地努力工作的社会将更加安全，而安全如今已被赋予至高无上的神性。

如尼采所暗示的那样，齐克森米哈利也承认，大多数人对工作不满意。但现代社会的预期是，人们应该对工作充满热爱。由于这种预期，事情变得复杂，同时，人们被激发出更强烈的罪恶感。通过谷歌图书的词频统计器 Ngram Viewer，我们可以发现"追随你的热爱"（follow your passion）这个词组在 2008 年出现的频率比 1980 年高出了将近 450 倍，那时候几乎没人这么说。回想一下《都市女孩》中的场景：女主角——一个大学毕业生——申请一份做纸杯蛋糕的工作却被拒，只因为她没有表现得很热爱在蛋糕上撒糖霜。这个桥段有趣而真实。"做你喜欢的事，这样你的工作目的就再也不是上班糊口"，我们无数次因听到这样的表述而热血沸腾。例如史蒂夫·乔布斯在斯坦福大学毕业典礼上的著名演讲：

> 你必须找到你喜欢的东西。工作、伴侣，都是如此。你的工作将占据生命的很大一部分，只有相信你的工作是伟大的，才能真正从中得到满足。做好工作的唯一途径就是热爱。如果你还没有找到它，继续寻找，不要安于现状。就像所有关乎内心的事情，当你找到它时，你立刻就会明白那种感觉。而且，就像任何伟大的关系一样，随着岁月的流逝，它会变得越来越好。所以，请继续寻找，在找到它之前，不要安于现状。

"不要安于现状"。好吧，我们知道这对乔布斯意味着什么。但这对其他人来说意味着什么呢？意味着大家都应该抛弃常规（以及他人的建议），梦想成为未来的英雄？是的，这是一个长盛不衰的美国式幻想，然而它只是幻想。仔细想想，大多数人都无法实现这个相当武断的目标。乔布斯"不要安于现状"的建议到底是什么意思？如果一个人的热爱——不管这种热爱得到多好的践行——不能给他带来薪水，这将是什么后果？毕竟，乔布斯最初热爱的是禅宗，但他并没有以此为职业。是否可以说，他在 IT 业中"安于现状"？乔布斯真的建议我们冒着破产的风险追求热爱吗？或者，他只是在建议我们努力让自己成为——或者假装成为——热爱工作的人，即便这份工作并非我们的真爱？

"追随你的热爱"。一听到这话，人们就会通体舒畅、跃跃欲试。似乎可以一边将世俗弃如敝屣，一边获得世俗意义上的成功。表面看来，这种建议极具吸引力，但它依赖于一种滑稽的假设，即每个人都被上天赋予了一种激情，只要他下定决心、遵守纪律、努力工作，就能在职业生涯中获得好的回报。但这种幸运的巧合远没有我们以为的那么普遍。"工作中有多种激励，也有很多方法可以获得意义。"普拉特告诉我，"但要年轻人'追随热爱'是一项危险的建议。大多数人从未找到过这种热爱，至少，他们没有找到能帮自己挣来工资的热爱。"

假如普拉特真有热爱，他热爱的并非工作本身，他的热爱更多指向那些类似他祖父的人：护士、警察、图书管理员，等等。他们默默无闻的劳动似乎完全不符合满怀激情工作的现代理念。普拉特近期特别关注的对象是消防员。他说，消防员的工作并没有我们通常在影视作品中看到的那么危险。据统计，更有可能牺牲在岗位上的是渔民、伐木工、垃圾收集工、盖屋顶的工匠、矿工、机器操作工、驾驶员和农民。固然，火灾是危险的，但大多数消防员并不会花很多时间去救火。他们的工作内容主要是在处理其他事务：使用太久的电梯、冻住的管道、燃气泄漏、挡泥板弯曲、响个不停的烟雾警报，以及误以为自己心脏病发作的那些独居老人的疯狂来电。

所以，我很好奇，消防队员如何在这些平淡无奇的工作中找到意义？在励志类的流行图书中，有意义的工作通常与3个因素相关：自主性，复杂性，以及工作与奖励之间的明确关系。但是，消防队员大部分时间都在执行日常任务，令人沮丧的是，即便消防员可能获得奖励，这些奖励和他们的表现之间也没什么直接关联。（有些人可能会说，在消防站擦洗地板，这项工作本身就是一种奖励，但消防员可不会这么想。）至于复杂性？复杂与否当然是相对而言的，但普拉特发现，消防员更加喜欢做简单清晰和可预测的事情，他们宁愿处理例行电话，也不愿与陌生事项纠缠。从某种意义上说，他们并不倾向于接受新奇事物的挑战，因为这些挑战可能带来危险。"自主性"也是一个主观概念，但毋庸置疑的是，它通常意味着不受外部控制的影响。像许多人一样，消防队员不喜欢被管得太碎、太死，若能在现场自己做决定，他们也会感觉自豪。然而，这个职业要求他们协同合作并且严格遵守规章制度。虽然在工作中肯定有独立判断的空间，但若这一行真的充满自主性，则会导致流程混乱、效率低下，最终危及消防员自身和公众生命财产的安全。

那么，排除了自主性、复杂性和奖励，消防员又能从工作中寻求什么意义呢？按照普拉特的建议，我访谈了一名真正的消防员：帕特里克·沙利文三世（Patrick Sullivan Ⅲ）。他的家乡是马萨诸塞州的萨默维尔，新英格兰人口最稠密的城市。他在那里担任消防队副队长。沙利文身材肥硕，留着大胡子，钢丝眼镜后的蓝眼睛很是温柔。在沙利文身上，我们看不到一些人所认为的消防员应该具有的威猛。对沙利文这位3个孩子的父亲而言，灭火只是子承父业。"我的父亲曾在萨默维尔的消防责任区工作了38年，我的叔叔们也干这一行。"他告诉我，"除了消防，我根本没想过做其他行当。"

小时候，沙利文在消防站附近消磨过很多个下午。如果运气够好，他会被抱进消防车驾驶室，在那里的所见令他激动。所以好心的沙利文叫我也进去看看，可惜我体验不到任何兴奋，只有幽闭恐惧。沙利文跟在我后面爬进驾驶室，解释了里面每个小工具的用途，然后带我下车，去参观消防队的厨房。在那里有4名魁梧的消防员，他们穿着制服，戴着橡胶手套，正在从冷藏鸡肉上面扯下黄色鸡皮，为制作鸡肉馅饼做准备——他们可没有巴德夫人！我正在欣赏他们专心致志的烹饪，突然响起了紧急呼叫电话——来电者是一位老妇，发疯似地说，她的孙子就要窒息而死了。消防员立刻脱下手套，开始行动：他们顺着一根竿子滑下去，钻进随时待命的消防车。在不到两分钟的时间里（有人给他们计时）抵达老妇家门口。消防员们看见的情景不出所料：稍显尴尬的祖母，和平安无事的孩子。

我问沙利文，撕扯鸡皮和错误报警如何给一份消防员的工作赋予意义。他冲了壶咖啡，然后开始梳理思绪。他说，像大多数消防员一样，想起自己扑救的第一场火灾，他仍会不由自主地心痛。当时他刚刚有了孩子，因为太多不眠之夜而筋疲力尽。尽管如此，当他在凌晨两点接到火警电话时，还是忍不住地兴奋。然而，当他走进烈焰熊熊的火场，他对这份工作的幻想烟消云散了。他眯起眼睛费劲地看，透过烟雾发现一个模糊的轮廓，看起来那像是一个瘫倒在椅子上的人，正在被火焰吞没。有那么一瞬间，沙利文大脑空白一片，等回过神来，他立刻冲进去救人。他离受害者越来越近，然后他意识到来不及了，那人已经死了。他说，这件事改变了他。他说："我们和警察不同，他们负责隔绝：把青少年和酒精隔绝，把儿童和虐待者隔绝，把酒驾的人和驾照隔绝。而消防员大多数时候负责给予，我们需要保护公众的生命和家园，大家认为我们应该能帮到他们。可那一次，我们什么忙也帮不上。对那个被烧死的家伙，我们什么事也做不了。"

沙利文说，那个恐怖夜晚带给他的挫败感持续了很长一段时间。后来，发生了另一起事故——不是火灾，是车祸。有个蠢货开着雪佛兰考维特撞上了电话线杆，车子严重变形，几乎把电话线杆裹了一圈。沙利文和同事忙活了好几个小时，想把伤者从车里完整地"挖"出来。情况很糟糕：该男子的左腿被卡在汽车残骸中出不来，医务人员坚称需要立即截肢，并要求沙利文的团队让开。沙利文说，好吧，再给我们1分钟。"5个月后，那家伙跑来感谢我们。他走路还需要拐杖，但他的腿保住了。这事儿我们干得不错，对吧？"沙利文并不把这个事迹归功于他个人，他也没什么"匠人的自豪"。至于"心流"一词，他根本闻所未闻。听到我的解释之后，他摇了摇头。对他而言，重要的不是工作这种行为，而是一起工作的人。"我们**共同经历**这样的事情，"他说，"这就是让我们继续前进的原因。除了这些家伙,我还能和谁谈论这样的事情?除了他们,还有谁能真正明白?我已在这个消防队工作了38年,这么多年我见到的离职的人,一只手就数得过来。我们可不是流水的兵,我们是一家人。"

消防员不一定通过有些人所声称的方式——自主性、复杂性和直接奖励——从他们的工作中获得意义。相反,他们获得的意义似乎来自相互联接,这种类似"兄弟连"的情感为他们带来意义。对警察、士兵及许多其他行业的人也是如此。正如《纽约时报》文化评论家查尔斯·麦格拉思(Charles McGrath)所言,电视"行业剧"的吸引力在于:"很多人生命中的大部分时间都在职场度过,无论喜欢与否,我们的工作关系往往像家庭关系一样紧密。"对许多人而言,早上起床的动力不一定来自工作本身,而是来自这些关系。

普拉特说,人们需要通过工作与他人联系在一起。通常有两类人:"蒙召者"(the called)和"城市工作者"(city workers)。蒙召者的动机来自责任感或使命感,或两者兼有。他们去上班,既为自己,也为伙伴——他们需要那种被人需要的感觉。相比之下,城市工作者的工作动机来自其可预测性。他们每天去上班时都很确定会遇到什么——同样可靠的老同事,按时发放的薪水。城市工作者并不渴望新奇或挑战,他们要的是稳定。听到普拉特这么说,我便以为蒙召者的工作表现通常更好。但沙利文改变了我的想法。

沙利文说:"为稳定收入而工作的消防员往往做得更好。对他们而言,工作就是工作。"但蒙召者的情况显然不同,尤其是被普拉特称为"火花"的那一类消防员。即使到了下班时间,他们也会坚守岗位。发生火警时,即使没有得到指令,他们也会擅自出现在火场。这样的无偿加班似乎是件好事,但有时并非如此。在我们的周围,总有一两个像这样过分积极的A型人。他们起到的作用恐怕是妨碍工作,将事情弄糟。沙利文说他认识不少这种人,若干年前,他团队里就有一个,此人给他留下了相当负面的记忆。"简直和纵火犯差不多,"他直截了当地告诉我。"他救火是为了逞英雄、寻求刺激。考虑到这一点,热爱工作并不总是好事。"

词典将"激情/热爱"(passion)定义为一种强烈的、几乎失控的情感,而这并不是职场真正需要的东西。一个"充满热爱的"社会工作者可能会过度热心以至损害服务对象的利益;"充满热爱的"工程师为了抢先一步,可能会以不当方式破坏同事的业绩;"充满热爱的"警察可能会误将水枪当作真枪。许多工作需要专注,这点大家都同意。至于热爱,还是把它限制在关乎内心的事情上吧。

热爱是一种难以言说的品质,而如今它被当作是给工作带来意义的必要品质。这种观念的源头在哪里?有人将它追溯到心理学家亚伯拉罕·马斯洛的研究。马斯洛在布鲁克林出生并长大。他来自一个非常糟糕的家庭,是7个孩子中的老大。他憎恶虐待他的父母,而且在年轻时,他也厌弃自己。读研究生后,马斯洛开始相信世界上确实有好人。他认为,弗洛伊德的理论过于强调精神病理学而不是人的力量。马斯洛没有专注于精神疾病,而是将研究重点放在幸福和自我实现上——他想要探索的是,像他这样人生开端颇为不幸的人,如何活下来,并且活得好。

马斯洛最广为人知的理论是"需求层次",他认为人们在生命中的需求呈现金字塔形。塔的底端是最基本的需求,如食物、住所、睡眠和性。马斯洛明智地认为,只有满足了这些基本要求,人才可以进入更加高级、更加复杂的需求等级:情感和财务安全;爱、归属和友谊;自尊。在满足所有这些需求之后,人们就可以努力攀至塔顶——自我实现。处于这一层最高境界的人,可以充分发挥他们的创造力与自发性,他们具有高尚的道德情操和解决问题的能力。自我实现的人开放、乐观、积极向上,并且善于独立思考,今天的许多管理者都声称,这些是他们最看重的员工品质。然而马斯洛指出,不幸的是,很少有人能够自我实现,这个比例大约是百里挑一,大多数人注定平凡一生。

马斯洛的理论盛行于二战结束之后。当时有一些权威人士针对劳动者的悲惨境遇进行公开批判，指出劳苦大众被迫忍受剥削、了无生趣。该时期的一位学者写道："普通职工工作生活质量很差，表现在过度专业化、过于琐碎的规章制度、遭受羞辱、疲惫不堪。"一本流行的教科书指出："年轻工人对大规模生产和高度理性化的工作相当反感……即便被支付高薪。"以上马斯洛当然举双手同意。他认为，管理者有责任帮助工人超越基本需求，并激发他们自我实现的渴望。这意味着雇员与雇主关系的转变：从工人只图薪酬的交易性关系，转向所谓的"亲属型"关系，即雇主承诺给予员工自我实现的机会。

直觉地看，所有这些都言之有理，然而无论是关于需求层级，还是雇主激发员工抱负的理论，马斯洛提供的实证证据都很少。事实是，不管是否可以自我实现，相比其最高时期，如今劳动者的满意度已大幅下降。调查显示，在20世纪50、60和70年代，大多数美国劳动者都在工厂工作，当时的雇主可给不了什么"有意义"的工作，但多达92%的调查对象表示对工作感到满意。令他们满意的原因不尽相同：当时占据劳动者比例很少的白领认为，挑战性是考量工作满意度最重要的因素，而作为当时大多数的蓝领工人优先考虑的是经济回报。相比于白领，蓝领工人更重视同事关系、工作时长、福利和职业安全感。基本上，蓝领工人看重的是稳定性、工作条件和人际关系，而挑战性对他们来说意义不大。当然，这次调查的实行是在工会影响力的巅峰时期，当时工资和福利都在改善，联邦和各州法规也都在实施保护工人的法律法规。例如，1962年通过了两个法案，其一为《人力发展和培训法案》（Manpower Development and Training Act），这是美国第一个主要的就业培训计划；其二为《社会保障法公共福利修正案》（Public Welfare Amendment to the Social Security Act），旨在为职业培训和安置提供支持。8年后的1970年，理查德·尼克松总统签署了《威廉姆斯－斯泰格职业安全和健康法案》（Williams-Steiger Occupational Safety and Health Act），该法案赋予联邦政府权力，为国内大多数的工人制定并执行安全和健康标准。虽然并非所有工人都从这些政策中受益,许多全职工人的工资还在贫困线之下,但它们毕竟促使了数百万工人的境遇改善。尽管大多数工人可能没有体会到"自我实现",甚至没有体会到工作中有什么挑战,但他们确实拥有了安全感和归属感,因此他们说对自己的工作生活感到满意。

到了20世纪80年代,美国人的工作满意度开始持续下降,至今尚未恢复到原有水平。21世纪初以来,只有不到一半的美国人声称对自己的工作感到满意,在薪酬和福利水平、晋升机会、培训机会、职业安全感,以及被上司如何对待等方面,结果都是低分。绝大多数——大约70%——的人说,他们没有投入地工作,对工作并无特别兴趣。这当然不利于创新,因为那些不愿投入工作的人只是应付差事,不太可能在基本要求之外再多做什么。

几年前,为了具体分析这个令人焦虑的转向,我曾邀请《大西洋月刊》在线版的读者分享他们的个人工作体验。他们的答复之广度和深度都让我感到惊讶,特别是那些20多岁的读者的回答。他们的语气和关注重点各不相同,但几乎所有评论都表达了类似的失望。他们还明确表示,一方面从实际的工作条件和待遇中获得满意感,另一方面又对工作产生疏离感,这两种心态可以统一于一人。

一位24岁的注册会计师写道:"我受雇于一家大型会计师事务所,在许多方面都算得上成功。对此我心怀感激……但是,我正认真考虑放弃已有的大部分,因为工作无助于我对人生意义的寻求。当然,我已经学会了如何将工作干得漂亮,我掌握的一系列技能可以让我在这一行走得更远。然而,日复一日地,我在问自己这个问题——为什么我每天早上都要起来去干一份我并不喜欢的工作。我不是自己原先想要成为的那个人;我的工作丝毫没能帮我建构自我。"

一位26岁的分析师说:"我成长在大繁荣时代,那个年代的经济和文化领域都充满理想主义。师长的教诲激动人心,他们总说,只要下决心去做,我们可以实现任何梦想。我们会从事能够带来精神和物质双重满足的职业。我无数次地听到,我会找到让自己幸福的事情,只要我对一份工作足够热爱，我就能从中挣大钱。即便挣不到钱，每天下班我依然会很开心。"然而事情的发展并不如预测的那样：他的工作虽然具有挑战性，但只是给他带来了体面的薪水，别无其他。他的总结是："上班下班毫无意义，我深陷在这种空虚感中，无法自拔。"

人们很容易发出这样的疑问：仅仅因为这些二十几岁的人感觉上下班无意义，所有的人就该为此忧心忡忡吗？有一位应答者是刚刚毕业的大学生，他的答复触及了这个问题的深层。

> 可以肯定的是，我们这一代人被灌输了这样一种理念：只有花费在"做事情"上的时间才是有价值的，因为那是对未来的投资。追求个人兴趣算不上投资，因此我们努力地将工作当作兴趣所在。我们努力使工作符合自己的热爱，或者使自己的热爱符合工作要求。如果无法爱上工作，结果就是巨大的挫败感。假如对自我认同的追寻意味着个体被迫放弃自我的一部分以找到自我，这个模式无疑是有缺陷的。一个人是由他自身的欲望定义的，而热爱工作需要协调自己和雇主双方的欲望。如果说，工作给予人目的感，那么他的目的感就有赖于另一个人。他的自我便也掌控在另一人的手中。

佐治亚理工学院的心理学系主任霍华德·韦斯教授（Howard Weiss）说，这样的说法似曾相识，这令他不安。韦斯职业生涯的大部分时间都在努力提炼和解读人类的工作体验。他说，这种体验大部分都是个谜。人们是否应该在工作中寻求激情、目的和满足感？诸如此类问题的答案难以捉摸，因为研究者对个体经验知之甚少。大多数研究都没有关注雇员本身，而是关注雇主对待员工的最佳方式，以图发现如何最大程度地利用员工。韦斯说，这么做导致的结果就是，工作不再让人快乐，并且，正因感觉不到工作的快乐，人们更加焦虑了。

"还有这么多问题悬而未决，是因为我们一直遵循的范式，要求将人当作组织的零件来理解,"他说,"但以组织为中心的研究无法提供我们所需的洞见。人们在工作中究竟经历了什么?要想回答这个问题,目前的研究尚不够深入。关键的一步是要提取出让工作有意义的本质特征。人们在当下所处的环境中,工作带来的心理报偿只能产生在雇佣情境之外。当务之急是,我们得从工作者的角度来看待工作。"

第六章
心灵的习性

> 我们生活在一场始于30年前、至今仍在持续的真正的社会革命之中。曾经，个人生活是被组织好的，由于这场革命，每个人都不得不为自己的命运负责。
>
> ——查尔斯·汉迪[1]

和我见面的那个早晨，艾米·瑞斯尼维斯基忙得像旋风一般。她凌晨3点起床，抓住孩子们醒来之前的几个小时批改试卷。等孩子们起床后，她给尚在蹒跚学步的那个裹好衣服，把刚出生的那个喂饱，蹬着她的三挡变速自行车到达耶鲁大学管理学院的办公室。喝着她当天的第三杯咖啡，她对我说，她"生命中现阶段"就如同在执行使用冰淇淋勺清空游泳池的任务。"每天晚上一场雨，游泳池就又满了。"她说，"早上一睁眼，我就又开始拿勺子舀水。"

瑞斯尼维斯基的工作是培养未来的商业领袖，但和上章开篇提到的迈克尔·普拉特一样，她似乎无意去挣大钱。在她刚过去的那个生日，她忙于教学和研究任务、照顾孩子和年迈公婆，根本没有时间庆祝——没有聚会，也没有出去晚餐。不过，她那善解人意的丈夫安东尼没有忘记给她买礼物。他买了耳环？鲜花？还是尼克斯队的比赛门票？

1　Charles Handy，出生于爱尔兰的著名组织行为与管理学家。——译者注

"是从塔吉特百货买的6包尼龙内裤！"她告诉我，"说真的，这正是我想要的。我所有的内衣都松松垮垮了（因为她最近又怀孕了）。安东尼注意到了，我需要新内裤！"

瑞斯尼维斯基从小就被教导要有感恩之心。她在费城郊外长大，家人要不是卡车司机，要不就是一线工人；她还有一位表兄做铁匠。她的父亲曾在酒吧负责自动售烟机和自动点唱机，后来去了炼油厂工作；她的母亲则是一名夜班护士。她的父母都是工会积极分子。由于一个上白班，一个上夜班，他们常常一个星期都见不到对方，但两人都密切关注他们的4个孩子。艾米说："父母让我们知道，只要努力了，哪怕得B或是C，他们仍会感到自豪；但如果我们放松学习，哪怕得的是A-，他们仍然不会开心。对他们来说，努力就是一切。"艾米回忆道，她曾在微积分考试中得到88分，她告诉母亲说自己太失望了："另一个孩子几乎从不学习，却能得满分。我觉得这不公平。我这么说把母亲吓坏了，她说：'想想那些努力学习却很难得C的孩子，你已经很幸运了。如果你想得到更好的成绩，那就赶紧去学习吧。'那是我的'来信耶稣'时刻……从那时起，努力工作就成了我的底色。"

因为学习用功，瑞斯尼维斯基获得了宾夕法尼亚大学的半奖。当时是20世纪90年代初，积极心理学正在那里生根发芽。弗洛伊德的信徒们关注的是绝望、自恋、偏执、抑郁、精神分裂等病态心理，"积极心理学家"们（比如这一范式的奠基人亚伯拉罕·马斯洛）则朝着更有希望的方向前进，关注那些让人健康成长的特征：慷慨、乐观、坚韧和勇气。读研究生时，瑞斯尼维斯基自然而然地被这种积极的方法所吸引，但她并没有什么不切实际的幻想。她对我说："长大后，我发现工作可以带来很大的快乐，但它也可能带来异化和痛苦。我想深究的是，同样是工作，为何有些人能够积极对待，而另一些人则满怀失望和痛苦。"

许多人都记得被家人、亲戚和朋友，或是某次刻骨铭心的经历推向某条人生道路。瑞斯尼维斯基说,《心灵的习性》(*Habits of the Heart*) 一书述及了此类现象。这本论文集于 1985 年首次出版。社会学家罗伯特·N.贝拉(Robert N. Bellah)[1]在1996年的新版序言中写道:"(造成这些焦虑的)原因是,大多数美国人意识到,全球经济的增长不再意味着机会,而是'缩小规模''重置工作岗位',以及粉红色的解雇通知单。然而,尽管存在所有这些对于繁荣的可怕威胁,针对经济游戏规则的变化,几乎见不到什么公开的抗议。这点很奇怪。"

在随后的文章中,《心灵的习性》探讨了在国民日益增长的个人主义和逐渐减弱的社区意识之间不可避免的张力。为此,该书总结了人们对工作的 3 种定位:饭碗(job)、事业(career)和神召(calling)。那些将工作当作饭碗的人认为,朝九晚五只是达到目的的一种手段,他们上班的目的是为了支持工作之外的生活方式。这些人一般不会通过工作来实现抱负、兴趣或目标,而是试图在其他地方来满足这些需求。他们也不太可能按照雇主制定的标准来判断自己。相比之下,将工作视为事业的人倾向于在职业发展和成就方面衡量自我价值。他们在工作上非常投入,将其视为对自己地位和权力的反映。第三种人将自己的工作当作神召〔或曰"天命"(vocation)〕,对他们而言,工作就是生命本身,二者在精神上不可分割。"蒙召者"更少关注经济利益或成就感,他们看重的是工作本身产生的目的感、使命感和社区意识。

"蒙召"这个词有一种宗教意味,听上去就像这些人"被召唤到教会"。但是蒙召并不意味着比别人更加高尚。20世纪早期的心理学家和教育改革家约翰·杜威认为,蒙召就是任何给生命"增添明显意义"的活动。根据杜威的标准,蒙召的社会意义并不总是与传统的理解一致,它实际上描述的是一种态度和性情,它并不指向特定职业,而是一个人如何对待工作。

---

1 《心灵的习性》作者之一。——译者注

受到杜威研究的激发，瑞斯尼维斯基对该理论进行了验证。她的核心问题是：蒙召的重点，究竟是特定类型的工作，还是工作者的个人倾向？为了回答这个问题，她和她的耶鲁团队调查了这所大学和附近一家医疗中心的 200 名工作人员，包括医生、护士、程序员、图书管理员、健康教育人员、分析师、行政助理和文员。令她惊讶的是，这些人毫不费劲地说明了工作是饭碗、事业还是神召，每个人似乎都非常清楚自己属于哪一类。事实证明，分类的标准无关工作本身，而是关乎个人态度和观点。

例如，我们可以看一下行政助理们对自己工作的定位。在瑞斯尼维斯基的研究中，1/3 的受访者说它就是个饭碗"而已"，1/3 将它归类为事业，1/3 认为这是他们的神召。他们何以会持不同立场？蒙召者并没有领更高的薪水，没有面临更多的挑战，没有更多的自主权，他们也没有感觉更受尊重，抑或自己的工作比别人的更有趣。造成饭碗、事业和神召三类差异的是行政助理们的个人观念和实际的工作方式。

瑞斯尼维斯基自己的行政助理是一位热心的女士，她为我提供午餐和自制的布朗尼。她明确地说，她将工作当作神召。相比之下，另一位年轻助手则很不一样。当我向她问路时，她只是耸耸肩。她的一举一动表明，她认为上班"只是打一份工"。尽管这些女性具有相似职责，但她们对如何履行这些职责的看法似乎截然不同。瑞斯尼维斯基和另一些人的研究表明，在许多工作场所，员工的态度都有类似区分，大约每一种各占 1/3。和许多人想的相反，个人几乎可以蒙召于任何职业。最大的区别不在于工作本身，而是我们如何对待工作。

以寿司制作为例。花很长时间将鱼切片，用以制作分量很小的精细食物，在一个想法简单、笨手笨脚的外行看来简直太无趣了。我怀疑我们当中的许多人都无法想象，有人能够专心致志地干这个。假如不得不这样做，一定会厌烦至极，最好也不过是完成任务的态度。但我们也明白，做寿司很枯燥只是我们的想法，而这项工作本身并非如此。我们之所以会明白这一点，是因为我们听说过寿司大师们如何热爱他们的工作。

纪录片《寿司之神》(*Jiro Dreams of Sushi*) 的主人公，85 岁的小野次郎，是"数寄屋桥次郎"寿司店的店主和主厨。那是一个仅有 10 人座位的迷你餐厅，位于东京某栋办公楼的地下室，毗邻地铁站的出入口。次郎每天早上抬脚跨进厨房，就好像在跨越门槛——对他来说，这就如同天命。在日本，他是一位备受尊崇的"职人"[1]，即以自身技艺追求完美的艺术家。这一称号不仅意味着高超手艺，还意味着社会责任感："职人"有义务尽最大努力让所有人获益。表面上看，这个称号对次郎似乎有些过誉：他只为极少数顾客服务，这些幸运儿有意愿和财力花费数百美元，只为一场 20 分钟的味觉震撼。不过，我们也可以说次郎充满了"正能量"，因为他永不疲倦地追求卓越，这在其他人身上激发了同样的追求。次郎不仅满足于他的工作，而且完全地沉浸其中。他是一个自我成就的英雄。显然，他已获得神召。

尽管如此，次郎也提供了一个强有力的例子，说明神召可能是一把双刃剑。在某种意义上，次郎是一个暴君，他制定了非常严格的规则和标准，迫使他人遵守。他坚持要求顾客在寿司做好后立即开吃——他们别无选择，只能迅速狼吞虎咽。400 美元，20 种寿司，半小时之内吃完。如果有哪个顾客胆敢只咬一小口而不是吃光，他会被次郎的助手或者次郎本人训斥。纪录片里可以看得出来，就连他的儿子在他面前都是畏畏缩缩的。次郎追求卓越的决心其实是一种自恋，那些在他身上得到合理化的行为，若是换一个不那么受人尊敬的人这么做，别人是不可能容忍的。

次郎已经全身心地奉献于工作，他也确实获得了很多回报，但很难知道，他的牺牲是否真正给他带来了快乐。（比如，虽然他好像是已婚的，但他和妻子相处的时间太少，以至于他的儿子几乎意识不到

---

1 职人（Shokunin）：日语中对技艺高超的手工艺人的称呼。——译者注

这种关系的存在。)所以,神召对于蒙召者并不尽是好事。

心理学家杰弗里·汤普森(Jeffery Thompson)在美国最大的宗教大学杨百翰大学任教,该大学由耶稣基督后期圣徒教会[1]所有并运营。汤普森在摩门教传统中长大,熟知其信条,也知道不能达到期望会带来什么危险后果。他对我说:"如果你相信自己生来就是为了实现'神召',但你未能响应,无论出于什么原因,你都会自然而然地把这当作一个道德上的失败。"汤普森解释说,我们越相信自己蒙召,我们就越有可能容忍甚至忽视伴随它而来的任何困难。但是,这种忍受固然可以引导我们追求卓越,但也可能导致对我们不切实际的期望和剥削。

汤普森与J. 斯图尔特·邦德森(J. Stuart Bunderson)合作的开创性研究"野性的呼唤:动物园管理员、神召和有意义工作的双刃剑"(The Call of the Wild: Zookeepers, Callings, and the Double-Edged Sword of Meaningful Work)提供了一个令人心酸的例证。动物园管理员不是一个有利可图的职业,2017年这一行的平均工资仅为每小时11.95美元。尽管教育要求相对较高,但工资却很低:在汤普森和邦德森所研究的1201名动物园管理员中,3/4的人至少拥有一个大学学位,但很少有动物管理员相信他们有可能获得升职或是大幅度加薪。这项工作平淡无奇,主要职责就是在公众眼皮子底下饲养那些丝毫不知感恩的动物。至于社会地位,大多数动物园管理员都认为很低。有多低?一位动物园管理员回忆说,有修女领着一群学生走过他正在打扫的笼子,警告说:"努力学习吧,孩子们,否则你将来就会像他一样。"

尽管如此,大部分动物园管理员都报告说,这份工作令他们着迷。一句话,他们感觉到了"蒙召"。许多人说,感觉自己注定要做

---

1 Church of Jesus Christ of Latter-Day Saints,即摩门教,又译"末世圣徒教会"。——译者注

这份工作,这是刻在自己的 DNA 当中的。用一位应答者的话来说,这些动物"为教育人类而放弃了自己的自由",因而他深感有责任照顾它们。有些人觉得他们的动力如此之大,以至不给钱他们都肯干。事实上,确实有不少管理员在正式入职前,做了很多年不拿报酬的志愿者。

汤普森告诉我:"他们热爱自己的工作,这并不奇怪。但热爱工作并不总是件好事,至少不那么有利于被雇用的一方。我喜欢在杨百翰教书,但我对此并不多说,以免被利用。能做到全身心地投入工作是件好事,但有一个坏处,雇主们对此讳莫如深。实话实说,雇主们巴不得我们都以为自己是被'神召'到工作岗位上的。"

一些雇主甚至专门聘请顾问去设计算法,以从应聘者当中挑选出"蒙召者"。他们认为这样的人将会愉快地处理任何任务而不会讲条件或提要求。瑞斯尼维斯基就曾被邀请设计这种算法,她礼貌而坚决地拒绝了。她说:"在这个时代,组织对员工提出了更多的要求。而组织所展示的往往类似于商场的橱窗,是美化过的,带有误导性。不是所有人都需要神召,也不是所有人都需要从工作中获得意义。"

每年春天,瑞斯尼维斯基都会带领来自世界各地的学者开个会。会议为期两天,他们非正式地称之为"意义会议"(Meaning Meeting)。2004 年,当她发起这一活动时,只邀请了 14 位专家。她说:"现在有太多人从事这一领域的研究,有时我不得不把一些人拒之门外。直到最近,人们才真正愿意讨论这个议题,我们一起度过的时间卓有成效。我们聚集起来探讨一个反直觉的现象——在这个大多数人憎恶工作的时代,为何还要费劲在工作中寻找意义?"

我有幸参加过一次"意义会议"。它在康涅狄格州伯克希尔一处林木茂盛的休养地举行,与会者身着短裤 T 恤。会议地点的管道系统一塌糊涂,早餐令人发指(比如,用尚未解冻的面包片冒充吐司的"神"操作),但几乎无人在意这些——这群人简直太好糊弄了。

第一个正式发言的人是社会学家米歇尔·安特比(Michel Anteby)。他平时是波士顿大学奎斯特罗姆商学院的一名教授,常常穿牛津衬衫，开设"人力资本管理"之类的讲座。在伯克希尔，他穿着人字拖，谈论他所谓的"看不见的"工作的重要性，比如照看孩子和垃圾收集。这些"秘不可见"的工作曾经有过几分自主性——托儿所的工作人员可以自行决定给孩子们读哪本书，什么时候让他们睡午觉；垃圾收集工可以安排他们自己的休息时间，在需要的时候随时可以吃个三明治或抽支烟。这些人有机会按照自身目的调整工作节奏和内容，因而他们的工作在某种程度上是有意义的。安特比接着说，由于现代人对监控的痴迷，即便是这样最低水平的个人掌控也受到了威胁。保姆摄像头在家庭和日托中心司空见惯，垃圾收集行业也出现了类似情形。2016年，名为"Waste Pro USA"的垃圾回收公司与一家无线设备供应商合作，在其拥有的所有1800辆垃圾车上都安装了360度无死角的"视频系统"。在其网站上，该公司解释道："用于垃圾回收的'第三只眼'摄像技术……为公司随时了解车辆内部和周围发生的情况提供了最佳途径。利用摄像头中的信息，在事故、伤害和财产损失发生之前，我们就能够指导员工采取行动。"与此类似，零售店、银行、餐馆等行业中，在那些员工和公众互动较多、安全和防盗至关重要的场所，视频监控也越来越多。在仓库和办公室，雇主声称安装摄像头是出于"安全目的"。当然，在机场也是如此。

　　安特比告诉我："行李安检人员的工作特别艰难。他们感觉自己不再是一个个具体的人，而是可以被互换的代码。他们唯一能引起注意的方法就是把事情搞砸。装摄像头的目的，就是防止他们搞砸。"

　　我经历过无数次机场安检，很难想象，运输安全管理局的工作人员会有如此感受。确实，有些人看上去感觉无聊，但大多数貌似挺开心，甚至还会有心思同情别人。他们之中有一种类似同志情谊的东西，同事们相互说笑，有时还和乘客开玩笑。但当我和一位运输安全管理局的雇员交谈之后，我才了解到，如今的管理办法可以带走该岗位上所有的乐趣和目标感，他们曾经享有的这么一点儿好处也被连根拔起了。

杰森·爱德华·哈林顿（Jason Edward Harrington）在芝加哥奥黑尔机场的行李检查站工作了6年。他接受这份工作时刚刚大学毕业，还是个初出茅庐的自由撰稿人，所以当年他只是想临时干一段时间。后来，不知怎的，他就一直做了下来。他说，如果只是单纯的工作，他可能会坚持比6年更长的时间。他喜欢和来自世界各地的乘客打交道，有些乘客还觉得他挺有趣的。他无法忍受的是一个建立在怀疑基础上的体系。他的一举一动都被监控摄录，运输安全管理局声称这是为了保护他。有人对他说，假如乘客的iPad不见了，那么录像就可以证明这不是他的责任。哈林顿接受了这个说法，因为确实几乎每天都有人丢笔记本电脑和iPad。但问题是，主管们不遗余力查看录像带的目的，其实是去寻找他的哪怕是最轻微的违规行为，包括嚼口香糖、上洗手间。他说："如果他们信任我们、尊重我们，这份工作还真的挺享受的。然而他们没有。所以，我们的通常做法是，争取跳槽机会（他认识的运输安全局员工每周都有人申请新岗位），如果暂时跳不了，就在上班时尽量远离摄像范围。"

对员工的电子监控，包括使用摄像机的直接监控和通过软件进行的间接监控，在大多数行业中迅速发展，尤其是在"9·11"的悲剧性事件之后。没有人知道确切原因，但最可能的原因是技术的不断成熟和成本的不断下降。从DNA分析到眼球扫描，一系列越来越复杂的设备和技术使得雇主具备了监控能力，所以他们才有了监控行动。2/3的雇主会监控员工访问了哪些网站，近一半的雇主会监控员工的键盘输入。为了解员工在工作之余的活动，12%的雇主会关注他们的个人博客，10%的雇主会关注员工的社交网络账号。运输安全局用监控视频系统来监视负责行李安检机的工作人员，而几乎一半的雇主会使用类似设备对员工进行监控。甚至有一些公司认为，老板有权直接跟踪员工的私生活，例如通过公司发给员工的手机随时随地对他们定位。

原名为"社会经济测量方案"（Sociometric Solutions）的Humanyze公司在这种"人力分析"方面领先一步，启用了他们所谓的"商业金球"（moneyball for business）。这个名字源于迈克尔·刘易斯（Michael Lewis）写的一本题为《点球成金》（*Moneyball*）的畅销书，作者生动叙述了奥克兰竞技棒球队及其总经理比利·比恩（Billy Beane）的事迹。这本书——以及之后根据它改编的、更为人们喜闻乐见的电影——集中呈现了奥克兰队如何巧妙地运用统计数据去网罗那些最有天赋的球员。奥克兰队的方案基于客观数据，如个人的上垒加长打率。Humanyze 使用类似的策略来提高业务效率。但它不是基于统计数据，而是通过将员工的身份徽章与麦克风、位置传感器和加速计相匹配来直接收集数据。关于所有这些举措的目的，公司公开宣称不是为了监视个人，而是筛选出影响公司整体绩效的员工行为和互动模式。例如有一个问题就是，应该鼓励员工把咖啡拿到办公桌上喝，还是鼓励他们在中央咖啡机旁边喝。Humanyze 的数据证明，员工们在咖啡机周边一起喝咖啡可以提高整体生产力。

假如我们身处另一个世界，这种做法似乎是无害的。曾经为 Humanyze 提供咨询的机器人专家马特·比恩（Matt Beane）说，该公司的工程师们已竭尽全力，想要使员工监控过程透明、公平，并确保个人数据不被泄露。"但不幸的是，"他说，"工程师们面临着和雇主分享信息的隐性压力。"而且，目前并没有法律规定不能这样做。

之前提及的麻省理工学院学者安德鲁·迈克菲发表过一篇题为"赞扬电子监控员工"（In Praise of Electronically Monitoring Employees）的论文，其中公布了他与华盛顿大学圣路易斯分校的拉马尔·皮尔斯（Lamar Pierce）以及杨百翰大学的丹尼尔·斯诺（Daniel Snow）合作完成的一项关于监控的研究。调查人员在全美范围内选取了 392 家休闲餐厅，对这些餐厅里来回走动的服务员进行了监控。服务员们知道自己正被监视这一事实导致员工盗窃现象的明显减少，平均每家餐厅每周减少 23 美元，这个数字并不惊人。但更重要的是，每家餐厅的每周收入增长高达 2975 美元，仅饮料方面的增长就将近 1000 美元。迈克菲分析道："据我们所知，业绩提高就是因为人们工作更努力了。

简单地说,一旦那些坏家伙发现无法小偷小摸了,他们就会意识到,要想把更多的钱带回家,最好的方法就是多干活,更好地服务顾客,总而言之就是让自己成为一个更好的餐馆服务员。我想,一旦有人开始这样做,其他员工都会效仿。就像不良行为一样,好的行为也有示范作用。"

迈克菲没有在论文中提到他是否和服务员当面交谈过。面谈很有必要。在他们的调查对象中,有一家名为"橄榄园"的休闲餐厅,它属于达登餐饮有限公司(Darden Restaurants, Inc.)。该公司是世界上最大的全方位服务餐厅,仅在美国就拥有2000多个营业点和约148000名员工。达登实施的不是以员工为中心的管理模式。举个例子,从2016年开始,达登将它一半美国雇员的传统工资条换成了电子工资卡。对公司而言,这又是一笔好生意:每张卡每天能为公司节省2.75美元的运营费用,所有的卡全年共节省500万美元。然而,对员工而言,工资卡导致了更大的开销:如果用它来缴水电费,每次交易要加上99美分手续费;如果在收银台刷卡失败,要被扣掉50美分;在未联网的ATM机取现,手续费是1.75美元;查卡余额要交75美分。如果丢了卡,就必须支付10美元来换新卡。这10美元可不是小数目:不算小费的话,橄榄园服务员的收入仅为每小时2.13美元。

迈克菲等人的研究结论是,对员工的持续监控至少在理论上减少了偷盗机会,从而可以改善他们的工作绩效,我并不看好这个观点。而且,这项研究、或任何其他的研究,都没有支持这一点的实际数据。对于餐馆收入增长的另一个看似合理的解释是,安装监控软件有助于管理层更好地组织并简化流程,因而是件好事。然而,是否存在另一种可能性?被监视的员工在压力之下会诱迫顾客多买产品,这可能并不是一件好事。短期内,努力推销可能会带来收入增长,但从长远来看,这种做法并不一定对企业有利,因为没几个顾客喜欢被推销,更不用说被强行推销而导致过量吃喝。监控措施给低收入员工带来了更大压力,这种压力会导致巨大的工作成本,这是不言而喻的,但管理层和研究者几乎都没有考虑这一点。大多数相关研究表明，监督极大地增加了工作压力，导致员工对工作的疏离，降低他们的工作满意度，并传达了这样一种理念：工作的量比质更加重要。这种做法还会导致其他的破坏性后果。在近期发布的一份题为"看着我看着你"（Watching Me Watching You）的分析报告中，英国人类学家迈克尔·费舍尔（Michael Fischer）和萨利·阿普林（Sally Applin）总结道，工作场所的监视创造了"一种文化……身处其中的人们改变他们自己的行为来适应和机器共事，而不是相反。……这一点已大大侵蚀了主观能动性的概念"。也就是说，对雇员的持续监视削弱了他们的独立思考和行动能力。

那么，雇主监控员工究竟有没有好处呢？毕竟，在一些调查中，大约2300万雇员公开承认，他们每天至少浪费1小时工作时间。算下来，这导致雇主们每年白白支出850亿美元。不过，这笔钱真是打水漂了吗？也许并非如此。心理学专家霍华德·韦斯指出，我们在工作中做的每件事并不都有明确的实际目的。他对我说："我发现在工作时间，人们大约会有25%—40%的思考和工作无关。对此雇员会感到内疚，雇主则深恶痛绝。但是，胡思乱想可以帮助补充能量，从长远来看，这反而有可能提高工作效率。"

那么，当人们知道自己被监视时，他们在工作中是否会更有效率和生产力呢？这很难说。但如果工作场所的监控无处不在且日益复杂，这将充分暴露信任危机。有充分证据表明，如果员工感觉自己不被信任，他的工作效率就会降低。瑞斯尼维斯基说，如果一个人的工作被密切关注，其异化就会加速。他很难做到独立思考、主动行动，几乎无法从中获得意义。事实上，在工作中"作弊"的人经常都是为了报复信任的缺失。例如哈林顿跟我说的运输安全局的员工，他们挖空心思躲开转来转去的摄像头，不惜为此浪费大量时间。

瑞斯尼维斯基的数据支持她下面的这个观点：当人们被信任，能够从所做的事情中获得意义而不是被迫将工作本身视为有意义，这种情形下的工作表现最好。她说："我们对工作的想法和对婚姻的想法一样，都很容易被误导。在婚姻问题上，许多人认为，每个人在这世界只有唯一的真爱。但事实肯定不是这样。如果 TA 是唯一合适的，那么在合适的年龄、合适的地点，找到这个'合适的'人，到底有多大概率？我是说……你有多大可能性找到那个刚好在你轨道上的'唯一'？这也太荒唐了！谁能这么守株待兔呢？你只能去打造这种关系，利用现有条件尽可能过好婚姻生活。工作同理，这也是一个更现实的方法。与其指望雇主赐予这样的机会，不如精心塑造我们的工作，使其更加符合我们的目的。"

瑞斯尼维斯基在其职业生涯的早期就悟出了这一"工作塑造"理论。当时，她对 29 名医院清洁工进行了民族志研究。她想知道，这些清洁工如何设法从他们的工作中获取意义。她和同事们没有依靠主观推测或是问卷调查，而是花了几个月的时间来聆听并记录清洁工的个人故事。所有的清洁工都在同一家医院工作，职责大致相同，但并非所有人都对这项工作有同样的感受。事实上，他们的体验有天壤之别。大约一半的人不喜欢当清洁工，说它是低端工作。他们抱怨被老板虐待、轮班劳累，以及各种各样的危险。总之，他们很不满。另一半则完全不同。他们喜爱这项工作，并称之为高技能岗位。总之，他们很满意。当前一半人认为这份工作毫无意义时，后一半人已经在同样的工作中找到了意义。

这两组人的态度形成鲜明对比，以至于瑞斯尼维斯基很难相信他们说的是同一份工作。深入挖掘后，她发现了一些和职位描述无关的本质性差异。第一组人完全按照管理层的要求行事。他们只管保持医院的整洁，除此之外不闻不问。第二组则以完全不同的方式处理这项工作。他们也负责保持医院的整洁，但同时他们也会关注病人，在病床边安慰他们，给予他们情感和道义上的支持。打扫病人的房间时，他们会密切注意心脏监护仪，如果发现任何问题，会通知护士。他们给孩子们打气，给老人们慰藉。他们知道自己是清洁工，很少越权；但他们也认为自己可以帮助治疗，病人对这些清洁工的关心颇为感激。瑞斯尼维斯基对我说："估计你会认为，医院管理层会注意到这一点吧。"

医院确实注意到了，但并不是那个意义上的"注意"。第二组清洁工受到了惩罚，被告知只管打扫便是。他们开始担心，再做分外之事，就有被炒鱿鱼的风险。瑞斯尼维斯基为此难过，但并不惊讶。她告诉我："清洁工改善了病人的体验，但这种改善的价值是没法货币化的。现在，完成基本职责就是最高追求。我还从未见过一个将员工尊严视为终极价值的组织。"

作为需求层次范式的奠基人，心理学家马斯洛曾在日记中坦言，自己的理论是一种折中方案，试图在不冒犯主流意识形态的前提下，从组织精密的官僚层级中突围。他的目标不是直接帮助员工，而是帮助雇主创造一种将个人需求与组织需求自然融合的环境。对于马斯洛及其20世纪的许多同代人来说，这是一个双赢的策略——他们认为，如果员工感到幸福，则企业繁荣，个人也会从中受益。在某种程度上，那个年代的员工确实受益了。但如今，如何使组织目标与个人目标相一致？这个问题更趋复杂，也更加令人担忧。

正如我们所知，二战结束后的大约30年里，美国的生产率和工资几乎是同步增长的。尽管政府、企业和劳工并非总是目标一致，但为了保持工人的幸福水平和经济的平稳运行，三方共同努力合作。随着产量的增长，劳工、管理层和股东都获利颇丰，高管们甚至是CEO（首席执行官）们的获利也并没高得离谱：1965年，CEO与工人的薪酬比率相当合理，为20∶1。但到了20世纪70年代，员工和雇主之间的权力关系就开始发生转变了：尽管生产力继续提高，但员工工资停滞不前，而高管薪酬则和企业利润一起飙升。对此，数字最有说服力。

1973—2014年，生产力每年增长1.33%，而平均时薪的年增长率仅为0.20%。在这一时期，只有大约15%的生产性增长转化为美国工人的时薪和福利的增长。这意味着，国家不断增长的生产力所带来的大部分利益都被股东和高管们纳入囊中。到了 2013 年，CEO 与员工的薪酬比率为 295.9∶1，远高于 20 世纪 60 年代、70 年代、80 年代和 90 年代。类似地，从 1978 年到 2013 年，去除通货膨胀因素，CEO 的薪酬涨幅高达 937%，超过股市增长率的两倍；在同一时期，工人的平均工资增长率只有区区 10.2%，和 CEO 们的收入飙升相比，二者之间的差距简直要以光年计算。彼时，劳工、股东和高管之间的鸿沟已经扩展为大峡谷。普林斯顿大学的政治哲学家伊丽莎白·安德森（Elizabeth Anderson）近期对这一问题的表述是，"工人获得的尊重、地位和自主权"的多少并不取决于他们是怎样的人，而是"大致与他们的市场价值相当"。

那么，当一个人的市场价值缩水时，他的自我意识会发生什么变化呢？在"意义会议"上，牛津大学赛德商学院的心理学家萨利·麦特利斯（Sally Maitlis）通过她近两年来一直关注的 40 位表演艺术家的生活故事，间接地回答了这个问题。这些艺术家中有一半曾经是职业舞者，另一半曾是专业的音乐家。所有这些人都因生病或受伤被迫放弃他们热爱的工作。麦特利斯告诉我："这些人一生都致力于他们的工作，他们已和工作合二为一。"正如一位圆号演奏家哀叹的："我的一生所系，就是这块金属玩意儿，以及我能用它做的事情。"

麦特利斯对每位艺术家进行了相隔 18 个月的两次访谈。从她对这些谈话的描述来看，这是一群具有强烈蒙召感的人，也是一群对失去神召的前景深感悲痛的人。他们对访谈问题的回答让麦特利斯震惊，这些回答迥然不同于她和其他专家对工作及其占据生活中心地位的看法。

麦特利斯发现，那些曾供职于交响乐团或舞蹈团的艺术家，他们以往越是全身心地投入职业生涯，越是难以放下如今要失去的东西。在因伤病而坐冷板凳之后，他们就开始疯狂地寻求治疗，从一个专家冲到另一个专家。他们没完没了地上网求助，不断地向亲人抱怨。至少有一位艺术家承认有过自杀念头。就像马林塔尔那些破产工厂的工人一样，除了工作，他们根本没有自己的生活。

相比之下，在舞蹈团和乐队工作中表现出较少热爱的艺术家们则已完全从他们的损失中恢复过来，有些人为此洋洋得意。这并不是说，这些艺术家不喜欢或是不看重自己的工作，他们当中的大多数都将一生献给了艺术。但正如麦特利斯所解释的，这些看似"没那么多激情"的人已经将他们的岗位身份与工作身份的核心区分开来。他们与工作的关系不是由在岗与否决定的。相反，他们已经内化了对艺术的爱，即使职业生涯结束了，这种热爱仍然是他们自我认同的一部分。有一位小号手，尽管他不能再演奏了，但仍保持着对音乐的热爱，这超越了他对于登台演奏的需要。他告诉麦特利斯："我还是会回归音乐，作为一个专注的聆听者。"当然，听音乐并不构成一种职业，所以他后来以教书为生。但他仍然活跃在音乐事业，并且通过鉴赏师的身份保持着意义和目的感。他，以及其他的一些艺术家，在职业生涯终结之际，仍能继续好好干，他们设法找到了那些没有在具体岗位中表现出来的工作的意义。他们将自己的艺术驱动力引导到新的方向，通过与艺术本身的真正接触而创造了意义。他们找到了新的方法来重新点燃激情，而他们曾经任职的岗位，只是让这种激情奔涌的许多可能渠道之一。他们虽然失去了岗位，但工作——以及从工作中获得的意义——将永远伴随着他们。

麦特利斯相信，她的发现所包含的意义远远超出艺术家的领域，而是几乎涵盖了任何职业。她说，全球经济蓬勃发展之际，在牢牢把握住工作身份的同时，我们也需要让自己独立于工作之外。她说，能做到这点殊为不易，因为如今所有人都面临着要"做到最好"的压力。

她告诉我："雇主要求我们全力以赴，让我们和自己的岗位融为一体。他们希望员工通过专攻一个非常狭窄的领域来实现卓越。我们的价值取决于为组织所做的贡献。但这是一个非常危险的模式。今天你或许还是人上之人，如果明天被解雇或降职，你就将一无是处。如果——由于之前的工作——你是个特别专业化的人，你的技能无法应用到其他地方，你就失去了你的整个工作身份。这会是个可怕的精神打击。"

在哪里找到意义，以及如何使工作有意义，这是一个高度个人化的问题。为谋生而工作是个非常实际的目标，还有另一层人性化的需要，即从工作中获得意义感。不同的人可以有不同目的。承认人各有志，我们或许可以得到解放和自由。虽然从工作中寻找意义是个健康甚至本质的追求，但并非所有人都能从具体岗位中获得这个意义，我们也不应该被期待或被强迫去这样做。

对我和许多其他人而言，这说到了问题的要害。我的父亲是一名出色的儿科医生，但他并不把人生意义寄托在工作上。他不喜欢和人打交道（人类常常让他无法理解），他钟情的是植物，设计并打理一个奇妙花园是他的夙愿。然而，别人对他的期待是，要把几乎所有的精力都投入到"有意义的工作"中，这个强加于他的要求带来沉重的心理负担，他终究未能逃脱痛苦和失望。

正如我再三说明的，我写作本书的目的不是提供简单的答案或随便扔个解决方案，因为在工作及其前景的问题上，根本没有这样的答案和方案。但我希望你同意我提出的这个理念：好的岗位（job）越来越少，我们的应对措施不应是试图"创造"更多"有意义的岗位"，而是应该打消在岗位中寻找意义的想法。

显而易见，工作（work）是无穷无尽的。如果每个人都能按照自己的自然天性去工作，我们将会拥有一个美好得多的世界。21世纪，我们面临的最大挑战是打造新的、更好的岗位。我们面临的另一个挑战是改革20世纪留下的老式的经济体系，这一体系忽视了那些能够让员工自己创造意义的重要工作。我们不能完全依靠岗位或对岗位的承诺来维持国家的精神活力。相反，正如我们所看到的，重新思考21世纪的工作，需要我们发现，在传统雇用环境之外，工作如何带来心理、情感和经济效益。这不是件容易的事，但却激动人心。为达到这个目标，我的出发点很清楚：我们的学校。

第三卷

学做工[1]

教育不是注满一桶水，
而是点燃一团火。
——W. B. 叶芝[2]

1　本卷标题来自英国社会学家保罗·威利斯（Paul Willis）的同名著作。全名为《学做工：工人阶级子弟为何子承父业》(*Learning to Labour: How Working Class Kids Get Working Class Jobs*)。——译者注
2　W. B. Yeats，爱尔兰诗人、作家。——编者注

第七章

儿童的功课

今日美国,有两种理想在争夺至高无上的地位:一种是工业理想,它奉商业主义为圭臬,将工人当作依附于产品和机器的存在;另一种是民主理想,也即教育者的理想,它将人类置于一切机器之上,要求人类的一切活动都成为生命的表达。这两种理想在美国人的生活中无法和平共处,就像当年我们的国家无法容忍半奴隶半自由人的状态。如果学校不能让孩子们领略学习的快乐,他们就只能从别处寻找,而在校学习就会和在工厂上班一样,变成做苦工。

——玛格丽特·哈利(Margareta A. Haley),1904年。时任美国教师联合会主席

在我女儿艾莉森8岁的时候,我和她父亲被老师叫到学校谈话。之前老师就曾要求见家长,当时老师警告我们说,艾莉森拒绝午睡违反了学前教育的规定,"不是小事"。不过这次应该不是午睡问题,因为我们相当确定三年级学生已经不需要午睡了。我们到得很早,坐在文法学校的小凳子上,膝盖高高地顶着小课桌,心情忐忑。老师直截了当地说,艾莉森有个问题,而且,这个问题同样"不是小事"。老师告知,我们的女儿特别喜欢显摆。为了腾出时间帮其他孩子做题,她总是浮皮潦草地做完自己的习题集。我们不能对此掉以轻心,艾莉森必须"加足马力"、快速前进。三年级貌似轻松,但后面还有初中、

高中，以及——即将迎来的巨大挑战——大学。女儿的未来就掌握在我们颤抖的手中；我们必须把她从不务正业的弯路上拉回来，让她坚定地迈上成功之路。

和老师谈话之后，我感到非常矛盾。

我为我的女儿和她乐于助人的精神感到骄傲，并暗自高兴其他孩子对她的信任。但假如对的是老师呢？假如老师真的能在艾莉森8岁时预言她的未来呢？最后，我屈服了。虽然没有完全变身"虎妈"，但我提醒艾莉森，帮助其他孩子是善良，若能同时考虑自己的将来则是聪明。她必须做个聪明人。

我让恐惧战胜了女儿的天性和我自己的价值观，我知道这是不对的。但我们得记住，在20世纪90年代中期，整个美国都在恐惧之中。那之前的10年，里根政府的全国杰出教育委员会（National Commission on Excellence in Education）就发出了警报："我们的国家正处于危险之中，因为我们在商业、工业、科学和技术创新方面曾经无与伦比的卓越地位正被世界各地的竞争对手所超越。"太可怕了。美国人觉察到的威胁主要来自日本，当时的经济和技术大国。美国人担心，如果我们的国家（也就是我们的孩子）不变得聪明起来，日本人就会吃掉我们的午餐（也就是我们的工作岗位）。由各企业发起的经济发展委员会（Committee for Economic Development）则火上浇油，指出以美国儿童的素质根本无法胜任当下的工作，更不用说承担未来的工作了。让我们来读一段他们发表于1985年的报告"为我们的孩子投资"（Investing in Our Children）：

> 大小企业主都在抱怨，我们的高中毕业生缺乏就业准备。另外，全国足有1/4以上的年轻人没有读完高中。许多高中毕业进了大学的人仍需要补习阅读和写作课程，目前全美约有2/3的大学提供这些课程。所有仍在上学的17岁少年中，近13%是功能性文盲，44%几乎不能读写。在辍学的学生中，约60%是功能性文盲。而在美国

最重要的竞争对手——日本，高中毕业率和识字率全球最高，接近100%。日本学生学业更重，学到的也更多……在科学和数学方面，日本学生的考试成绩居世界第一。

哦，那些狡猾的日本人！他们的车更时髦，食物更健康，现在连他们的孩子都比我们的更聪明了！把美国的教育"危机"视为对经济的威胁，有助于工业巨头们重拾他们在学校教育上的思想领袖地位，尽管他们当中的许多人对教育知之甚少。在这些思想领袖中，最突出的是 IBM 首席执行官路易斯·格斯特纳，他曾是纳贝斯克的一位高管，他的商业成就包括：将卡通吉祥物"骆驼老乔"提升为国家标志（从而使骆驼香烟对儿童产生吸引力）；通过解雇数千名员工及其他措施，让两家濒临破产的跨国公司起死回生。格斯特纳在国会的一次特别会议上承认，他没有教育方面的从业经历，也没有接受过这方面的培训，但他声称自己在教育上"花了很多时间"而且"留下了许多教训"。显然，教训是够多的。

1996 年，格斯特纳在位于纽约帕利塞兹的 IBM 会议中心主持了全国教育峰会。与会者包括 41 位州长和 49 位高管，后者代表着美国最大的公司，几乎全是白人男性。虽然也有一小部分教育"专家"出席，但没几个来自学生、教师，或是学生权益倡导者的代表，他们因为是极少数而非常显眼。会议发言中随处可见抛物线和箭头图案，以及来自流行文化的参考文献。内华达州州长鲍勃·米勒抱怨道："我们似乎太愿意接受低成就标准了，而那些低标准原本只能适用于比维斯、巴特海德或巴特·辛普森之流[1]。州长和高管们面对庸才一向只能被动接受，对此我们真是受够了。"（他没有提到的是，大多数州长和高管本人就是他们所谴责的教育体系的产物。）

这是第二次全国教育峰会。第一次是在 1989 年，那是一个具有

---

[1] Beavis, Butthead 和 Bart Simpson 都是电影中的愚笨角色。——译者注

里程碑意义的事件。与会者一致承认，如果没有国家领导层的推动，全美的数万学区和50个州根本就无法应对《处于危险中的国家》一书提出的挑战。这次活动由乔治·H. W. 布什总统[2]组织，共邀请了49位州长（没有邀请CEO）。他们商定的简明清单包含一些非常明智的目标，比如，所有教师都必须胜任教学工作，大多数美国人必须获得高中文凭，所有学校都必须自证远离毒品、酒精和枪支。

在总统的领导下，第一次教育峰会是充满抱负的，是各州代表齐聚一堂寻求支持和共识的舞台。用哈佛教育学教授贾尔·梅塔（Jal Mehta）的话说，这反映了一种"梦想成真的乐观情绪。似乎只要给学校建立了目标，就能自动实现。"而IBM首席执行官主持的第二次峰会远没有这样的乐观。会议报告如此总结："教育的主要目的是，让学生在全球经济中工作成功。"这句话包含了一个半遮半掩的威胁：如果学校未能通过制定并实施严格的教学标准来达到这一目标，那么客户（家长）就会用脚投票，把他们的业务（孩子和税款）带到其他地方（私立学校和特许学校）。

为此，教育界日益焦灼。亚利桑那大学教育心理学教授托马斯·古德（Thomas Good）表达了教育界人士的担忧："最近美国学校改革政策的制定几乎不考虑研究证据。……许多教育研究人员都认为，拟议中的政策片面而不切实际。"更糟的是，人们对于应该制定什么样的政策缺乏明确的认识。尽管CEO们宣称美国的孩子必须"为工作做好准备"，但他们所说的"准备"究竟是什么？大家只能猜猜猜。还有一个问题是，谁来为这些"改革"出资？正如教育经济学家诺顿·格拉布（Norton Grubb）对我说的那样："如果仅仅是提倡更高标准，但没有保证其实现的资源分配方案，那么高标准毫无意义。"

1　全名为 *A Nation at Risk: The Imperative for Educational Reform*（《处于危险中的国家：教育改革势在必行》）。——译者注
2　即通常所说的"老布什"。——译者注

如今，将教育和就业准备混为一谈已成为惯例，但当初美国的创立者们认为，教育并不是岗位培训，而是成为公民至关重要的准备。18 世纪 70 年代，托马斯·杰斐逊起草了《知识普及法案》("A Bill for the More General Diffusion of Knowledge")，他开宗明义地写道："那些被赋予权力的人一步一步地将权力变成了暴政。我们相信，防止这种情况发生最有效的方法是，在切实可行的范围内启蒙广大人民的思想。"杰斐逊建议公立学校由国家建立和提供财政支持，这些学校要向"所有自由的儿童，无论男女"教授"阅读、写作和算术"。如果不算上黑奴，按照当时的标准，美国成了世界上教育水准最高的国家。正如一位观察家在 1800 年所写："地球上没有哪个国家能比美利坚合众国拥有更多精通基本科学知识的居民，也没有哪个国家拥有更少不能读写自己名字的居民。几乎每个美国人都能分享有用的知识和能力，这是美德的最好保障，也是共和政府的最佳支柱。"

不过，这些"有用的知识"中只有很少一部分是由训练有素的教师传授的，因为并没有那么多的美国人在课堂上学习。本·富兰克林 10 岁就离开学校，跟他父亲一起做蜡烛；亚伯拉罕·林肯估计，他接受的"所有的正规教育"加起来不到一年。（林肯曾开玩笑说："当老师根本不需要什么资质……如果社区出现了一个不明来历的懂拉丁语的人，大家会把他当作巫师。"）女权主义者伊丽莎白·卡迪·斯坦顿（Elizabeth Cady Stanton）则选择在家教自己的 6 个孩子，她批评学校教育"使人智力停滞"。

尽管如此，正规教育最终还是盛行起来了。在 1890—1920 年快速工业化的过程中，每个州都将小学教育作为义务教育，高中入学率从约 10% 飙升至 50%。但并非所有美国人都同意正式教育是必要的，有些人根本就不想这个，尤其是城市贫民。在 20 世纪 30 年代末的童工法颁布之前，农村学生的毕业率明显高于城市儿童。入学率最低的是那些工业州，因为孩子们被工厂的工资诱惑，一旦到了能够申请工作许可证的年龄，他们就会放弃学业。

大萧条催生了全国范围内禁用童工的法律。立法者的初衷倒不一定是保护儿童，而是因为工作岗位稀缺，必须缓解激烈的就业竞争。1938年，罗斯福总统签署了《公平劳动标准法案》(Fair Labor Standards Act)，对农业以外的大多数形式的童工加以限制。这使得许多美国儿童、尤其是城市儿童失去了逃学的理由，父母开始鼓励孩子们上学。曾经到处都是只有一间房的粗糙校舍的美国，因为大众教育的转向，变成了一个拥有所谓"学校体系"的国家，而这个体系的服务对象，就是欣欣向荣的工业经济。

随着工业的兴起，公立学校的工作重心开始转为就业准备。（为教育而教育的模式仅限于精英阶层，他们中的大多数人把孩子送到私立学校。）埃尔伍德·克博莱（Ellwood Cubberley）曾在1917—1933年担任斯坦福大学教育学院院长，他不无赞许地将公立学校描述为"一个工厂，在那里，初级产品（儿童）经过设计和加工，成为能够满足生活中各种需要的产品"。美国国家制造商协会（National Association of Manufactures）主席西奥多·瑟奇（Theodore Search）衷心赞同这一观点，声称公共教育的主要产品是"为各行各业培养出的熟练双手和训练有素的头脑"。老约翰·D.洛克菲勒的顾问、德高望重的弗雷德里克·T.盖茨（Frederick T. Gates）曾表扬过一所"明日的乡村学校"，在那里，"人们完全顺服于我们对他们的塑造。我们并不试图让这些人或他们的子女成为哲学家、学者或科学工作者，也不试图从中培养出演说家、诗人或作家。我们丝毫不指望从中发现艺术家、画家，或是音乐家，也不需要他们成为律师、医生、传教士、政治家，这些行业的人才已经绰绰有余"。到了20世纪初，许多公立学校都建立了赤裸裸的科层制，学校负责人（大多为男性）相当于企业CEO，对普通教师（通常为女性）进行管理。

尽管工业界力推对大众的工厂岗位"培训"，但在当时，学校教育的"大规模生产"模式并未得到普遍接受。事实上，在一些农村地区，这种模式即便不是荒谬的，也是不现实的，因为大多数成年人靠土地谋生，他们对子女的期望也是如此。与此同时，许多有远见的改革者认为，教育不是要把孩子变成工业原料，而是要引导他们学会独立思考。然而，时至今日，将学校当作工厂的依然大有人在，因而也一直有人在抨击这种迷思。从 TED 的演讲素材到两党的公共政策依据，都能看到这样的批评：昔日和今日的美国学校，将学生当成了流水线上的零部件。奥巴马政府的教育部长阿恩·邓肯认为："我们的 K-12 体系在很大程度上仍然延续了具有百年历史的、工业时代的工厂教育模式。一个世纪前，也许这种模式是合理的。……但在 21 世纪，工厂式的教育大错特错。"特朗普政府的教育部长贝琪·德沃斯于 2015 年在得克萨斯州说："这是一场战斗：工业时代对数字时代，T 型车对特斯拉，旧的工厂模式对新的互联网模式，以及，卢德派[1]对未来。"

其实，任何一个去过工厂的人都知道，几乎没有哪所美国学校真的按照工厂模式运行，也没有多少教师真的像卢德派那么守旧。事实上，按照教育改革的推动者们所宣称的，为了满足 21 世纪的需求，学校需要严格的标准和评估工具，而这些才是最像工厂的元素。让我们再来看看德沃斯是怎么说的：

> 我们必须开放教育产业——不要自欺欺人，说教育不是产业——我们必须向企业家和创新者开放教育产业……我们受益于新兴企业、风险投资和生活中其他领域的创新，但我们未能受益于教育领域，因为教育是一个封闭的系统、一个封闭的行业、一个封闭的市场。这是垄断，是死胡同。最优秀、最聪明的创新者和冒险者不得不对教育避而远之。只要教育仍然是一个封闭系统，我们就永远不可能在这个领域看到可以比肩谷歌、Facebook、亚马逊、PayPal、维基百科或优步的存在。

---

[1] 卢德派（Luddite），源于人名 Ned Lud（奈德·卢德）。卢德是一名 19 世纪初的工人，他认为机器会夺走工作机会，因而将工厂机器捣毁。——译者注

德沃斯将公共教育描述为一个"产业",她认为,颠覆以往教育模式的时机业已成熟。民主党和共和党都赞成这种公司化的学校改革。他们的主张中最突出的一点是,在数字时代,更为正规的培训、特别是数学和科学方面的培训,是取得成功的关键,学校必须以更加严格和高效的方式提供这种培训。这听上去合情合理,但教育和工作之间的关系并不像他们鼓吹的那么线性。

哈佛经济学家克劳迪娅·戈尔丁(Claudia Goldin)和劳伦斯·卡茨(Lawrence Katz)曾合作撰写了一本备受赞誉的重要著作《教育与技术之间的竞赛》(*The Race Between Education and Technology*),该书对 1890—2005 年美国教育成就和收入增长的协同进化进行了深入的分析。或许作者并非有意为之,但他们的研究确实揭示了如下事实:更多的教育本身并不一定能治愈美国的工作乱局。在他们的书中,蕴含着一个几乎可说是残酷的反讽:只有在接受高等教育的机会最为稀缺的年代,高等教育的市场价值才是最大的。

为了阐明这一原则,让我们回顾一下那些正规教育物以稀为贵的年代:19 世纪末,只有不到 6% 的美国人拥有高中文凭,所以那个文凭很值钱。高中毕业的职员的收入差不多是没有高中学历的职员的 1.7 倍。如果二者都做到管理层,则收入差距更大:前者几乎是后者的 2.4 倍。当然,这种工资差异激励了更多的美国人完成高中学业,他们也确实做到了。然而,按照供求关系原则,随着毕业生人数的增加,他们的工资溢价也在下降。20 世纪 20 年代末,随着高中就读率的飙升,近 30% 的美国人拥有高中学历,有此学历的职员收入仅略高于未获得此学历的同事。一旦教育不再稀缺,教育的市场价值就下降了,高中文凭也就不再被视为走向成功的敲门砖。

道理很清楚。供小于求的东西,比如黄金、松露和皮肤科医生,自然可以因为稀缺而卖出高价;而像木浆、盐水和作家之类,就是另一种情况了。那么,为什么在 20 世纪的前 90 年中,平均教育程度的提高与收入趋向平等同时出现呢?简单的答案是,虽然富人变得更加富有，但其他人也是如此。这在一定程度上是由于工会的兴起，他们努力确保纵使是低技能工人也能获得可维持生活的工资。但关于这个问题，还有一个更微妙的、也许是反直觉的答案：随着越来越多的人接受教育，教育的市场价值相对下降了。简单地说，技术发展导致对受过教育的工人的需求增加，但这种需求总是被准备满足它的人数超过。结果，白领和蓝领工人的工资几乎同时上涨。正如经济学家、伊利诺伊州参议员保罗·道格拉斯（Paul Douglas）在20世纪20年代预测的那样："渐渐地，白领工作不再具有垄断优势，他们和蓝领之间的收入差额也就不存在了。"

19世纪末的镀金时代带来了一个新的资本家阶层，彼时财富空前集中，许多观察家为此担忧。作为回应，政府开始征收累进式的遗产税和所得税。由于这些税收制度和其他改革，以及1910—1970年间各种因素的影响，不平等现象有所减少。但20世纪70年代之后，不平等的程度稳步攀升，越来越高。经济学家卡茨和戈尔丁将收入不平等的扩大归因于"教育减速"，即一直持续到21世纪初的教育成就的下降。他们认为，缺乏足够教育使得许多美国人很难在全球经济中找到好工作，就是找到了也不能长久干下去。他们和许多其他人认为，全球经济中的岗位需要更复杂的技能，特别是计算机技能。他们建议增加对学校和教师的公共投资，并出台新政策，使更多的年轻人能够在尽可能高的水平上完成教育。

很少有人质疑他们，有两个原因：其一，他们是一对来自哈佛的卓有声望的经济学家；其二，纵观美国历史，公共教育一直是我们至高无上的荣耀，同时也是一只替罪羊。尽管美国人普遍认同教育的价值，但认为美国教育体系未能满足高科技经济的要求的说法仍然大有市场，尤其是对那些世代抱怨美国劳动力"教育水平低下"的商界领袖。贫富差距过大有违美国人的理想，而将这一切归罪于教育体系，是大家都乐意为之的事情。

明确地说，我同意卡茨和戈尔丁的观点，无论出于何种原因，对高等教育的投资都是至关重要的。但尽管如此，教育对收入不平等的影响有限，因为近年来，美国已经赢得让大多数公民接受高中和大学教育的挑战。2007年起，高中毕业率开始上升，到了2015年，在25—34岁的成年人中，这一比例达到91%。然而，许多权威人士并不急于宣布胜利，他们转而将目光投向更高的目标，即高等教育的成就。奥巴马总统甚至扬言，必须把大学学位变成"每个美国家庭都负担得起的经济必需品"。美国人努力地迎接这一挑战：在本书写作之际，33.4%的美国人都拥有学士或更高学位。除了韩国之外，美国读过大学的人口比例超过了世界上其他任何国家，而我们为这一优势付出了沉重的代价。之所以做出这样的财务牺牲，是因为我们相信——我们也有理由相信——这将提高我们在劳动力市场的价值。很少有美国人质疑这一信念。但是，我们还是用开放的心态来考虑这个问题吧，让我们再来回想一下20世纪初的职员们。随着越来越多的职员获得文凭，文凭对于他们的经济价值下降了。（我不是说文凭的实际价值下降了，也不是说它的社会价值下降了，只是它对文凭持有者的相对货币价值下降了。）同样，随着越来越多的美国人完成大学教育，自21世纪初以来，学士学位对于其持有者的平均市场价值一直处于持续下降中。

　　再说一次，这并不意味着教育不可取、不必要。我就鼓励自己的孩子尽可能多读书，但这并不是因为我相信，这么做一定会提高他们的就业能力或"市场价值"。是的，少数精英学府的学位确实会和一辈子的高收入相联系。但必须区分相关关系和因果关系。是精英教育本身会增加收入，还是追求精英教育的学生更可能成为高收入者？社会科学家仔细研究了这个问题，发现在控制野心和动机等变量之后，精英与非精英学校毕业生的终身收入大致相同。有抱负、有驱动力的学生更有可能进入精英大学，而正是这些人格特质——不一定是他们就读的学校——能更好地预测未来的成功。令人惊讶的一点是，当初拒绝申请者的那些学校，比起他们实际的毕业学校，其对未来收入的预测能力是后者的两倍。出现这种情况的原因无从认定，但有人推测，促使学生申请到顶级学校的性格特质，特别是自信心，与导致工作成功的特质密切相关。

因此，就高等教育而言，甚至是就精英高等教育而言，我们都不太清楚，究竟工作成功背后的关键是教育本身，还是教育所表征的其他因素。鉴于无法进行任何实验来验证这一问题，我们没有确定的答案。但可以肯定的是，出生于富裕家庭的孩子在进入高等教育、特别是精英教育方面，具有巨大的优势。在一项有据可查的研究中，收入最高的1/5家庭的孩子相比收入最低的1/5家庭的孩子，前者入选高淘汰率大学的可能性要高7—8倍。令人担忧的是，即便家庭收入受到控制，黑人和西班牙裔学生上名牌大学的可能性也明显低于白人和亚裔学生。也就是说，与中产阶级白人家庭的学生相比，富有的黑人和西班牙裔家庭的学生上名牌大学的机会更低。

对于美国中产阶级来说，即使上的是公立大学，高等教育的代价也越来越高，这早已不是什么秘密。自2008年经济衰退以来，许多州大幅削减了教育经费，导致公立大学产生更大的动力去录取非本州居民的学生，因为他们人均所交的费用约为本州学生的150%。2017年，在亚拉巴马大学招收的新生中，州外学生的比例达到惊人的59%。这使该大学成为亚拉巴马州的10所"旗舰"大学之一，这些大学录取的大多数学生来自没有在该州纳税的家庭。由于州外学生蜂拥而至，数不清的州内居民只得到其他地方，即社区大学去寻找负担得起的教育。但不幸的是，社区大学并没有提供一个安全的避难所。

根据"学生贷款市场协会"（Sallie Mae）的报告，近年来，在社区大学中，来自经济宽裕家庭的学生人数有显著增加。在依靠家庭资助的两年制大学生中，有42%来自年收入在65000美元或以上的家庭，17%来自年收入在10万美元或以上的家庭。高收入学生的涌入导致了一些低收入学生——他们中的大多数都不是全日制学生——被大学拒之门外。有些最贫穷的则被吸引到营利性学院（for-profit college），这是高等教育近年来发展最快的门类。令人难以置信的是，在营利性学院由家人供养的学生中，几乎有一半来自年收入不到 3 万美元的家庭。营利性学院的毕业率极低，只有 1/4 的入学学生能在 6 年内获得文凭。2015 年，大约 47% 的学生贷款违约发生在营利性学院，而联邦学生助学金的 1/4 投向了这类学院。

显而易见，美国人为上大学做出了经济和其他方面的巨大牺牲。我们以为这样的牺牲是值得的：高等教育的"收入溢价"已经成为主流的公共话语，我们对此坚信不疑。但事实真是这样吗？简短的回答是，"这要看情况"。确实，高中和大学毕业生的**平均**收入大大高于那些没有高中和大学文凭的人。但是平均值并不总是有意义的，有时候甚至会有欺骗性。为了说明这一点，让我们来看看统计学家所谓的"比尔·盖茨效应"。

"比尔·盖茨效应"指的是在计算均值时纳入极端值所产生的结果。举个例子，假设今天是星期五的晚上，10 个朋友聚集在乔的酒吧喝酒，玩飞镖。（为了方便说明问题，我们假设当晚酒吧里只有这 10 个顾客。）这些朋友的年收入从新手音乐家汤姆的 25000 美元到会计师苏珊的 65000 美元不等。假设他们的平均年收入大约是 43000 美元。（平均数是通过把每个人的收入加起来，再除以本例中的人数，即 10，来计算的。）晚上 10 点，对汤姆而言娱乐才刚刚开始，而苏珊则认为该结束了。苏珊走后，比尔·盖茨推门而入，和他们一起玩乐。突然之间，这家酒吧客人的"平均"收入从 4.3 万美元飙升至数亿美元。当然，比尔·盖茨的加入并不会增加任何客人的实际收入。因此，由于比尔·盖茨的存在，平均收入对这群正在享用免费饮料的人并无实际意义。

在这个案例中，比尔·盖茨的收入是极端值。他不仅是酒吧里最富有的人，也是全世界最富有的人之一。同样地，在教育领域，精英大学的优秀毕业生不仅是全部大学毕业生的极端值，就算在精英大学的普通毕业生中，他们也是极端值。排名前 50 位大学的毕业生，其收入是排名仅次一两档的学校的毕业生收入的3—4倍,这并不罕见。这些相对少数的"赢家"扭曲了平均水平,他们并不能代表绝大多数大学毕业生的命运。对于大多数毕业生,成功与否是个不确定的事。我们至少可以说,较高的教育成就通常与较高的收入相关,但前者不一定是后者的原因。大学教育曾经是财富的强大驱动器,但有一些证据表明,今天它不再是了。自2000年以来,拥有大学或以上学历的工人和只有高中学历的工人之间工资差距的增长已经放缓,直至停顿。平均而言,大学毕业生中收入最低的25%挣得并不比高中毕业生多。正如我们所指出的,大学辍学者的情况更糟,他们的收入往往还不如高中毕业生。由此看来,大学肄业可能对弱势低收入学生构成严重风险。读大学有可能成为一个路障,年轻人为此背负债务,但其终身收入几乎没有提高,甚至会降低。(截至2017年9月,美国的学生贷款债务已飙升至1.36万亿美元,约22%的借款人无力偿还。)对有些人来说,教育非但给不了任何承诺,反而构成了威胁。

在为本书写作而做研究的过程中,我得到了许多意外的发现,但没有什么比这一点更违反直觉:相对而言,寒门之子获得的大学文凭价值不是更高,而是更低,不管他读的是哪一类大学。是的,你没看错,大学学位对弱势群体的平均价值比对其他群体的平均价值要低。W. E. 厄普约翰就业研究所的经济学家蒂姆·巴蒂克(Tim Bartik)和布拉德·赫什宾(Brad Hershbein)在分析"收入动力学追踪研究"[1]的数据之后,得出了这一令人吃惊的发现。自1968年以来,PSID每年或每两年对来自美国5000个家庭的18000名个人进行一次访谈,以跟踪他们的就业状况、收入、持有股份和债券、生活花销、健康和教育状况。通过这一独特的工具,巴蒂克和赫什宾追踪了出生于贫穷、中产阶级和富裕家庭的孩子的生活轨迹。他们将高中毕业生和大学毕业生分为两个大组,再按他们的社会经济状况进一步分类,然后比较

---

1 Panel Study of Income Dynamics,下文简称 PSID。——译者注

了这些群体在 25—64 岁之间的平均收入。他们发现，大学学位并不是对所有调查对象都产生同等的好处。同样来自中产阶级家庭，获得学位的成年人比没有学位的成年人多赚 162%。因此，对于出生在中产阶级家庭的人来说，大学文凭似乎是一种明智的投资。但是对于那些生于寒门的人，学位造成的收入差异却没那么明显。有学位的寒门之子的收入只略高于那些出身中产阶级而没有获得学位的人。随着时间的推移，即便是这个小小的"学位奖励"也逐渐消失：人到中年后，前者的收入甚至还要低于后者的收入。学者们得出如下结论："我们的关键发现是，与高中文凭相比，大学文凭带来的收入增加，其比例对于低收入家庭要比高收入家庭小得多。……来自贫穷背景的人遭遇的玻璃天花板，恐怕就连学士学位也无法打破。"

这种现象并非美国独有。如前所述，韩国是世界上大学毕业生占总人口比例最高的国家。据统计，在韩国，失业人口中的 50% 以上都拥有大学学位。在那里，"教育溢价"似乎不再适用：近年来，韩国大学毕业生的平均终身收入已经低于高中毕业生了。

在很大程度上，这还是由供求关系决定的：当需求超过供给时，工人通常会要求更高的工资。最新的统计数据显示，大约 35% 的美国劳动力和 37% 的年轻人拥有学士学位，这几乎是一个巨大的飞跃。不幸的是，根据美国劳工统计局的调查，美国只有不到 20% 的工作岗位需要学士学位。当然，明天的岗位或许和今天有所不同，但再看看如下数据：劳工统计局预测，到 2026 年，至少有 64% 的岗位并不需要超过高中的文凭，而只有 25% 的岗位可能需要大学本科学位。

真正的教育"不匹配"或许是许多人都避而不谈的问题——学校正在培养我们的公民去做那些现在根本不存在，或是未来将不复存在的工作。如果是这样的话，所谓的大学学位溢价究其实质恐怕是一种对"没有大学学位"的惩罚，也就是说，学位本身并不能给我们创造更好的工作生活，但没有学位却会更糟。这种区分不仅仅是语义上的诡辩，而是理解教育成就和就业之间日益拉大、令人不安的鸿沟的关键。对大多数人而言，预测就业轨迹的决定性因素并非教育本身，而是和教育相关的社会经济地位。

那么，教育水平的高低在就业中扮演的真正角色是什么呢？这是一个复杂的问题，对许多人来说还是一个令人痛苦的问题。如果你是在近几年找过工作的人，或者如果你认识这样的人，就会意识到经济学家所说的"文凭泛滥"。在本书写作之际，近年的大学毕业生接近一半都在从事实际上不需要大学文凭的工作，从这个意义上说，他们并没有充分就业。随便看一眼求职网站就会发现，对于几乎所有的岗位，大学文凭已经成为一种筛选工具，一种快速排除某些求职者的方法，这些求职者包括大部分传统意义上的弱势群体，这一点恐怕并非偶然。根据美国人口普查局的数据，2000—2010 年，拥有大学文凭的餐馆服务员的数量增长了 81%，而拥有大学文凭的门卫的数量增长了 87%。凸透镜（Burning Glass）是一家劳动力市场数据分析公司。2015 年，该公司依据招聘广告分析报告说，65% 的行政秘书和行政助理职位要求学士学位，而当前从事这些岗位的人当中只有 19% 的人符合这个要求。如果你去租车公司，为你查验车身划痕的年轻人很有可能是正在偿还助学贷款的大学毕业生。汽车出租公司 Rent-A-Car 要求退伍老兵之外的所有员工既有工作经验，又有大学学位。超过一半的优步司机拥有学士或更高学位。而且这种趋势没有任何逆转的迹象。劳工统计局报告称，从现在到 2026 年，在预计就业增长最快的 10 种职业中，只有注册护士这一种职业需要大学学位；另外有 6 种职业——个人护理助理、餐厅服务员、清洁工、普通劳工、家庭保健助理和配菜员——从技术上讲，连高中文凭都不需要。

大多数上过大学的美国人之所以没有就读选择性大学[1]，是因为大多数美国高等教育机构都没有什么选择性。绝大多数大学的录取率达到 50%，还有许多大学会接受几乎所有的申请者。这意味着许多没有

---

[1] selective college，也称竞争性大学，指那些对申请学生有所选择、而非来者不拒的较高水准大学。——译者注

真正准备好上大学的申请者都被录取了,这些大学中有 68% 的学生最终没有毕业即为明证。哪怕已在大学读了两年甚至三年之久,大学辍学者很少能够从他们的高等教育中获益。表面上看,这似乎没有道理,毕竟,有助于工作表现的不应是一纸文凭,而是文凭所代表的知识和能力。在这种逻辑下,现实世界中的成功应与学生完成的课程数量和质量有关,而与学位本身无关。但事实并非如此。劳工统计局报告说,大学辍学者的收入前景实际上比没有上过大学的人还要低。大学教育有可能降低终身收入这一事实表明,大学水平的知识技能不一定符合雇主需要。大学文凭很可能只是一些雇主使用的分类机制,而这个机制未免有失偏颇。由于高收入家庭的学生在 24 岁时获得学士学位的可能性是低收入家庭学生的 8 倍,因此这种分类标准不可避免地构成了对低收入求职者的歧视,而且扩大了美国的收入鸿沟并将其固化。

英国社会学家保罗·威利斯于 1977 年出版了他里程碑式的著作《学做工:工人阶级子弟为何子承父业》,其中讲述了一个真实的故事:一群十几岁的男孩子在一个他称之为"汉默镇"的地方长大,这是一个贫困的工业镇,工人数量远远超过就业机会。他写道,"小伙子们"对学校的权威感到不满,认为他们的未来不在于书本或办公室工作,而在于他们父亲的蓝领工作。这些"小伙子"蔑视威利斯所说的"好好学习,天天向上"的教育体系,他们认为这样的教育体系充其量只能给他们带来一份被人瞧不起的低薪工作。这些学生在校表现很差,大多数最终都辍学了。他们之所以失败,不是因为他们懒惰或愚笨,而是因为当时的体制扭曲了教育成功的标准,这个体制旨在满足雇主需求,而非促进个人能力和长处的发挥,或是建立个人的价值观。

威利斯写道:"(学校)阻止他们以别的方式发挥才能,或是以别的方式成长。文凭至上的理念限制了他们的能量,其目的就是将他们困在个人发展的山脚……职位要求的不断抬高,只是文凭主义货币导致的毫无价值的通货膨胀。这是一种欺诈:大多数人被骗相信了一个只对少数人真正有意义的东西。"

这里的关键是最后一句话:"这是一种欺诈,大多数人被骗相信了一个只对少数人真正有意义的东西。"伴随"小伙子们"成长的文化,其基础是工人阶级的实践知识、生活经验和街头智慧,现在所有这些都已经贬值了。他们反对的不是教育本身,而是这样的教育:它已经沦为继承特权的委托书,而不是建造更好生活的脚手架。

我们知道,如今 25—34 岁的美国人中,超过 1/3 拥有大学学位,70% 的高中毕业生都上过大学。可以说,美国人接受的正规教育比以往任何时候都要多,与此同时,平均收入却停滞不前,贫困率依然居高不下。如何解释这个看似矛盾的现象?马萨诸塞大学阿默斯特分校的劳工经济学家、专门研究贫困和种族问题的珍妮特·威克斯-林(Jeannette Wicks-Lim)分析说,在美国的大部分历史中,教育确实是经济发展的关键,比如,受过良好教育的农民、商人或职员更能适应新技术。但如今,对训练有素的高级专家的需求相对较少——特别是在科技和金融领域——导致教育作为就业的先决条件被过度推销。"如今,美国的劳动生产率是 1980 年的两倍,当时只有 40% 的美国人上过大学,只有 1/6 的人获得学位。"她告诉我,"然而,30 多年来,一直都有大约 25% 的劳动力时薪在 10 美元甚至更少,这个比例一直未变。"

让我们看看发生了怎样的巨变:假设你生于 1940 年,你的终身收入超过你父亲的概率非常之高,达到 90% 以上。但如果你生于 1985 年,你的收入超过你父亲的概率只有 50%。这种变化大部分不是由于任何教育缺失造成的;相反,你越年轻,就越有可能获得大学学位。这一变化的主要原因是经济增长成果的不平等分配。经济学家托马斯·皮凯蒂(Thomas Piketty)的著作《21 世纪资本论》(*Capital in* the Twenty-First Century）对经济不平等的历史进行了颇为令人信服的分析，他得出的结论是，在众多可能导致收入不平等的因素中，"教育不该是关注重点"。

美国人有许多方式展现自己无限的乐观精神，其中最常见的方式之一就是，对普及教育的坚定信心。这也不无道理。培养年轻人的头脑至关重要，对此我们必须继续投入活力、创造力和谦逊的态度。但如果我们坚持认为，更多的教育本身必然会提高收入前景，那么，这种想法不仅是错误的，而且是残酷的，它会让许多人陷入不切实际的对未来的幻想，甚至债务缠身。

固然，有商界撑腰的教育"改革者"有权让他们的需求得到了解，并通过政治游说和设立基金会等手段来满足这些需求；他们有权参加公开辩论，表达他们的集体愿望和需要；他们有权发挥自己的影响力，争取自己的、股东的和支持者的利益。但是，假若事关形塑美国教育和就业的公共政策，他们不应该被误认为是毫无私心的仲裁者。为此，我们必须把注意力转向别处。

第八章

注意（技术）鸿沟

当需求不足成为经济的瓶颈，增加潜在供应于事无补。

——劳伦斯·亨利·萨默斯[1]

勒罗伊（Leroy）和苏珊（Susan）结婚大约一年了，他们和新生女婴住在她曾祖母位于罗斯兰德区的房子里。房子是一个次贷房地产，位于不通高架轨道火车的城市南边。罗斯兰德曾经是繁华之地，有成千上万的钢铁工人。但这些工厂早已消失，像勒罗伊和苏珊这样的当地居民的希望也随之远去。他们希望自己的家能有个像样的厨房以便更好地生活。为此，他们需要工作。然而，在过去一年左右的时间里，工作不需要他们了。

他们听过政客们承诺把"工作带回美国"，但勒罗伊和苏珊都没当真。他们在电视和网络上看到的一切都表明，工厂的工作不会再回来了。他们如此年轻，本不该这么想，但现实就是如此残酷。他们家附近的最后一间工厂——老舍温·威廉姆斯油漆厂早在20多年前就已经关闭了。他们认识的人当中没有在工厂工作的，所以当工人从来没有出现在他们的生命规划中。他俩都受过教育，有技能。勒罗伊高中毕业，从事建筑工作多年，还做过项目管理。苏珊有同等学力文凭，她在一所社区大学修过不少课程。他们找遍几乎所有够资格申请

---

[1] Lawrence Henry Summers，也作 Larry Summers，曾任美国财政部长。——译者注

的职位,包括西尔斯、沃尔玛和塔吉特的入门级岗位。他们大多是按照要求在线申请的,这个过程有时令人生畏,不过他们的畏惧并非是一些雇主声称的东西。他们有阅读理解能力,也懂数学和电脑操作。他们面临的障碍并不是什么"数字鸿沟",而是那些令人难堪的潜台词。以下是他们在申请时需要回答的部分问题:

"你认为你的父母为你感到骄傲吗?"

"你申请过食品券吗?"

这些问题的"正确"答案是什么?如果你的回答是父母"为你骄傲",那么你是显得诚实还是自大?如果你承认用过食品券,你是显得会过日子,还是没出息?勒罗伊和苏珊根本无法破解这些密码。

像苏珊和勒罗伊这样的人无法在数字经济中立足,对此有人可能将其归因于他们缺乏正确的态度/教育/技能。但很少有人将这些判断建立在直接证据或面对面观察的基础上。约翰·霍普金斯大学的社会学家凯瑟琳·爱丁(Kathryn Edin)是这少数几个人之一,她的研究与众不同,或者你也可以说,离经叛道。

爱丁的外貌和艾伦·德詹尼丝(Ellen DeGeneres)[1]惊人地相似:蓝眼睛,微卷的金色波波头,典型美国式的心无城府的笑容。她从小就信仰宗教,这一点也和艾伦一样。她在明尼苏达州斯台普斯的乡村长大,青少年时代曾在当地的拖车公园花大把时间为福音派圣约教堂的主日学校招人。她告诉我,那个教堂很小很破,"即使有人不修边幅,进去也完全没问题"。她母亲则为主日学校开面包车。

爱丁在斯台普斯高中军乐队演奏低音鼓,戴着"一英寸[2]厚"的眼镜。她被扶轮社(Rotary Club)选去参加模拟联合国活动,代表爱尔兰。高中毕业后,爱丁离开明尼苏达州前往芝加哥,在一所深受第

---

1 美国主持人、演员。——译者注

2 1英寸=2.54厘米。——编者注

一代瑞典移民欢迎的基督教学府北帕克大学学习社会工作。作为第二代瑞典移民，爱丁是个虔诚的路德教徒。下雪的夜晚，她会模仿阿西西的圣弗朗西斯（St. Francis of Assisi）[1]，赤脚在校园里行走。她还为卡布里尼绿色家园（Cabrini Green Houses）的孩子们辅导功课。该社区有3600套的公屋，因帮派横行、随时都会发生杀人案而臭名昭著。在拿到社会工作学位后，她和大多数人一样，接受了一份工作，但她后来又改变了主意："西北大学给我的研究生奖学金比工资还要高，所以我就又去上学了。"

爱丁在西北大学潜心研究，发现了其他学者视而不见的东西。当时的资金投入和职位安排都偏向于数据分析，大多数研究贫困问题的专家关注的也是数据。但是爱丁把注意力从数据上转移到人的故事上。鉴于她的个人背景和经历，她听到的故事并没有让她感到惊讶。她告诉我："其实穷人和其他人都差不多。"

爱丁的论文"入不敷出"（There's a Lot of Month Left at the End of the Money）有着西部乡村民谣般的感伤。它记录了25个靠公共援助挣扎度日的芝加哥家庭，证明了"福利女王"[2]之说是多么荒谬。据爱丁的了解，许多家庭得到的政府补贴不足以支付基本的食物、房租和水电费。他们中的大多数人都通过非正规手段赚点外快，比如帮人打扫房子、做破烂王，如果走投无路，贩毒和卖淫也无妨。父母，主要是母亲，在尽其所能抚养孩子的同时，想尽办法做到收支平衡，有时只好使用一些不得已而为之的方式。爱丁的论文结尾令人难过："在我观察的领福利的人当中，大多数人的努力程度并不亚于中产阶级。"她认为，赤贫者的困境不是因为他们不愿意工作，而是因为一个几乎相反的原因：一个削弱了他们所有努力的制度。

对她的受访者而言，爱丁富有同情心与亲和力。她有两个养女，

---

[1] 圣弗朗西斯来自意大利阿西西，是方济各会的创始人。——译者注
[2] welfare queen，这是一个歧视性称呼。意指好吃懒做、依靠福利为生的穷人，尤其是贫困女性。她们为了获取福利，不惜使用欺诈、多生子女等手段。——译者注

都是有色人种，其生母都是爱女心切却无力抚养。由于这些及其他个人经验，爱丁向来怀疑简单的假设，她想寻求更深层的真相。她花了数年时间在芝加哥、波士顿、查尔斯顿、圣安东尼奥、巴尔的摩、费城和新泽西州卡姆登等最贫穷的社区聆听父母们的谈话。虽然这些人在许多方面各不相同，但他们有一个共同点：每个人都渴望一份好工作。

爱丁说："在美国，工作与否关乎公民身份。没有工作，你就不会真正被视为公民。"

爱丁做过很多公开演讲。在演讲的开头，她经常问听众一个问题：他们认为，有多少美国人能获得为困难家庭提供的临时援助，即我们称之为"福利"的政府补贴。我曾听过一次爱丁的演讲，现场有人喊出"54%"。爱丁说，政治家的花言巧语让大家以为，差不多应该是这样。但这个数字实在是太高估了，实际比例不足1%。

"在美国，福利只是聊胜于无。"爱丁告诉我，"劳动力市场提供不了足够岗位，穷人只能在这个市场的边缘挣扎。而且，工作带来的好处已经从根本上降低了，大多数贫困家庭都有至少一个成年人在工作。从中我得知，是工作本身出了问题。"

在超过1/4个世纪的时期内，美国最大的消除贫困举措是"所得税抵免"[1]。这是从1975年开始实行的一个补助方案，旨在帮助中低收入的工人抵消工资税及食品和电力价格上涨带来的支出增加。要想获取这笔慷慨的政府馈赠，其前提条件是，受益人必须有工作。许多人认为这是件好事，也许是吧：美国国税局报告说，EITC每年帮助600万美国人脱贫，其中一半是儿童。作为一项退税，EITC不带有吃福利的污名。但是，它一年只有一次退款季，往往来不及帮助困难家庭。他们中的许多人只能在深陷债务中苦苦等待支票到达。更大的问题是，政府让申请者别无选择，他们必须接受能得到的任何工作，包

1　Earned Income Tax Credit，下文简称 EITC。——译者注

括那种朝不保夕的低薪工作，从而只能一直贫穷下去。许多国家的理念是，婴幼儿会给家庭带来经济压力，因而有新生儿的家庭更需要补贴。但美国不这么想。我们要求每一个身体健全的父母出去工作，为孩子挣奶粉钱。而且，这一要求的基础是一种幻想，即工资足以养家的稳定工作遍地都是。爱丁称这种一厢情愿的想法"有毒"。

为了得到所得税减免，人们被迫去上班，而他们可能原本并不愿意如此。其理由值得同情——比如，他们负担不起日托，需要自己在家照料幼儿。和大多数增加劳动力供应的政策一样，EITC 不仅是对工人的补贴，它也变相地补贴了雇主。它激励更多的人，不管他们的技能如何，不加选择地接受任何工作；它减少了雇主创造更好岗位的动力。另一方面，对于苏珊和勒罗伊那样的人，尽管他们具有工作的意愿和能力，但由于缺乏正规文凭和相关背景，通向好工作的大门对他们关闭了。爱丁说："认为许多人无法通过工作脱贫的原因在于他们缺乏技能，这种想法大错特错。'技能'之说只是个烟幕弹。"

兰德尔·柯林斯（Randall Collins）更喜欢用"诡计"这个词来代替"烟幕弹"。柯林斯是宾夕法尼亚大学的名誉教授。作为美国最著名的社会学家之一，他对人性具有敏锐的观察力。他最早的记忆之一是在柏林的生活，彼时正值二战结束，他父亲在那里担任外交事务官员。那时他开始明白，许多事情并不是官方所说的那样。他说："在非常正式、理想化的前台发生的事情和后台内幕之间，存在天壤之别。在外交界，这种对比最为突出。"

柯林斯指出，自工业时代的开端，雇主们就对美国工人的素质表示不满。事实上，19 世纪后期，弗雷德里克·泰勒提出的"科学管理"就是基于一个不把工人当人的假设。正如泰勒所言："对于一个将处理生铁作为固定职业的人来说，对他最首要的要求就是，他必须极端愚蠢、冷漠，他的心理构造必须和一头公牛相类似。"

将工人与家畜相比如今已不再可接受，但人们又接受了另一种说法：没有足够多的美国人能满足数字时代对工作的严格要求。按照这种说法，美国人如此愚笨以至成了阻碍创新的绊脚石，这种创新原本可以刺激经济并最终创造更多的就业机会。据此推理，工人们没有工作都是他们自己的错，只能怪他们自己没能努力跟上。

这套"技能鸿沟"的说辞深受政治家和商界领袖青睐。当被问到为什么苹果的产品不在美国生产时，苹果公司的首席执行官蒂姆·库克的回答是："原因在于技能。……时过境迁，美国已不再拥有那么多的职业技能。"企业游说者提供的数据支持了库克的观点，这些数据来自美国全国制造商协会[1]在2011年进行的一项调查，而该协会曾猛烈抨击奥巴马时代的劳动法规，称其为"岗位杀手"（job killers）。NAM报告称，74%的制造商将"缺乏技术熟练的生产工人"列为一个重要的"负面因素"。"技能鸿沟"的说法被广泛引用，已经成为一种文化模因。但除了雇主们这样说之外，几乎没有证据支持这种含糊不清的说法。

柯林斯说："几十年前，批评人士抱怨美国人太笨，无法胜任工厂工作。现在，他们又抱怨美国人笨得无法胜任零售店或仓库工作，也不会写代码。他们的抱怨无穷无尽，但几乎没有证据表明这是合理的。"

2016年，凭借麻省理工学院的保罗·奥斯特曼（Paul Osterman）和伊利诺伊大学的安德鲁·韦弗（Andrew Weaver）的努力，技能需求与招聘之间的实际数据终于出炉。鉴于人们对"技能危机"的极度关注，这项研究可谓意义重大。研究者将重点放在制造业上，部分原因是制造业公司和NAM游说团在这个问题上的声音最为响亮。在他们的开创性研究"美国制造业的技能需求和匹配不足"（Skill Demands and Mismatch in U.S. Manufacturing）中，两位经济学家调查了一些公司，他们试图回答，美国制造业是否真的缺乏技能？如果是，该怎么办？他们请各家公司回答的问题包括：你们要求生产工人具备什么样

---

1 National Association of Manufactures，下文简称 NAM。——译者注

的技能？招工困难（潜在技能差距）的发生率是多少？包括技能需求在内的哪些因素可以预测这些招聘困难？你们周围有什么真实事例符合人们目前关于技能和技能差距的看法？

在接受调查的 2700 家制造商中，903 家做出了回应。这其中大约 3/4 的公司报告说，他们的核心生产人员需要具备基本的阅读和数学技能；62% 的公司则报告说，他们的员工需要具备基本的文字处理和网上搜索技能。可以说，没有哪家公司需要的技能超出正规高中毕业生的水平，或者，对这样的要求，很多高中辍学者都足以胜任。接下来才是关键：63% 的公司说没有空缺岗位，超过 76% 的公司报告没有长期空缺。只有 16% 的公司应答者认为，"缺乏找到熟练工人的机会"是"经营成功的主要障碍"，但这 16% 缺的并非"数字时代"的复杂技能，因为有大量的申请者可以编写电脑程序并进行批判性思考。对于这些公司，技能短缺是相对的，它们缺的是那些愿意接受低工资的员工，这样的员工只需要初中阶段最基本的阅读、写作和数学技能即可。所以，问题不在于工人缺乏技能，而在于雇主找不到足够的工人去从事只需要最基本技能的低收入工作。

至于是什么导致了公司难以吸引低技能工人，奥斯特曼和韦弗并没有展开讨论，这仍然是一个谜。但我相信，在肯塔基州的布罗德黑德，我至少找到了部分答案。这是一个位于迪克斯河上游的小镇，距离列克星敦大约一个小时的车程。我去拜访了鲍比·雷纳（Bobby Renner）、塔米·雷纳（Tammy Renner）和他们的 4 个成年子女，其中有一个叫罗伯特（Robert）的，我稍后将在第十章中再提到他。

与我见面时，鲍比和塔米都是 49 岁，两人的工作都很辛苦。鲍比是里士满的 AGC 平板玻璃公司的工人；塔米在一家精神障碍患者康复中心做保健助理。塔米上每晚 11 点到次日早上 7 点的夜班。尽管那个时段应该是病人的睡眠时间，但实际并非如此。她告诉我："一天夜里，有个病人拿椅子砸了一个助理的头，助理被送进了医院，然后再也没有回来。我觉得我们应该有高危岗位津贴，但我不敢对主管说。我需要这份工作。"

鲍比在玻璃厂的工作是 12 小时轮班制，每周工作 4 天，从早上 4 点到下午 4 点。他挺喜欢这样的时间安排，因为这可以让他腾出一个工作日照顾他心爱的孙女。小女孩的照片几乎占据了鲍比的全部 Facebook 页面。鲍比已经工作了 19 年，他为自己近乎完美的出勤记录感到自豪。他还为自己 18 美元的时薪感到自豪，他想象不出还有什么其他地方能开出更高的工资。"我们可不想要工会。"他在厨房边喝咖啡边对我说，"如果建了工会，管理层就要把厂子搬到墨西哥去了。"我问鲍比，他的老板雇人是否有困难，他说有时是的，部分原因是因为这项工作不利于健康。然后他停下来感谢耶稣保佑，让他到了这把年纪仍能对付。一两分钟后，我问，为什么年轻人不申请？他说："有些人天生懒骨头，这是事实。"至于其他人，嗯，"他们知道自己无法通过药物测试。"

搬运和包装玻璃是危险工作，如果员工刚吸过毒，那就更危险了。这种风险显而易见：肯塔基州是药物过量致死最多的五大州之一。虽然许多州都有法律控制或禁止私营部门进行药物检测，但肯塔基州的雇主对检测政策拥有自由裁量权。

并非所有人都赞成这种做法，一个特别的原因是，吸毒之后的数天甚至数周，通过尿液和头发中依然能够检测出来。这意味着即使是周末消遣性的吸食大麻都有可能会使符合条件的求职者失去应聘资格。在肯塔基州的一家咖啡馆，我遇到的一名男子，将大家共同的反对意见做了总结："醉醺醺地去上班，那确实不对。但是周末吸两口碍着谁了？"

对雇员的药物检测肇始于全世界最大的雇主——美国国防部。在 1980 年的一项调查中，27% 的军人承认在前一个月使用了非法药物。这一令人担忧的发现促使军方开始检测，5 年后，军人的非法药物使用率下降到 9%。这一成功促使罗纳德·里根总统签署了 1986 年的《工作场所禁毒法》(Drug-Free Workplace Act)，要求所有联邦雇员在工作内外都不得非法使用毒品，并授权给雇主进行测试，以确保这一点。到 20 世纪 90 年代中期，在超过 80% 的美国公司中，毒品测试已成常规。21 世纪初，非法药物使用开始下降，工作场所的检测也随之减少，但在 2010 年代初又再次上升。今天，几乎一半的美国公司，包括大多数 500 强企业，都将通过药物检测作为录用条件，而且要求员工在工作期间接受随机的检测。

未通过药物测试的申请人不能上岗。对于这些人，肯塔基州的一些小公司显示了异乎寻常的热情：为了欢迎正在戒毒的瘾君子加盟，甚至为他们提供带薪休假，支持他们去参加互助团体活动。所以，至少在肯塔基州，有些人失业的原因并非在于技能不足，而是雇主怕他们不能保持清醒的工作状态。

大多数人对未来工作的设想恐怕都不包括 AGC 平板玻璃及类似的雇主，但如今这种想法或许要改变一下。我们在之前章节中见过的直言不讳的加拿大经济学家保罗·博德里直截了当地说："新技术往往不利于大多数认知任务。也许将来会不一样，但在目前尚无迹象表明科技使得工作要求更高，相反，每一个迹象都表明，科技正在降低对技能的需求。"

以银行业为例。这个行业既需要良好的数学头脑，又需要强大的客户服务技能。2013 年，富国银行在华盛顿开设了第一家高科技的"社区银行"。该分行拥有一系列被称为"商店出纳员机器"[1]的高级自动取款机。机器出纳会"记住"客户的偏好，并执行大约 80% 的银行交易。现场亦有人工客服，他们主要是指导客户操作机器，例如如何在机器出纳中存入支票。如果客户需要更复杂的交易，比如申请贷款，客服则会通过机器为他们联系相应的专家。

由于 STM 和相关的创新，银行业被一些人当作范例，证明技术进步将如何消除旧的、低技能的工作，创造新的、高技能的、薪水更

---

[1] Store Teller Machine，下文简称 STM。——译者注

高的工作。事实上,与传统的银行出纳相比,这些客服的工资确实略高一些,但出纳并不是被客服取代的。出纳的核心功能是现金处理,这些工作在很大程度上是被 ATM 和网银取代的。实际情况是客服使用技术来减少对其他高技能员工的需求,比如贷款经理。专家预测,未来对银行熟练员工的需求将继续大幅下降。

那么,高科技行业又如何呢?当然,看上去高科技及相关行业对新员工的需求是永无止境的。2011 年夏天,当美国的失业率徘徊在惊人的 9.1% 之际,纽约州参议员查克·舒默和得克萨斯州参议员约翰·科宁召集了一次关于移民问题的小组委员会听证会,呼吁采取一个措施吸引人才——给所有毕业于美国大学并拥有科学、工程或数学学位的外国人发放绿卡。"我们都知道,"科宁说,"很多岗位都缺乏合格的人才,特别是那些从事高科技工作的人才。"《纽约时报》则呼吁,在每年毕业的大约 7 万名工科生的基础上再增加 1 万人。微软公司作为全美拥有最多持 H1-B 临时签证外国员工的雇主之一,要求为符合条件的外国毕业生额外发放 2 万份签证和绿卡,并将这些签证带来的资金用于培养更多美国人学习 STEM 课程[1]。

霍华德大学公共政策教授罗恩·希拉(Ron Hira)多年来一直是这些现象的敏锐观察者。他出生于印度,儿时随家人移民到美国。考虑到他的背景,人们可能认为他会支持外国工程师和科学家的美国移民计划。确实如此。但他并不认可公开宣布的 STEM "技能危机",他谴责这个"危机"的说法只是各个逐利方用于掩盖大学毕业生过多、对签证制度的滥用和工作外包的借口。即便是在处于高科技创新中心的电气工程领域,美国的就业人数也已从 2002 年的 385000 人下降到了 2016 年的 324600 人左右。他告诉我,总的来说,STEM 毕业生的供应量是需求量的两倍甚至三倍,这迫使许多有经验的工程师只能在科技领域的边缘甚至之外寻找工作。他说:"我们并没有看到人才

---

[1] STEM 即 science(科学)、technology(技术)、engineering(工程)和 mathematics(数学)。美国政府的 STEM 计划旨在鼓励学生主修以上 4 类专业。——译者注

短缺的迹象,否则,除了数量非常有限的专业领域,各行各业的工资应该大幅上涨。"希拉回忆说,有一次,他在国会参加移民问题的听证会,听到微软公司的首席律师抱怨缺乏合格的工程师。当时他感到十分震惊:"几乎就在同一时间,微软才解雇了 5000 人。"这种脱节不仅存在于计算机科学和工程领域,也存在于数学、化学、生物学和其他 STEM 领域。不久前,一个由顶尖科学家组成的蓝带小组警告说:"教育领域培养的科学家数量超出了学术界、政府和私营部门所能吸收的相关职位数量。"

经济学家保罗·克鲁格曼(Paul Krugman)曾经创造了"僵尸观念"(zombie idea)一词,用以表示"被一再证明错误,却拒绝死亡"的理念。技能差距就是僵尸观念中的一个,它是一个非常恶毒的模因,正如克鲁格曼所说,"吞噬了我们的大脑"。要认识到这一点,我们必须开放思想,不再迷信权威。说到技能的供需情况,美国人有很长的历史。第二次世界大战期间,许多熟练工人被征召入伍,导致数十万的关键职位空缺。国家通过一些非常切实的职业培训项目弥合了这一非常真实的"技能差距"。到战争结束时,大约 175 万美国人获得了工业培训认证。工业培训计划旨在帮助老百姓迅速掌握相关技能,以便能够承担全国数千家工作场所的职位。国家青年管理局将许多以前从未工作过的年轻妇女培养成电工、焊工、摄影师、机械师和无线电修理专家。类似地,在 1995—2000 年的互联网上升期,投机性的投资推动了互联网的繁荣,美国人争相学习互联网知识和技能,认为它们会给自己带来挑战和成功。计算机科学和工程专业的申请者激增,录取人数也激增。无论如何,美国人做算术是没问题的。但从 2004 年开始,上述模式发生了逆转,这倒不是因为美国人变笨了,而是因为就业前景发生了变化。当时,计算机科学和电气工程学士学位持有者的失业率跃升至 6.2%,超过了总体失业率的 5.7%。聪明的学生不愿意把他们的希望、努力和智力资本投资于那些不管三七二十一就炒员工鱿鱼的行业。有时候,这些行业的雇主炒人,只是为了用国内外更加廉价的劳动力来代替他们。

美国人倾向于做理性的行动者，喜欢追逐金钱。近几十年来，金融、保险和房地产一直都是主宰性行业。它们在 GDP 的占比从 20 世纪 50 年代的 11.2% 增长到了今天的 20% 以上。因此，毫无疑问，大学最受欢迎的专业是商科，而最受精英学府青睐的则是经济学。这些专业的优秀毕业生非常受欢迎，但并非因为他们是创新者或风险承担者，而是因为他们表现得愿意将精力和时间集中于雇主的明确目标——赚大钱。正如哈佛商学院的一位教授对我说的，"我们教育人们更用力地挤压橘子去榨汁，而不是栽种新的树"。

沃顿商学院的管理学教授、《为什么好人找不到工作》(Why Good People Can't Get Jobs)一书的作者彼得·卡佩利（Peter Cappelli）解释说，雇主寻找的是这样的应聘者：他们在被"插入"组织的那一刻，就能立即开始管理层要求的任何"游戏"。这种"即插即用"的策略受到青睐，因为它大大减少了对员工培训的需求。但这种做法使得工人在其掌握的技能过时后很容易受到裁员的影响。卡佩利告诉我："这就是长期失业者找工作如此困难的原因。不是因为他们不能胜任工作，而是因为他们眼下没有工作。很多人的手中握有合适的学位，但同时他们也是缺乏经验的新手。一般来说，雇主希望员工至少有两三年的工作经验。他们要的是接受过培训的人，但他们自己不想去做这个培训。"

有人怀疑，所谓技能差距背后的真相是，大大小小的公司都希望人才过剩导致特定职位上的竞争加剧，从而减少雇主为吸引人才而做出让步的必要性。虽然这一推断很难证明，但它有充分的实际证据的支持。每个月大约有 400 万个职位被发布到网上，平均每个职位有 245 个应聘者。一些雇主抱怨说，如此多的候选者，却没什么人符合条件。有些情况下可能确实如此，比如在肯塔基州的玻璃厂。然而美联储报告称，雇主发布的就业岗位数量通常远远超过劳工统计局计算的实际岗位数量。一些人力资源专业人士称这些虚假空缺为"幽灵岗位"（ghost job）。

如果一家公司仅仅发布招聘广告，却并不积极寻找候选人，这时就产生了幽灵岗位。雇主为什么要做这种事？原因有很多。例如，他们发布广告或许是为了碰运气，看看能否抓住一个难以捉摸的"独角兽"，即一名罕见的超级程序员、营销人员或创意人员。他并没有认真找工作，但如果有人提供足够的激励，他就有可能采取行动。因为没有真正的空岗，独角兽狩猎可能持续数月甚至数年而不产生实际的聘用。雇主发布虚假招聘广告也有可能是为了收集大量简历，这样，如果后面他们确实缺人，就不用再花钱找人帮他们做招聘工作了。此外，雇主这么做还有一个可能的原因，即向投资者、媒体和客户发出经营成功的信号。需要招人，或者，哪怕只是貌似需要招人，这就意味着公司业务在扩张，至少意味着公司没有萎缩、没有裁员。

在我居住的新英格兰地区有家迈斯沃克公司（Mathworks），它是一家技术计算软件开发商。这家公司就是一个发布实际并不存在的职位空缺的典型例子。它因曾在公共电台宣布有"200多个职位空缺"而出名。奇怪的是，如此言之凿凿的"200多个"的说法一年又一年地保持不变，许多人都想知道这如何可能。迈斯沃克是一家信誉卓著的公司，以出色的产品和服务而闻名。哈佛大学、麻省理工学院、塔夫茨大学和几十所其他的一流大学都在该公司一小时的车程内，为什么如此优秀的公司找不到它如此渴望聘用的合格员工？一位参与过招聘的迈斯沃克员工泄露了一个颇为合理的答案。几年前，他在广受欢迎的工作网站"玻璃门"上写道："如果你被迈斯沃克拒了，千万不要灰心。这家公司收到了大量的申请，几乎所有申请者都被拒了，原因不明。"

原因不明。本章开始介绍的一对艰难度日的夫妇——勒罗伊和苏珊——对此深有体会。他们有高中学历、也不缺技能和专注力。他们花了几个月的时间制作求职申请表，向朋友们请教如何改进简历，尽一切努力展示他们的工作态度和能力。最终他们的坚持得到了回报。勒罗伊在一家超市找到了一份工作，每周上班 30 小时，时薪 8.50 美元。没有医疗保险，而且他每挣 1 美元，家里的食品券津贴就减少 30 美分，但他依然心存感激。情况好多了，但还不够好，苏珊也需要打一份工。所以她很高兴收到"善念机构"（Goodwill Industries）[1]邀请她参加面试的短信。这是一年多来，她发出的所有申请中唯一一次得到回复的。

当那个大日子到来时，苏珊穿上了她最好的行头：一件长袖白衬衫，束进剪裁合身的黑色长裤。她特别注意自己的鞋子，她听说，劣质的鞋子会有损别人对她品性和能力的判断。她把女婴放到她祖母家，在谷歌地图上输入善念机构的地址，然后匆匆赶到公共汽车站。车程很长，穿城而过，把她带到一个陌生的区域。因为疏忽，她还没到站就下车了。在华氏 100 度[2]的高温中走了 30 个街区、掐着点到达时，她已是筋疲力尽，鞋子也磨坏了。她为自己的外表致歉，然后开始面试。她对面试的自我感觉还不错，一年来，她第一次充满了希望。所有迹象都表明，一切顺利。一周后，仍然信心满满的她发现，同样岗位的招聘广告又重被挂到善念机构的网站上。没有解释，没有拒绝信，连封电邮也没有。不过，和以前一样，她也不指望他们会通知她被拒的消息。向善念机构递申请的人太多太多了……好人的数量总比好工作多，当然。

如果工作环境中确实存在差距，与其说那是技能差距，不如说是机会差距，它反映了我们这个时代的一个标志性特征，那就是巨大的收入差距。由于缺乏经济权力和工会代表，许多工人几乎完全没有运用技能的政治力量。这个问题对我来说非常清楚，而在参观了位

---

1 全称为 Goodwill Industries International Inc.，美国的一家非政府机构。——译者注
2 华氏 100 度≈摄氏 37.78 度。——编者注

于马萨诸塞州后工业城市劳伦斯的 99 度定制服装公司（99 Degrees Custom）之后，我对这个问题的解决方法也了如指掌了。后面的章节中我们还要再来讨论劳伦斯。它是 1912 年"面包与玫瑰"（Bread and Rose）罢工的发生地，当时数千名纺织工人——其中大多数是女性移民——为提高工资发起了为期两个月的运动，并战胜一切困难，赢得了这场斗争。99 度公司位于历史上磨坊厂的所在地，这并非偶然，当年的罢工就是从那里开始的。2014 年，自称"社会企业家"的布伦纳·南·施耐德（Brenna Nan Schneider）创立了该公司。她的家族企业位于宾夕法尼亚州的波科诺山区，主营制造和设计业务，她曾在那里小试牛刀。读大学时她是名优等生，曾入选校网球队、在学生会任职、参加校级戏剧表演、志愿参加学校年鉴编写和返校委员会的工作，她还和别人共同创办了一家援助困难儿童的非营利组织。她原打算从事公共服务事业，但大学毕业后，为了重返商界，她决定去读工商管理硕士。她创建了 99 度公司，希望把它作为一座桥梁，连接该市苦苦挣扎的劳动力和先进制造业提供的机遇。她告诉我："我想象的是一个包容性创新的未来。"

正如其名字所暗示的那样，99 度是一家"大规模定制"的公司，它可以满足大型服装品牌的特殊订单，其中一些品牌采用了新颖的设计，比如用内置传感器来监测体温、心率和跑步节奏的"智能"跑步紧身衣。公司的 50 名员工以移民为主，在我去访的那一天，他们之中的大多数都在工作台忙着各种复杂任务，包括打样、裁剪和缝纫各种定制的服装——运动短裤、T 恤、跑步衣、暖手器和其他东西，这里面既有军用产品，也有为西榆（West Elm）和耐克等公司定制的产品。他们禁止我拍摄服装样品和制造过程中使用的高科技设备。我目睹女裁缝们和机器操作员灵巧熟练的动作，有人告诉我他们有几十年的工作经验，有些人甚至曾和著名设计师合作过，这丝毫不令我惊讶。令我惊讶的是他们的工资。

施耐德摇摇头："时薪 12 美元，加上福利，我能给出这个待遇已经很好了。我也不容易。对我来说，最大的动力就是推动行业发展。相信我，我没多少盈利，只能勉强保本。我们的操作工是资本密集型世界中的手工劳动者，通常都是高技术、低工资。越南也能生产一些质量非常高的服装，我们的竞争对手还包括缅甸、孟加拉国、墨西哥等国。大多数消费者不愿意为美国制造支付更多的钱，至少，我们的售价不能高出一大截。我们必须在全球市场上竞争，这就意味着，有些美国家庭只能生活在贫困中，他们只能接受那些让自己继续贫困下去的工作。"

施耐德继续说："如何改变这种状况？我们正在投资提升自己的员工，打造一支为未来做好准备的劳动力队伍。我们运用机器，将员工从重复性的低技能工作当中解放出来，让他们专注于质量和创新。我们按需生产，这样公司就没有库存压力，也可以对越来越多寻求个性化表达的消费者做出更积极的反应。我们正在加强技术，以便每个员工都能在更短的时间内完成更多的工作。"我指出，随着时间的推移，这也会导致更少的工作机会，施耐德表示同意。但是，她补充说，剩下的都将是好工作，而且，如果美国人更愿意努力工作而非满足于消费，那么这样的好工作将会更多。她告诉我，"将最好的技术与最好的员工结合起来，这是我们面临的挑战，也是我们的机遇。也就是说，为我们的员工赋能，让他们像企业家和工程师那样独立思考，并为此奖赏他们。我相信，不仅是劳伦斯，世界上其他城市的职场未来都将如此。建立并支持这样的未来是我们的责任。"

第九章

凝望千哩之外

> 他（穷人的儿子）终其一生都在追求富人那种优雅而又刻意的宁静，然而这是他永远无法抵达的境界，为此他失去了真正的安宁……正是这样的骗术激发并维持着人类的辛勤劳作，生生不息。
>
> ——亚当·斯密

亚当·穆尔卡（Adam Murka）回忆起当年听到坏消息的情景，不禁泪流满面。2009年夏天，他们被告知，通用汽车在俄亥俄州莫雷纳的装配厂将永久关闭。虽说工厂关门早已是耳熟能详的故事，但这次轮到他自己头上了。穆尔卡的家人，他的叔伯姨婶和继父，以前都在那家工厂工作。那些非通用汽车员工的亲戚，则很可能在街那头的德尔福（Delphi）上班，为通用汽车制造零部件。亚当说，小时候他和小伙伴们经常去通用的装配厂，有时候是学校组织参观，有时候是自己去玩。他们成群结队地到处晃荡，直到大人下班，穿过一道又一道的厂门，把孩子们一个个载回家吃晚饭。"这间工厂织就了我们社区的纹理，"他告诉我，"每个人都有亲友在那里工作。3000人的失业导致了所有人的痛苦。"

那之后的几年，我和亚当相识。28岁的他身着粗花呢夹克、系着领带，他的穿着和忧虑的表情让他看起来比实际年龄老得多。当我们接近厂区所在地莫雷纳时，他指出了一些地标性建筑的残余。厂区看上去像什么呢？称之为"鬼城"不太贴切。它更像一个幽灵地块，或者幽灵牧场。它占地达 410 万平方英尺，面积比 9 个足球场还要大。风滚草紧紧地贴在带刺的铁丝网上，我想象着厂区的广阔，它在烈日的炙烤下一直延伸到沙漠之中。那里空荡无人，甚至连保安都不见踪影。我们径直穿过未上锁的大门，停在一个装货码头附近，下车四处看看。

亚当指着一大片与地平线融为一体、铺着沥青的空地，告诉我说："那是员工停车场。几年前，那地方停满了卡车和汽车，无边无际的车。假如见到一辆外国车我给你一角，见到一辆美国车你给我五分，那你很快就会破产。"

那时候，亚当开的是雪佛兰开拓者，但他现在开的是本田思域。并非他反感美国制造的汽车，但他如今再也不能确定，"美国制造"到底是什么意思。反正肯定不是在莫雷纳造的。他说，工厂关闭时，有废品商来拆除这些建筑，打算把它们一吨一吨地卖掉，遭遇了本地人的抱团阻拦。他们设法吓跑了废品商，但胜利的果实令人心酸。里面的值钱家当全被搬走，这些建筑就像空壳一样矗立着，仿佛提醒人们，在俄亥俄州的这个角落，往日工会庇佑的好工作已经随风而散。

通用关闭莫雷纳的装配厂导致 2170 名小时工丢了饭碗，但那只是个小数字。随后又有 10850 人失业，在莫雷纳及其周边地区，失业总人数高达 13020。接下来，就像多米诺骨牌一样，通用汽车供应链中的工作岗位也在不断减少：DMAX[1] 裁员 645 人；詹姆斯敦工业公司（Jamestown Industries）裁员 80 人；江森自控（Johnson Controls）裁员 130 人；俄亥俄州 PMG[2] 裁员 70 人；Plastech[3] 裁员 88 人；德尔福工厂裁员 2120 人；Tenneco[4] 裁员 118 人；为汽车工业提供黏合剂、密封剂、涂层和应用设备的供应商 EFTEC 则解雇了 83 名工人。几乎一夜

1　DMAX：通用和五十铃的合资公司。——译者注
2　PMG：汽车发动机零部件供应商。——译者注
3　Plastech：汽车内饰供应商。——译者注
4　Tenneco：主营汽车排气系统和减震器的配套供应商。——译者注

之间，由于通用汽车一家装配厂的关闭，33024 个工作岗位消失了。

通用在莫雷纳制造的是卡车和 SUV，包括雪佛兰开拓者、通用使节（GMC Envoy）、特使德纳利（Envoy Denali）、五十铃 Ascender，以及有史以来最昂贵的萨博汽车 9-7X。该厂因其忠诚而自豪的员工获得过 11 项国家质量和效能奖。许多员工刚刚高中毕业就进厂工作，而且大多数人都打算一辈子干下去，直到孙辈做好接班准备。圣诞节的前两天，最后一辆卡车从装配线下来的时候，工人们列队跟在后面，就像新奥尔良葬礼上跟着棺木的哀悼者们一般。他们流着泪相互拥抱，然后最后一次走出车间，来到积雪融化的停车场，钻进当初拿公司补贴买的美国制造汽车，开往……谁他妈的知道开往哪里？

亚当问道："你知道真正的沮丧是什么样子吗？不是低头看脚下，而是望向千哩之外。这里的人都有那种茫然的眼神。感觉像是家人死了，但不只是你的家人，而是每个人的家人。"亚当说这些话的时候，我想到了马林塔尔，那里的人步伐缓慢，仿佛时间对他们已无意义。我问亚当的看法，他点了点头。"时间，对的，很多人都觉得时间太多了。"

像本书早些时候提到的艾米·科特曼一样，亚当也生于代顿，在这里长大；也和艾米一样，亚当曾在这里满怀希望地生活和工作。他带我穿过历史悠久的俄勒冈区，那里有一些精品店、高档咖啡店和小酒馆。一面砖墙的壁画上写着"代顿鼓舞人心"。我们开车来的路上经过了代顿大学（亚当的母校）、赖特大学和赖特-帕特森空军基地。但当我们停下看着莫雷纳周边，这一切离我们似乎都很遥远。

通用汽车曾是俄亥俄州最大的雇主，提供了 26000 份工作。今天，美国没有一家单纯的制造商能达到如此规模。代顿市的经济已经实现现代化、多样化，有公司，也有基金会和大学。亚当说，吸引新的商业模式是城市蜕变的关键，而他正努力为此做出贡献。

亚当在华盛顿实习时，曾担任过共和党众议员迈克·特纳的首席新闻发言人。但他发现政治令人沮丧，于是回到了代顿，在辛克莱社区学院当上了传播主管。他认为这将是一个更明显的机会,更有助于预见和塑造未来。

对数以百万计的美国人来说,社区大学的确提供了一条生命线。他们希望借此培养并磨炼技能,从而开始职业生涯。数年前,奥巴马总统称赞社区学院是实现2020年全国大学毕业生达到500万的关键。辛克莱社区学院拥有40000多名学生,堪称这场战役的前沿阵地。

学院规模惊人:每两个蒙哥马利县居民就有一个曾在此就读,其中许多人已经拿到了证书或学位。在一场令人难忘的毕业典礼即将结束之际,一位应届毕业生从座位上站起身来大声宣布,为了获得这个副学士学位,他花了32年。台下欢声雷动。这事发生在2012年,俄亥俄州的崛起时代。彼时,穆迪投资者服务公司(Moody's Investors Service)已将该州的前景从负面提升至稳定。有人预测,当时该州已高于全国平均水平的就业率还将继续攀升。现在,并非所有人都相信该州的30万个制造业工作岗位还会回来,但还是有许多人对辛克莱学院寄予厚望,期待学院能帮助他们充分利用任何新机会。

面对挑战,辛克莱的准备不可谓不充分。校园的设计宗旨就是为了确保高交通流量、低维护成本,里面矗立着20栋野兽派风格的混凝土建筑。地面上有封闭高架桥和人行道,地下有隧道,以实现建筑物之间的连接。这些建筑的设计师爱德华·斯通(Edward Stone)最为著名的作品是肯尼迪表演艺术中心,它被比作"一个华丽的糖果盒""一头被冲上岸的大白鲸"。相比之下,辛克莱学院的建筑如同一个低安保的高级监狱,只是它们的大门可以双向通行。

课程设置方面,你认为社区学院会提供的这里都有,比如营养学、应急反应、刑事司法、酒店管理和护理等课程。但也有些课程可能在你意料之外,比如"无人驾驶航空系统导论"。和许多社区大学一样,辛克莱也非常确信,无人机的设计和操作发展潜力巨大,不仅在军队中有很大需求,将来它还会广泛地应用于民用领域,如环境监测、灾害(火灾和洪水)应对,以及农业和科学研究。亚当带我去了辛克莱无人机实验室,递给我一架最近购买的无人机。这是一架乌黑色的机器,大小(不是形状)如同咖啡桌,拿在手里很轻,其外观和手感跟玩具差不多。辛克莱在无人机操作的各个方面都投入了巨资,而且该学院的无人机已获得联邦政府批准,可以在附近斯普林菲尔德的机场飞行。亚当告诉我:"每架飞在空中的无人机都需要一打地面分析师来处理数据,这将带来很多岗位。"虽然没有通用和德尔福的岗位那么多,但毕竟是个良好的开端。

那天晚餐时,亚当把我介绍给了史蒂文·约翰逊(Steven Johnson),辛克莱学院2003年以来的校长兼首席执行官。约翰逊来晚了,他挥手让侍者拿走菜单,说之前已在学生活动上狼吞虎咽地吃了3块比萨饼。约翰逊大约六英尺七英寸[1]高,留着黑白夹杂的短须,说话温和而热情。他曾被《代顿商业杂志》评为"十年最佳领导"之一,过去是——而且很可能目前还是——该县薪酬最高的政府雇员。和他相处的几个小时之后,我很清楚他是实至名归。

约翰逊首先向我简单介绍了学院历史。他指出,辛克莱学院成立于1887年,当时的服务对象就是他祖父那样的人。约翰逊的祖父是一位农民,二战前几年刚从挪威移民到美国。"这里有来自欧洲各地的人,他们说不好英语,急需学习。移民们首先要让自己美国化,才能被雇用从事那些工业时代的岗位。"(约翰逊说的"美国化",是指一些基本的工作能力,如准时上班、按部就班地干活、不惹麻烦。)在学院的初创时期,代顿市基督教青年会的两个房间就能坐下所有学生,共55名男子。他们白天挖沟渠或种地,一天的活计结束后,聚集在一起学习簿记和机械制图。这一时期拍摄的照片上,穿着深色西装的不同年龄的男人们,站在一个挂满美国国旗、没有窗户的房间里,呆呆地盯着镜头。1948年,为了纪念已故的基督教青年会秘书大卫·A. 辛克莱,当时的"基督教青年会学院"改名为"辛克莱学院"。

---

1 约2米。——编者注

1/4 个世纪后,这所大学搬到了它如今的所在地,一个位于代顿市中心西边、占地 65 英亩的地块,距离州际公路只有几分钟路程。这里的主要特征就是方便、停车位充足。

约翰逊说:"对许多人来说,读大学是少数几个一生仅此一次的事情之一。18 岁入学,待到 22 岁,然后再也不会回去。但这种模式并不适用于所有人。辛克莱就是一个你可以在一生中再三回来的地方,在这里你可以重新接受培训,更新自己的知识和技能。"

辛克莱的不同寻常之处在于,它的主要策略是把学生培养成诱饵,也就是说,让他们为将来的工作做好准备,成为训练有素的劳动力,以此把雇主吸引到大代顿区。这里的逻辑不是"筑巢引凤",而是"养凤引巢"。我还访谈了时任辛克莱工作场所开发和企业服务高级副总裁的德布·诺里斯(Deb Norris),她是一位拥有数十年企业经验的 MBA。(后来,她离开辛克莱创办了自己的咨询公司,专注于无人机行业。)诺里斯与代顿市代表们合作,直接向卡特彼勒(Caterpillar)、WilmerHale、Payless 及其他希望扩张或转移业务的公司抛出橄榄枝。晚餐时她告诉我:"制造业就业增长的可能性很大,但这不会发生在生产线上的长期标准化产品中。你必须了解工作的性质及其变化。通用汽车工人的技术要求不高,但时薪高达 40 美元。如今这种情况不会再有。员工需要灵活、敏捷,对创新持开放精神。并非高中毕业就能直接胜任先进制造业的工作。"

"先进制造业"这个词在政治家、经济学家和商业领袖中使用得非常普遍,以至于人们很容易以为它的意义对于每个人都一样。事实上并非如此,这个词的意义是相对的,它是指相对于旧制造方式而言的新的制造方式及相关的技术和技能。金融危机之后,辛克莱的入学人数激增,工厂和 IT 业的员工都渴望重新培训,每个人都希望以此在先进制造业中获得新的机遇。辛克莱机械加工项目的经理达里尔·科尔努特(Daryl Curnutte)已经为他们做好了准备。他告诉我:"我自始至终都对学生说,做一份任何人都能做的工作,就别指望拿高薪。"据科尔努特说，工作机会很多，"但所需的技能相当专业"。我问他这是什么意思，他便邀请我去他的一个班级亲眼看看。

我走了过去，看见 15 个学生，其中大部分是男生，正埋头做他们的毕业设计：一个测量装置，要求他们加工并组装大约 12 个不同的部件。这是一项精确、艰苦、需要高技能的工作。我们在房间里走来走去地看，科尔努特告诉我："大约 90% 的人在进辛克莱之前从未做过这种事，我们慢慢地、从无到有地打造出来。"他指的是打造学生，而不是测量仪。我问科尔努特，学生接受这样的培训是为了将来从事什么工作，科尔努特列出了 3 个选项：操作员、程序员、工具和模具制造工。操作员负责装卸制造零件的铣床，并对最终产品进行质量控制。程序员编写指挥铣床的计算机代码。（科尔努特补充道，由于新的铣床很容易编程，甚至操作员也可以做，所以对程序员的需求正在下降。）制造工具和模具的工人则手工加工医疗、航空和其他高度专业化工业中使用的非标准高精度零件。科尔努特本人就以工具和模具制造作为副业，他估计，只有不到 20% 的学生最终能达到他的水平。他说："工具和模具制造是最难的，这些学生中的大多数都不会登顶。"

2017 年在俄亥俄州，一名熟练的工具和模具工平均时薪为 23.81 美元，年薪将近 5 万美元，比全国平均年薪 46119.78 美元略高，与年薪中位数 29930.13 美元相比则高出一大截。为了了解获得这个高于平均水平的工资需要什么，我查看了招聘广告。以下是佐治亚州一家公司公布的工具和模具制造工的最低要求，该公司的招聘门槛是至少有 5 年的学徒后工作经验。佐治亚州的工资标准一般低于俄亥俄州，这份工作的年薪是 4 万美元。

工作职责：

・分享知识，协助培训其他员工，教给他们正确的方法和技巧。

・在质量、成本和送货等方面达到甚至超过客户预期，并实现运

154 工 作

- 与工具工程师合作，利用图纸，必要时就设计变更和改进提出建议。
- 制造、维修和维护所有模具、夹具及其他工具，以保证设备正常运行。
- 设计和制造工具。
- 协助工具的预防性保养。
- 根据需要进行项目工作。
- 按照标准进行工作；建议并记录标准的改进。
- 参与有利于组织成功的各项活动。

工作条件：

- 温度和湿度随季节变化。
- 灰尘、烟雾和噪音很常见。
- 在维修或清洁工作中接触化学品。
- 每班 12 小时，必要时每班的起始时间和工作时长会有调整。

身体条件：

- 每天 12 小时在混凝土地面上连续站立和／或走动。
- 连续搬起最多 50 磅[1]重的物件，并托举至最高 10 英尺的高度。
- 经常使用手、手臂、腿和／或背部，推拉最多重 25 磅的物件。
- 长时间使用腹部和下背部肌肉支撑身体的一部分而不会疲劳。
- 连续移动手、手和手臂或双手，借助机器来抓取或加工原料。
- 持续协调四肢动作（例如，协调双臂、双腿或一条腿和一只手臂）。
- 持续重复使用手腕、手、臂和腿，包括弯曲、托举和抓握。
- 腰部、背部、臀部和膝盖的连续运动，包括弯曲、下跪、下蹲

---

[1] 1 磅≈0.45 千克。——编者注

和扭转。

·经常够取或提起最高达 15 磅的重物至肩膀及以上高度。

也许,科尔努特的学生能够应付重复性强体力劳动的可能性比较大,但并不是所有学生看起来都有此能力。有几人是莫雷纳的通用汽车装配厂的下岗工人,几年来一直没有工作。他们当中,有些人的子女已经到了从事工具和模具制造的年龄。一位即将毕业的前通用员工告诉我,他已经找到了一份初级机械师工作。他说,这个职位的起薪远低于他的期望,每小时仅 10 美元,还不到他原来工资的 1/4。有人告诉他,工资可能会随着时间的推移而增加,但他并不觉得这有多鼓舞人心。他告诉我:"我都 46 岁了,等不起了。"

改造前工厂工人、建筑工人和其他因自动化而被贬值的工人,这种理念并非出于一党之私,两党人士似乎都赞成这一点。2017 年,弗吉尼亚州共和党众议员戴夫·布拉特对众议院小企业委员会表示:"许多企业都在努力寻找合格的员工。有太多的商界领袖一再对我说,他们找不到合格的熟练劳动力来填补空缺。"2016 年,希拉里·克林顿在宾夕法尼亚州哈特菲尔德的竞选活动中,会见了玩具制造家族企业 K'NEX(科乐思)的所有者,她提到美国当时存在"超过 100 万个"空缺职位,只因劳动力缺乏技能而没有得到填补。

布拉特议员或克林顿国务卿的信息从何而来还不清楚,因为目前对于美国的就业机会并无可靠的数量统计。相反,正如我们所看到的,雇主那头倒是提供了一些关于职位空缺的说法。例如,苹果公司的首席执行官蒂姆·库克又一次解释了,为什么苹果别无选择,只能在海外生产:"随着时间的推移,美国不再拥有足够多的职业技能。我的意思是,美国所有的工具和模具制造工聚在一起,我们现在坐着的这间屋子就能装得下。但在中国,这类工人能站满许多个足球场。"

库克所在的屋子一定很宽敞,因为根据劳工统计局的统计,在他演讲时,美国有将近 50 万个工具和模具制造工。实际上短缺的是这一行的岗位。自 1998 年以来，40% 的工具和模具公司倒闭，该领域的就业人数减少了一半以上，这部分是因为苹果等公司的外包，另一个原因是自动化。正如威斯康星州的一家公司在其宣传资料中承诺的："我们的模具部门实行 24 小时工作制，夜间关灯后机器继续运行，以确保按时交货。"而工人无论多么熟练，也没几个能在一片漆黑中工作。

社区学院坦然承认，其目标是培养能做工的学生，而非让他们将来从事思想性的工作。对一些人来说，这似乎很管用。快速浏览一下几乎所有社区学院的网站，你会看到，这样的教育经历改变甚至拯救了很多毕业生的生活。这些都是真实的例子。众所周知，社区学院是通往令人满意的工作生活的垫脚石。我们当中就有这样的人。但对于所有上社区学院的人，这些成功故事只是例外而非常态。

理论上，社区学院的毕业生似乎能挣到更多的钱：最新数据显示，25—34 岁高中毕业的全日制工人的收入中位数为 30000 美元，而社区学院毕业生的收入中位数为 34970 美元。但这里有一个漏洞，或者说，两个漏洞：第一，6 年内毕业的学生只占社区学院学生的不到 40%，1/4 的学生在一学期后就辍学了；第二，在最近的数据中，只有 66% 的社区学院毕业生是全职工作的，这意味着如果算上非全日制工作的毕业生，毕业生的总体收入中位数要低得多。更为复杂的是，即使是这样算下来的收入差额也是被扭曲了的。社区学院毕业生的平均年龄比高中毕业生大，还有一些特殊专业的毕业生，比如从消防科学或刑事司法等专业毕业的，这些毕业生很可能从事公共服务工作，收入较高，且有工会保障。（根据最新数据，消防员的平均工资为 46870 美元，警察的平均工资为 60270 美元。）这里也产生了比尔·盖茨效应：公务员的高收入扭曲了平均工资。

有些学生就读社区学院是为了获得特定证书（如护理助理认证）、掌握特定技能（如烹饪）或将来进入四年制本科，对于这类学生，社区学院可能非常有帮助，对于达成上述目的，读社区学院是行之有效的途径。但是对于上一章提到的苏珊这样的人，读社区学院的成本——两年少拿甚至不拿工资，交通费、书本费、请人带孩子的费用，以及其他花销——可能会使他们失去收支平衡，最后只能中途辍学，非但拿不到证书，反而背了一身债，而且再也没有找到好工作的希望。

对此史蒂文·约翰逊心知肚明，但并不因此而泄气。他说："我们不是莎拉·劳伦斯，也不是卫斯理[1]。我们的努力，是为了帮助那些在经济、学术和社会支持方面处于弱势的人们，让他们获得自力更生的能力。你听说过'刚刚好的'制造吗？我们做的是'刚刚好的'教育。"

约翰逊这么说是出于好意，但这种说法的问题在于，制造业和教育几乎没有任何可比性。无论个人倾向或能力如何，很少有人能付出时间和/或资源，定期回到大学"调整"自己的技能。即便少数人真可以做到，也没有哪所大学，哪怕是辛克莱，其教学设计能够满足"刚刚好的"的就业市场需求。

我在辛克莱遇到几个"模范学生"，来自弗吉尼亚州里士满的特雷斯·库里（Trace Curry）是其中之一。如果说无人机系统认证是辛克莱的皇冠专业，23岁的库里就是皇冠上的一颗明珠。几年前，美国无人机系统协会曾预测，到2025年，俄亥俄州将产生2700个与无人机相关的新工作岗位，而在全国范围内这样的新岗位将达10万之多。几乎是在一夜之间，辛克莱大手笔地为无人机培训投入了数百万美元。在《时代》杂志和彭博科技等媒体对辛克莱充满溢美之词的报道中，特雷斯·库里是其中熠熠生辉的典型。然而，在库里毕业后，我有一次给他打电话，获知他的岗位是在一家室内停车场做管理员。他说他的远期目标是成为美国航空航天局（NASA）的雇员，但目前，他只求能在运输安全管理局找到一份行李安检的工作。

---

1 Sarah Lawrence、Wellesley，二者都是私立文理学院，实行精英教育。——译者注

他对我说：" 我特别想进 NASA，但运输安全管理局的工作稳定可靠，而这正是我现在需要的。而且，无人机的技术更新非常之快，可雇主并不会愿意把我再送回学校深造。……我觉得我的技术已经过时了。" 他可能是对的。在 2018 年初，仅北达科他大学就有 200 名学生修习了无人机学位课程，但到目前为止，无从得知这些毕业生是否已经找到工作，如果找到了，又是什么样的工作。可以肯定的是，这些工作的竞争将是白热化的。相关数据在 2016 年夏天得到首次公布，那时有超过 13700 人蜂拥而至，参加按照国家新规进行的商用无人机许可证考试。截至 2017 年秋季，大约有 6 万人获得了远程飞行员证书，这意味着他们都有资格驾驶商用无人机。尽管业内人士声称，对这类人才的需求非常旺盛，但无人机飞行员的平均工资已在 3 万美元左右停滞不前。根据一家领先的无人机行业网站的分析，低工资的原因是 " 会操纵无人机的人太多了 "。

数代美国人都很赞同各种职业培训项目，无论它们发生在社区学院之内，还是之外。1962 年，为了应对 " 商品生产行业 " 下降 3.5% 的情况，肯尼迪总统签署了《人力发展和培训法案》，旨在帮助因自动化而失去工作的工人。其后，又颁布了一系列的同类法案，直至 20 世纪 80 年代初颁布的《职业培训伙伴关系法》（Job Training Partnership Act）[1]。在一个放松管制、削减扶贫投入的时代，就业培训和再培训在政治家中得到了广泛支持。他们认为，对穷人而言，培训不是授之以 " 鱼 "，而是授之以 " 渔 "。他们相信，失业和就业不足并非因为好工作短缺的系统故障，而是因为个人未能跟上市场不断变化的需求。

但这些观点严重缺乏证据支持。1993 年，劳工部发布的一项研究得出结论，在其他人口统计特征相似的低收入青年中，JTPA 项目毕业生的收入实际上比从未参加该项目的群体低 10%。2012 年发布的一

---

[1] 下文简称 JTPA。——译者注

项研究比较了未接受特殊培训的求职者和接受过培训的求职者，发现他们的就业历史相似，但后者的收入略低。如果工作培训真的造成什么区别的话，它似乎并没有提升个人的就业前景，反而对其造成了限制。它带来的最为严重的问题之一就是，如果太多人接受了某个特定工种的培训，当他们大量涌入就业市场时，该工种的工资就会下降。

辛克莱学院对无人机操作的培训项目信心满满。但是，代顿大学的经济学专家理查德·斯托克（Richard Stock）告诉我，"没有人认真相信"无人机会激发代顿地区的大量就业需求，相反，这种设想只是为了鼓舞人心，而不是基于证据。"别误会我的意思，辛克莱确实是个模范学院，但即便模范学院也无法搞清楚就业需求到底如何。辛克莱及其他学院发起了许多培训项目，但这些项目针对的都是些特别小的产业。"尽管在某些行业、在一定的工资水平上，存在并将始终存在周期性的劳动力短缺，但如果我们试图将公共资源投入到什么"刚刚好的"培训中，这种尝试充其量不过是一场赌博。

2016 年秋，莫雷纳的工厂大张旗鼓地重新开张了。各种媒体的报道将这块占地 116 英亩的厂区描述为"一个范本""工业复兴的象征"。数百人参加了剪彩活动，包括汽车行业的知名人士、美国参议员和众议员，以及副州长玛丽·泰勒。看上去，代顿又回到了制造业。然而，这次盛会的发起者不是通用汽车，也不是别的美国公司，而是来自中国的福耀玻璃工业集团股份有限公司，它是世界领先的汽车玻璃生产商。莫雷纳的工厂是福耀在美业务的核心，计划每年在这里制造 400 万块挡风玻璃，大约占每年美国制造或进口的挡风玻璃的 30%。

福耀创始人兼董事长曹德旺表示，他"正在美国投资"，希望重振俄亥俄州乃至美国的汽车工业。曹德旺在开幕式上宣布："今天在莫雷纳举行的盛大开幕式是福耀与合作伙伴事业的高潮，具有里程碑式的意义。俄亥俄州位于美国汽车工业带的中心，我们为自己在这里的所作所为感到自豪。我们高度致力于支持北美汽车市场的增长。福耀中国目前供应约 70% 的中国汽车玻璃市场，我们相信，通过与代工伙伴的密切合作，我们将在北美复制这一成功。"

中国"文化大革命"期间，曹德旺在极度贫困的环境中成长。他是一位白手起家的亿万富翁，对繁文缛节和规章制度没什么耐心。他用两年半的时间对通用汽车装配厂进行了翻修，这是福耀在美国最大的单笔投资。俄亥俄州的回报是该州历史上最大的一项激励计划。俄亥俄州之所以如此示好，是因为曹德旺承诺了 2500 甚至 3000 个好工作。州府要求辛克莱社区学院以合作伙伴的身份帮助招募合格的应聘者。史蒂文·约翰逊承诺，举办尽可能多的校园招聘活动来填补这些岗位空缺。以促进俄亥俄州就业增长和经济发展为目标的非营利性公司 JobsOhio 也卷起了袖子，打算大干一场。像全国许多苦苦挣扎的城市一样，代顿为解决就业问题不惜任何代价。

简·多克里（Jane Dockery）是代顿莱特州立大学应用政策研究所的副所长，主要研究区域经济发展。她告诉我："我们对曾经的通用汽车工人进行了一项两年多的跟踪研究，结果不妙。有些人在'老乡村店'[1]之类的零售店工作，还有很多人根本就没有工作。失业人数并不能说明实际发生的事情，比如那些领最低工资或是没有全职工作的人，还有那些已经自暴自弃的人，他们的境遇究竟如何？我们知道这样的人很多，他们需要更好的东西。"

人们以为福耀会是更好的选择，但是，为福耀招揽人才的工作并没有像预期的那样顺利。辛克莱学院和 JobsOhio 先期处理了 3299 份生产助理职位的申请，在我看来，这个头衔只是对"普通工人"的一种委婉说法。在这 3299 位申请人中，有 65 人因为不愿意在晚上和周末工作而被拒，另有 9 人被拒是因为没有高中或同等学力文凭。还有

---

[1] Cracker Barrel，全称为 Cracker Barrel Old Country Store, Inc.。——译者注

多达 482 名的申请者——全部都是高中毕业生，还有不少是辛克莱毕业生——因为没有通过 8 年级数学考试而被拒。对于大多数被拒绝的候选人来说，阻碍他们的显然不是缺乏技能，而是缺乏基本知识。

JobsOhio 火速行动，安排补习班和辅导老师，但这些申请人是否还会有第二次机会并不确定。最终有 1209 名申请人入围面试，这其中的 205 人由位于辛辛那提的劳务公司 Staffmark 签订为期 90 天的临时合约。多克里说，通过 3 个月试用期的人就可以申请长期工作，他们的工资是每小时 12.60 美元，比该地区生产工作的普遍工资低大约 2.65 美元。

截至 2017 年春，福耀代顿公司据说拥有 2000 名员工，是俄亥俄州最大的中资制造企业。目前还不清楚这些雇员中有多少是美国人，不过公司的招聘广告多少能说明问题："工作场所的常用语言是英语和汉语。"一位曾担任经理职位的人提起过诉讼，声称他被解雇的部分原因在于，他不是中国人。普通员工抱怨说，中国管理层对培训和分担责任兴趣不大，他们甚至都不怎么与美国员工互动。管理层则抱怨美国员工不够努力、磨洋工。2017 年秋季，福耀公司因严重违反安全规定而被职业安全与健康管理局处以罚款。美国汽车工人联合会也曾向该公司发起愤怒的一击：根据他们提交给美国劳工部的一份文件，福耀曾向一家位于俄克拉荷马州的专门指导"规避工会"的咨询公司支付了 747410 美元。对此，俄亥俄州众议院的民主党领导人弗雷泽·史特拉洪在一次午餐会上做了总结。他说，福耀的雇用政策"有点像劫持人质"。

当然，辛克莱社区学院并没有在这种"劫持人质"中扮演任何角色，学院的本意也不是培养学生去做不好的或根本不存在的工作。相反，辛克莱仍然是一个模范机构：它与社区融为一体、价格公道，并会对学生的个人需求做出反应。然而，辛克莱是全国最好的社区大学之一的这个事实恰恰说明了问题的严重性：根据所谓"行业要求"来调整教学是很危险的。

多克里说："如果我以前是通用汽车的生产员工,而现在只能被玻璃厂聘用,我想我会干脆放弃。我们的本地雇主是在全球市场上竞争,我们则努力为他们培训员工,以使其能够胜任雇主提供的任何岗位。不管喜欢与否,雇主希望我们助力的,是让人们在最低标准的水平上竞争。社区学院将自己视为经济发展的一支力量,认为应该通过培训,为各种工作'备好'人才。但究竟是为什么样的工作?固然,更好的、薪水更高的工作是存在的,但据我所知,它们的数量少之又少。在全球经济中,有太多压力挑战我们的底线,即便经济有所改善,我们也没有找到出路,至少在俄亥俄州没有。我不确定是否应该为那些现在不存在,或者将来不存在的工作'培训'人们。事实上,我甚至不确定社区学院是否应该从事职业培训。也许社区大学应该做的是实现高等教育的初衷——鼓励批判性思维和培养终身学习的能力。你知道,我们不能预知未来,但我们可以帮助人们做好准备,去塑造未来。"

第十章

当鬼怪抓住你

> 我们的学生训练有素，他们能看出在什么地方，工作从好事变成了坏事。
>
> ——莱尔·罗洛夫斯

笔者早些时候介绍过肯塔基州布罗德黑德的一对夫妇，鲍比·雷纳和塔米·雷纳，他们有个儿子叫罗伯特·雷纳。你可能还记得，鲍比·雷纳在一家美国玻璃厂工作。彼时鲍比49岁，他不确定自己的好运还能持续多久；他患有背痛，不知道是否能一直在厂里保持现有的干活速度；另外，他还担心有一天工厂会搬到墨西哥。"我对自己的健康毫无把握，在工厂打工，只能听天由命。"他说，"我希望儿子罗伯特能有更多的选择。"

罗伯特那时20岁，学机械工程。他举止从容，说话得体，对父母和老师都赞誉有加。说到在罗克卡斯尔县高中的成长岁月，他的评价也是正面的。在那里读书时，他喜欢研究汽车动力技术和英国文学。有一个面向第一代大学预科生、培养科学和数学人才的"继续升学计划"（Upward Bound），在和它签约后，罗伯特对科学和数学也产生了兴趣。

继续升学计划安排罗伯特去伯里亚学院访学。他的两个姐姐都曾就读于此，其中一个获得了护理学位。对于罗伯特来说，伯里亚提供的机会足够好，于是在整个高中期间，他每年夏天都花6个星期为申请做准备。他学习了数学和科学课程，定期会见导师，并与同学们一起实地考察亚特兰大的埃默里大学和华盛顿特区大屠杀博物馆等地。高中毕业后，伯里亚兑现了诺言，罗伯特得以免费入学。

罗伯特很幸运，但不是你想象的那种幸运。伯里亚学院的所有学生都免学费或者只交很少学费，因为大家都和罗伯特一样付不起。即便外国留学生的背景也不富裕，他们来自阿富汗、土耳其、越南，以及夹在罗马尼亚和乌克兰之间的小国摩尔多瓦。我在伯里亚还遇见了一个乌克兰学生，她主修计算机科学，而她在美国历史和政治方面的造诣也是非常炫目。事实上，我在伯里亚遇到的所有学生都很厉害。虽然没有多少人像罗伯特那样已有清晰的职业前景，但看上去他们都知道自己的长处，也知道如何最好地运用这些长处来成就自己。

伯里亚学院一直都与众不同。它由废奴主义者于1855年建立，历史悠久。它因向少数民族、妇女和穷人敞开大门而享有盛名。它拥有大约1600名学生，是工作学院联盟（Work Colleges Consortium）规模最大的成员。该联盟由8所文理学院组成，其中7所位于南部。这些学院的办学宗旨都是为了促进工作、学习和服务的流动性整合。从会计到餐饮服务，再到向同学们提供辅导和咨询，校园里的许多工作都由学生自己完成。我下榻的布恩酒馆酒店（Boone Tavern Hotel）就是由伯里亚学生管理的。他们还管理着一家农场，我早餐在酒店吃的鸡蛋就来自那家农场。伯里亚的学生通过工作来磨炼技能，他们的劳动也降低了运营成本。不过成本的降低并不太显著，因为要给这些学生支付报酬，而且需要委派教职员工给予他们精心指导。

伯里亚对学生的评分，不仅要看他们的学业表现，也要看其工作表现，两方面的失败都可能导致休学。劳动不是教育的辅助，它和教育不可分割，这意味着学生每天都要面对工作的目的和结果。伯里亚的校长莱尔·罗洛夫斯（Lyle Roelofs）告诉我："我们的学生训练有素，他们能看出在什么地方，工作从好事变成了坏事。"

2017年，《华盛顿月刊》连续第三年宣布伯里亚为全国"顶级文理学院"。这种荣誉引发了其他大学管理者的大量求教。来请教的人如此之多,以至于罗洛夫斯开玩笑说,他打算写一本书,题目就叫"哈佛如何成为北方的伯里亚"。罗洛夫斯是一名物理学家,也是伯里亚历史上第一位科学家出身的校长。和这所大学一样,他在很多方面都出人意料:身材高大,有贵族气质,腕上戴着运动手环。他说他爱好编织,最近一次作品是给刚出生的孙子织的一顶小帽子。罗洛夫斯出生于中西部,在来到伯里亚之前,他是科尔盖特大学的教务长。那是一所精英型的私立大学,位于纽约绿树成荫的汉密尔顿镇上。2017年,科尔盖特大学一年的学费、食宿和各种杂费的总和为近7万美元,而就读伯里亚一年的总费用仅为2500美元。

罗洛夫斯将科尔盖特这样的精英私立大学比作一种代代相传的遗传基因。他说:"我在科尔盖特工作了8年,我的学生们是科尔盖特大家族的第七代。在伯里亚则没有那种持久的关系……因为伯里亚在录取学生时,并不优先考虑成功毕业生的子女。"他又补充说,他目前的职位就是"终极奖励",他的意思是,他不再需要为金钱而调整办学模式。他对我说:"我们不必给予前5%的人以特权,因为我们并不依赖他们的支持。"伯里亚学院之所以能摆脱这种依赖,是因为它获得了大约12亿美元的捐赠,分摊到每个学生头上,人均获得捐赠将近70万美元。伯里亚已跻身全美20所获捐赠最多的学院和大学之列,但它的校友捐赠还不到总额的1/3。我问罗洛夫斯,他与之前的校长们是如何做到这一点的。他笑说,很多人都问过这个问题,他的回答已经成了条件反射:"捐助者对我们的使命深信不疑,所以他们乐意支持。我们是独一无二的,所以筹集资金相对容易。"

据我所知,这些捐助者中有一对非洲裔美国夫妇。他们50年前曾下榻布恩酒馆酒店,受到了热情周到的服务。第二天早上退房前,他们告诉酒店老板,如果他们有朝一日能赚到100万美元,就把钱捐给伯里亚学院。后来的故事大家都知道了。

伯里亚学生的家庭收入中位数为29000美元。和罗伯特一样,他们大多数都是家中第一代上四年制大学的孩子。通往伯里亚的求学之路往往非常崎岖。有几个学生和我分享了他们的故事,虽然并没有刻意寻求同情和怜悯,但他们依然忍不住落泪。罗洛夫斯告诉我:"来这里的学生是维系家庭团结的关键因素。爸爸可能已经去世,也可能在坐牢;兄弟姐妹吸毒成瘾;妈妈靠救济生活。唯一不一样的就是这个孩子,而我们要告诉那个孩子离开家人,加入我们。这不是每个孩子都能处理好的。"

罗洛夫斯告诉我,一个正在成长的大三学生自杀了。"在俄亥俄州南部的一个小教堂里,我参加了他的葬礼。在那里,我看到了农村贫困人口生活在一个多么不同的世界里,这令我震惊。他们根本就不会想到,那个自杀的年轻人生前可能需要帮助,包括心理治疗。对他们而言,这只是'上帝叫他回家',没什么大不了的。"

耶鲁毕业的律师 J. D. 万斯(J. D. Vance)在他的重磅著作《乡巴佬的挽歌》(*Hillbilly Elegy*)中,讲述了肯塔基州东部底层白人触目惊心的生活状态,包括犯罪、吸毒、虐待配偶和儿童。正如一位出生于阿巴拉契亚山区的观察家所言:"在特朗普的崛起过程中,(这本书)已经成为一块罗塞塔石碑,让蓝色美国[1]可以获得线索来解释地球上最神秘的物种:经济状况岌岌可危的白人选民。"同样在该地区长大的万斯特地写道,这些人"购买不需要的房子,再拿这些房子来申请抵押贷款,以获得更多的钱用于挥霍。之后他们就会申请破产,扔下满地垃圾的房子,拍屁股走人。节俭不利于我们的生存"。虽然万斯用了"我们"这个词来表示自己也曾是"那些人"的一员,但在我看来,《乡巴佬的挽歌》不是罗塞塔石碑,而是一面镜子,映照出许多人对于一种工人阶级文化的鄙视和担忧,这种文化呈现出越来越严重的权利缺失、功能失调,以及同情心和常识的付之阙如。不过,根据我在肯塔基州东部观察到的情况,这样的概括过于笼统,带有误导

---

[1] 红色与蓝色是指美国选举得票数分布的倾向,表示共和党和民主党在各州的势力:红色代表共和党,蓝色代表民主党。——译者注

性。比如，鲍比·雷纳就是一个例外。他是福音派基督徒，也是唐纳德·特朗普的支持者。他对政府持怀疑态度，对"福利骗局"不屑一顾。但是，在我们的谈话中，他对真正的穷人，尤其是那些因种种原因没能获得高中学位的人，表达了极大的同情。他赞同全民医保，也赞同一直延续到大学的、免费或带补贴的公共教育。（他家的房子非但不是"不需要的"，也没有"满地垃圾"，那是全家不可或缺的庇护所，里面住着他年迈的父母、妻子、女儿和一个可爱的孙女。）

如果阿巴拉契亚山区的居民与美国其他地区的工薪阶层真的受到了什么束缚的话，这种束缚不是来自他们的文化，而是一种社会经济体系。这一体系假定他们能够——甚至必须——依靠一个20世纪风格的工作来满足21世纪的物质、心理和精神需要。伯里亚学院认识到了这种逻辑的愚蠢，并努力试图超越它。不同于社区学院专注培养学生预测和满足（真实或虚假的）行业需求，伯里亚着眼长远，精心帮助毕业生应对波诡云谲的全球经济。这意味着，有一些像罗伯特这样的学生致力于成为一个现有机构的专业人士，而另外的许多学生则会努力建设一些全新的东西。

罗洛夫斯说："很明显，未来是不确定的，我们没有水晶球。但我们有一个基本的信念，即博雅教育是一种解放人的教育。我们的目标是教会学生思考并理解他人的想法。我们相信，无论他们今后从事什么工作，都能从这些知识中获益。"

自打建立定居点起，阿巴拉契亚山区就在入不敷出的边缘摇摆，尤其是肯塔基州东部，那里有着长久的贫穷和犯罪历史。破获冰毒实验室和毒品走私的消息常年见诸报端。（就在我访问的几个月后，一名伯里亚的药师被判洗钱，以及非法销售数十万粒处方药和数千盒伪麻黄碱。）正如一位观察家所说，20世纪初的阿巴拉契亚人变成了"被来自东部的资本家随意摆布的棋子"，这些资本家将青山变成秃岭，只为了更方便挖煤。煤被挖光后，那些企业一走了之，只留下光秃秃的土地，还有饱受污染和贫困折磨的本地人。

采矿文化在该地区影响深远。当地人头戴安全帽，在集会上挥舞着"特朗普挖煤"[1]的标语。肯塔基州大约70%的电力来自煤炭（不久以前还是90%），与其他许多州不同，肯塔基州没有硬性规定减少煤炭的使用。煤炭几乎成为该州的经济支柱，为其提供了全国最便宜的能源。但在特朗普当选后不久，人们就清楚地认识到，降低环保要求及其他放松监管的措施对就业的影响不大：2017年，全国煤矿工人只有不到5万人，远低于1980年25万多人的峰值。而在肯塔基州，2017年仅存不到7000名矿工。

罗洛夫斯认为，煤矿的衰落给阿巴拉契亚山区提供了"大好机会"，促使其在农业、林业、可再生能源——如水电、风能和太阳能等——可持续产业进行创新。采矿作业自动化之后，不再需要那么多工人，但可再生能源的生产需要更多人工：建筑工人、有经验的商人和工程师。麻省理工学院政治经济研究所的经济学家罗伯特·波林（Robert Pollin）和他的同事们曾经估计，向可再生能源的过渡将在全国创造270万个新岗位，平均每100万美元投资就会带来12.6个工作岗位，相比之下，石油、天然气或煤的平均值仅为10.6。此外，由于改造和改善基础设施也需要劳动力，这个领域每100万美元的投资将另增14.6个岗位。显然，新能源产业能够提供比化石燃料工业更多的工作机会。

2017年4月，肯塔基州一家煤炭公司宣布，将在一座因露天采煤而荒芜的山上建造该州最大的太阳能农场。当时，还不确定太阳能装置将产生多少工作岗位，但按照计划，在工程的每一个环节都将雇用前煤矿工人。此举旨在把公众的注意力从一个正在流失就业机会的行业转移到一个可以创造就业机会的21世纪的行业。然而，即便是当时拥护这个理念的人，之后很快就提出，肯塔基州不应该丢下它的过去。

---

1 "特朗普挖煤"（Trump Digs Coal）是特朗普的竞选口号之一。竞选期间，产煤州的工人常常举着写有这句话的标语对其表示支持。——译者注

伯里亚学院企业和管理学系的主任彼得·哈克伯特（Peter Hackbert）数十年来一直在研究肯塔基州东部及其与煤炭的关系。他告诉我："矿工和他们的家人支持特朗普，是因为特朗普承诺为高中毕业生带回他们曾经的高薪工作。我们知道这些工作已成历史，不过，我们不会用绝望来应对这个问题，而是试图开启新的机遇和可能性。"

为了这个目的，战略之一就是利用传统文化——视觉、音乐、烹饪、文学——来刺激经济发展。对于持怀疑态度的人来说，这一愿景听起来或许是乌托邦式的，但它可能远比他们想象的更加实际。全国范围内，工艺美术在经济中发挥着重要作用，年产值近7296亿美元，吸纳就业人数达500万。令人惊讶的是，这类产业的收益远远大于建筑、运输和仓储。艺术领域直接创造的每100个就业岗位，就对应着零售业、信息技术、制造业、酒店业和食品服务业的62个相关岗位。从历史上看，这些创造就业的效应，无论是直接的还是间接的，主要产生于城市中心。很难想象，如果没有了艺术博物馆、剧院、音乐厅、手工艺品和食品展览会，达拉斯、纽约、芝加哥、波士顿、费城、华盛顿和洛杉矶等大城市会是什么样子，这些机构和活动对大城市的影响显而易见。["城市未来中心"（Center for an Urban Future）估计，文化产业给纽约市提供了15万个直接岗位，受其推动的旅游业产生的岗位还要远远超出这个数字。] 哈克伯特相信，数字技术将促进肯塔基州东部和其他人口稀少地区的发展，帮助它们充分利用自己的文化遗产，从而大幅度地扩展创意经济。

创意经济的兴起并非没有争议。在一些城市，从事金融、技术、艺术和其他行业的所谓创意人士，已经挤掉了"过时"的制造业工人。这导致了两极分化，高收入的新来者跻身上层社会，曾经的蓝领工人被困在低工资的服务工作中。从本质上讲，相对于那些"受教育程度更高"或"更有才能"的人，工人阶级成了他们的仆人。例如，如果你去趟底特律，就一定会注意到美国最大的抵押贷款供应商"速贷公司"（Quicken Loans）几乎接管了该市的整个金融区。该公司数千名年轻的专业雇员，其中的许多甚至大部分都来自底特律以外的地区，他们涌入房地产市场，导致了房租飙升，本地人被迫搬离。

要避免这一问题，需要对发展战略进行彻底的重新思考，以建立能够和当地文化融为一体的技能和优势。伯里亚的市长史蒂文·康纳利就是这一理念的坚定拥护者。康纳利的父母在伯里亚学院相识，他在伯里亚市出生、长大，后来成了一名贸易律师。他在服完兵役后去肯塔基大学读了法学学位，于20世纪80年代回到伯里亚，组建了自己的小家庭。他对该地区忠心不二，但并没有因此而认识不到挑战的来临。

"我们抽烟，我们肥胖，我们还有心脏病，牙齿也不好。"他告诉我，"我们最大的两个缺点是：缺乏教育和缺乏资源。当我在2003年当选市长时，我很清楚这个州的每个县都必须自我改造。每个地方都有自己的资产，你得想办法盘活它们。肯塔基州东部是山区，没什么平地，这一点限制了我们。采矿和木材公司强暴了我们的山岭，财富被移走，地主和企业汲取了本地人的遗产。这对我们很不利，但我们并非一无所有。伯里亚市在19世纪90年代的手工业复兴运动中发挥了重要作用，在全国其他地区高歌猛进跨入工业时代之际，我们努力保住了自己的手艺：编织、木工、玻璃吹制、制陶和乐器制造。我们有125年的历史与手工艺运动紧密相连，今天依然如此：我们是肯塔基州的民间艺术和手工艺之都。以此为基础，相信我们将来能够在多方面有所作为。实际上，我们现在已经有了一些成绩。"

伯里亚宣称自己是"活生生的艺术之地"。在小镇的大学广场走一遭，就会明白此言不虚。广场上有迷人的咖啡店、精品店和手工艺品商店。其中一个亮点是Warren A. May的工作室，其主人是闻名世界的木工，他用可可波罗玫瑰木制作桌子、箱子和肯塔基山区常见的扬琴。离广场大约一英里远，在肯塔基州艺术家和工匠协会总部的附近，是一个由工作室和画廊组成的工匠村。我走进一家名为"音乐制作人"（Music Makers）的店，兰德尔·康恩（Randall Conn）、他的妻子雷吉娜（Regina）和他们的成年儿子刚刚吃完午饭。兰德尔和儿子专门从事弦乐器的制造和修理——吉他、班卓琴、小提琴、曼陀林琴和低音提琴。应我的请求，兰德尔拿起一把班卓琴弹了几个和弦。据我所知，兰德尔和他的乐队曾在一些专业场所演奏过，其中包括"乡村大剧院"（Grand Ole Opry）[1]。兰德尔本人对此却并不张扬。工作室里散落着处于不同维修阶段的乐器，看上去生意相当不错。不过，演奏音乐与乐器制作和修理并非兰德尔家唯一的收入来源。"兰德尔是个手艺人，"雷吉娜对我说，自豪地看着和她结婚30多年的丈夫，"他会做东西，比如定制木地板。他满世界跑来跑去，接受咨询、监督安装。曼哈顿苏豪区曾有个业主给兰德尔付了10万美元做地板，这几乎是肯塔基州人均年收入的3倍。真好，兰德尔本来就喜欢旅行。"

兰德尔看上去50多岁。他说他主要靠口碑来做生意，不需要互联网。"我已经够忙的了。"他告诉我。对此，24岁的工匠贾斯汀·伯顿（Justin Burton）有不同的看法。他的工作室和兰德尔的只隔了几家店。贾斯汀建立了一个很吸引人眼球的网站，并在亚马逊和易趣上兜售自己的商品。他在拉塞尔斯普林斯长大，该镇位于肯塔基州中部，人口约2000。他的父亲以前受雇于内衣制造商"鲜果布衣"（Fruit of the Loom），该公司曾是美国仅次于通用电气的第二大雇主。我曾经像许多城市居民一样，认为失业基本上是个城市问题，被掏空的是底特律、芝加哥、巴尔的摩和布法罗等光鲜亮丽的大城市。但正如我后来了解到的，农村制造业如纺织、造纸、炼油、食品加工等才特别容易受到全球竞争和自动化的影响。这让我颇为意外。1988年，鲜果布衣搬离肯塔基州，去海外寻找更廉价的劳动力，伯顿的父亲和许多人一样失去了工作。近几十年来，在农村，几乎一半因公司搬离而消失的岗位是制造业的；全国范围内该比例约为1∶3。

1　乡村大剧院位于美国田纳西州纳什维尔市，有"美国乡村乐灵魂"的美誉。——译者注

工厂关闭后，贾斯汀的父亲一直没能恢复元气。他试过卖二手车和其他生计，但最终离家出走了，留下茫然无助的儿子。贾斯汀深受伤害，却依然充满希望。他知道他想要的东西和父亲要的不同，但他不确定那究竟是什么。他对我说："我们镇上有一家工厂，我把它叫作'最后的疯狂'，因为厂里到处都是吸食冰毒的瘾君子。你知道瘾君子在工厂工作有多危险吗？"在拉塞尔斯普林斯，沃尔玛是最大的稳定雇主，其次是当地医院。他对沃尔玛没兴趣，也不认为自己是当医生的料。他说："医院就是改头换面的工厂，我可不想去。"他也没有去接受职业培训，因为在他的家乡，没什么人会去培训，他们有活就去干，直到被辞退。贾斯汀下定决心要离开那里，于是在高中毕业后进了伯里亚学院，他知道这个他还读得起。

贾斯汀热爱这所大学，喜欢它的校园和其中的人们，也喜欢他学的考古学专业。几千年前的物件就在眼前，它们讲述的故事仿如昨天，这令他深深着迷。关于"物质文化"的讨论促发了他的思考，他在伯里亚工艺品项目里东看西看、寻找商机。有一天，他脑中灵光一现，想到要开一家扫帚制作工作室。

贾斯汀当时并不知道，扫帚制作是一项几近失传的古老工艺，吸引他的是扫帚的朴实无华。他从学徒做起，先学对其主要原料高粱进行分类和测量。（伯里亚学院曾经尝试在工作农场种植高粱，但失败了，现在用的高粱是从墨西哥进口的。）这是一项繁琐无聊的工作，但贾斯汀坚持了下来。经过 6 个多月在这方面的学习，他开始制作整只扫帚。他以前做梦也想不到自己能做出如此漂亮而实用的东西，这从未发生过，因为他家里没人是巧手或者懂艺术。按他的说法，他所成长的环境是"沃尔玛文化"，人们使用廉价的劣质物品，倒不是因为喜欢这样，而是因为他们认为自己别无选择。不知为何，贾斯汀感觉制作扫帚让他挣脱了次等生活。毕业后，他从一个去世的扫帚手艺人的遗孀那里买了一台老古董捆扎机，把他的业余爱好变成了生意，开了一家名为"扫帚屋"（Broom House）的店。

你可能会觉得好笑，我知道你笑的是什么：做扫帚？是的，你尽可以笑，但手工扫帚制作曾经可是大生意。数十年前，伯里亚学院每年售出多达 15 万把由邻近社区的学生和手艺人精心制作的扫帚。当然，今天手工扫帚几乎绝迹了，从业者只剩下些年长的老师傅。贾斯汀说："我估计全国只有不到 100 人在手工做扫帚，我就是其中之一。我在这行干了 4 年了，我会一直坚持下去。我的目标是今年卖出 1500 或 2000 把扫帚。事实证明，很多人想要一些背后有故事的东西。我告诉他们，如果他们把我的扫帚挂在墙上而不是藏在看不见的地方，不管是拿它来打扫还是讲故事，都可以随需随用。而且，这么做还可以节省壁橱空间。"

贾斯汀会为人们的生日和婚礼定做扫帚。他的顾客来自美国、德国、法国、英国、澳大利亚和日本。他组织工作坊、做讲座，去手工艺品展览会上推销，现在有很多这样的展会。"手工艺品博览会就像蟑螂，"他说，"你在某处看到一场，就会知道在别处还藏着另外 50 场。"他梦想着有一天能在博物馆里看到他的扫帚："我真的很好奇，我的扫帚在 10 年或 20 年后会在哪里。我觉得我在为未来创造物质文化。"

贾斯汀并没有指望靠某种单一技术来为自己的生活铺平道路。他机敏、乐于改变，下决心不让自己受限于固定类型。他还没有最后确定终生职业。是的，他的形象已是典型的手艺人的样子：留络腮胡，扎马尾辫。他还请了几个朋友给他种高粱，这样他就不会缺原料了。但他还有读硕士的打算，以满足自己在艺术保护方面的兴趣。谁知道呢，他说，有一天他可能会尝试一些完全不同的东西，说不定会去做会计呢。

他告诉我："在这个地区，任何人想要留下来，都得从事不止一个行当。因为再也没有确定的'一个行当'。特朗普说，他将恢复采矿业的工作，但我们知道怎么回事：他根本不可能恢复这个工作。采矿已经自动化，而且自动化程度越来越高，1 个矿工就可以完成以前需要 100 个矿工做的工作。不管怎样，即使在过去，也并非每个人都是矿工。我的祖父是一个卡车司机，如今在我们这里，开卡车仍然是一个很重要的工作。我认识的人里面大概有 20 或者 25 个卡车司机。但这些工作也将随着自动驾驶汽车的出现而消失。我们对自动化无能为力。所以不会有什么工作等在那里。在我看来有两种可能：一是付钱让人们闲坐着什么也不干，二是帮助人们获得做事的能力。我认为没什么人想闲坐着，这对国家不好，所以我们得给他们找点事做。有些行业还是需要人去做，比如管道工，虽然我很想看看机器人怎么做这个。还有人文、艺术和手工，这些都必须人类来做。"

阿巴拉契亚山区有着丰富的手工业传统，但该地区人口不到 500 万，市场需求不足。这在肯塔基州内尤其如此，那里近 1/4 山区人口生活在贫困线以下。出口是这里的经济命脉，宽带互联网的接入是关键。低收入家庭比富裕家庭拥有宽带的可能性要小得多，尤其是在阿巴拉契亚这样的农村地区。目前，微软和其他公司正在努力消除这种数字鸿沟。但是宽带接入不会自动产生可持续的就业机会。例如，基于互联网的客服中心就没有稳定的工作岗位：近年来，数十万这种岗位已经从低收入的美国社区消失，其中大部分转移到了低工资国家，如菲律宾和印度。

哈克伯特说："我们不能依靠像客服中心这样的老观念，我们必须围绕新的可能性创造价值。有些企业的做法令人振奋，它们正在采取措施克服这些缺陷，这些企业并不惧怕不确定性。"他举了个企业作为例子。该企业位于肯塔基州的海顿市，一个仅有 400 人口的山镇，紧挨着肯塔基河的中岔口。

1970 年的冬天，离海顿镇中心 4 英里的地方发生煤尘爆炸，造成 38 名矿工死亡。这一事件一度成为人们关注的焦点。有消息说这是 45 年来最严重的矿难。唯一的幸存者是传送带操作员 A.T. 柯林斯，他被炸到离矿井 60 英尺开外的公路上。他在海顿医院住了两个星期，而那家医院很快就被改头换面，变成了海顿的另一名片——边疆产科学院（Frontier Graduate School of Midwifery）。

肯塔基州农村地区向来医生紧缺，因此产科的作用格外重要。边疆产科学院成立于 1939 年，是"边疆护理服务"[1]的一个示范项目的一部分，该项目的关注重点为母婴护理。FNS 的创始人玛丽·布雷肯里奇（Mary Breckinridge）被认为是美国助产护士之母，她将自己的工作地点选在肯塔基州东部山区，"其周边覆盖了几个县的部分地区，面积达数千平方英里，人口约 15000 人，其中没有一个常住居民持有州级行医执照。"

FNS 在 1925 年开始运作，它通过两种方式之一确保足够的专门人才：派遣美国护士到英国接受助产士培训，或将受过培训的英国助产士引进肯塔基州。助产士为该地区婴儿提供几乎所有种类的保健服务，他们的交通工具是马。然而，二战开始后，大多数英国护士都感到自己有义务回国，当时也不可能再派美国护士出国接受培训。但 FNS 没有因此削减服务，而是开办了这所学校，录取最好的学员，将他们培养成自己的助产士。他们的交通工具也从马匹升级成了吉普车。从那时起，学校就一直在培训来自全美各州乃至世界各地的护士和助产士。它被认为是同类机构中最好的之一。正如哈克伯特所说，它也不惧怕不确定性，对技术变化能够做出快速反应。1989 年，它成为第一所涉及远程教学的护理学院；2011 年，它与其他几所机构合作，完全实现了线上教学。哈克伯特说："边疆产科学院原本是为了山区人民建立的，它即便止步于此也不会有生存危机。但它想要进一步发展，所以需要重塑自己来适应数字时代。这所大学的蓬勃发展造福了整个地区。"

边疆产科学院的学员们通过远程教学完成大部分的学习任务，不

---

1 Frontier Nursing Service，下文简称为 FNS。——译者注

过，他们在培训过程中也要来海顿参加面授。海顿市市长卡罗尔·格雷厄姆·刘易斯·约瑟夫告诉我，FNS长期以来一直是该市最大的私营雇主之一，吸引着学生、毕业生和其他的来访者，他们的到来也促进了当地各行各业的繁荣：餐馆、酒店、露营地和手工艺品商店。当我问海顿和周边县的居民是否真的从这一切当中获益时，卡罗尔笑着说："当然。他们可能赚的不多，但他们也不需要赚很多。我的第一任丈夫靠做摇椅的手艺支付了自己的大学学费，还供我读完了研究生。如果当时我们像现在的产科学院那样有互联网的话，他还能赚得更多。这个地方很漂亮，我认识的每个出去的人都想回来。看上去，这里没有足够的工作机会……但你知道，机会到处都是。这里有许多心灵手巧的人——缝纫工、铁匠、陶工。我们还有美丽的公园、徒步小径和野马。我们相信，下一个大事业就是旅游业。请你转告大家过来看看，我向你保证，他们一定不会失望的。"

护士们通过互联网接受大部分的培训，学成之后给当地手艺人提供医疗服务；手艺人用传统方式制作的物品通过互联网销往全世界。这个貌似不太可能实现的循环正是哈克伯特关于"再造"的愿景。贾斯汀·伯顿及我在肯塔基州遇到的许多年轻人都把自己看作这个循环的一部分。在手工作坊、酿酒厂、小型农场、特种食品生产、可持续林业和贸易业中，运用自己的双手和头脑获得机会，这似乎是替代医院、工厂和客服中心低工资服务工作的一个充满希望的方案。伯里亚劳工学院院长大卫·蒂普顿（David Tipton）表示，无论这些努力在短期内取得多少成功，从长期来看，它们都是该地区重建工作的关键部分。"工作就是工作。"他告诉我，"如果你学习了某种技能，但没有与此相关的工作，那你就倒霉了。因此，我们教给学生最重要一点就是灵活性，希望他们能够成为终身学习者，去创造属于自己的机会。"

蒂普顿本人就是伯里亚的毕业生，他也是实践上述理念的一个典范。除了在大学里的本职工作，他还打造了一个小型有机农场。他得意扬扬地告诉我，本季农场土豆大丰收，有8000磅的收获，每磅能卖 1 美元。在肯塔基州，这个总额相当于服务工人 4—5 个月的平均收入。蒂普顿说，假如他辞了大学的工作，这 8000 磅土豆和其他农产品，再加上做点别的，比如当瑜伽教练（他曾经做过专业瑜伽教练），赚的钱足够他维持小康水准的家庭生活。在肯塔基州，这就意味着安全感和独立感。

"我有一个朋友自愿选择做铁匠，"蒂普顿告诉我，"他赚的不多，但他的生活是可持续的。他有自己的家庭，有孩子，是我认识的最幸福的人之一。我们还有学生在学习养马。近来蔬菜农场非常时兴，很多学生对此也有兴趣。他们最终会以这种方式谋生吗？我们不知道。但我们不会把精力放在无谓的忧虑上。显然，他们将有很多机会，其中有一些并不是我们现在就可以预见的。我们的目的不是把学生与任何特定的工种联系起来，而是帮助他们做好准备去适应一个几乎没有任何确定性的世界。"

这段话让我想起了新近读到的一本关于芬兰的书。芬兰曾经是个穷国，一直以来，芬兰都处于不确定当中，芬兰人也没有认为理所当然就该有好工作。与肯塔基州一样，芬兰也有着不利的地理状况、稀疏且杂乱分布的农村人口，以及丰富的手工艺和文化传统。在肯塔基州，我学到了很多关于工作及其变化的知识。我决定亲自去看看，在芬兰是否也有什么经验教训可供分享。

第四卷

重新思考

工作给予人的最高奖赏,不是让他们得到什么,而是让他们经由工作,成长为怎样的人。
——约翰·拉斯金[1]

---

[1] John Ruskin,英国作家、艺术家、哲学家。——译者注

第十一章
芬兰之路

想要解决问题，就不能在制造问题的水平上思考。

——阿尔伯特·爱因斯坦

让我猜猜你在想什么："芬兰和美国根本就不是一回事！"完全同意！

芬兰是一个北欧国家，人口大致相当于科罗拉多州，面积大致相当于新墨西哥州。它没有迪斯尼乐园，没有大峡谷，也没有时代广场。在首都赫尔辛基，即使旁边没有车辆，行人也耐心地等着红灯变绿再过马路。每年，芬兰小镇松卡耶尔维都会举办世界级的背妻大赛，获奖者几乎全是……等等……芬兰人！芬兰的国民运动是一种古怪的芬兰式棒球（pesäpallo），好球被称作"杀伤"，出局叫作"被杀死"。芬兰人不仅把驯鹿拟人化，还会把它们的肉烟熏食用。至于芬兰式幽默……我举个例子吧："两兄弟在赫尔辛基以北三小时车程的家庭别墅过周末，主要活动是钓鱼。三天三夜，他们只是钓鱼、吃饭、睡觉，一句话也不说。到了第四天，弟弟鼓起勇气，清了清嗓子，眼含泪水说道：'我老婆要离开我了。'哥哥沉默几分钟后总算开了口：'我们到这里是来钓鱼的，还是来聊天的？'"

确实，芬兰人在很多方面都和我们不同。但这并不意味着芬兰人和美国人没有任何共同点。比如娱乐。在我看过的美国电视剧集当中，播出时间最长的是《我们的日子》（Days of Our Lives），芬兰版的同类肥皂剧则是《秘密生活》(Salatut elämät)。芬兰人还喜欢看《美国偶像》(芬兰版)和 Dudesons，该节目的主人公是 4 个衣冠楚楚的"花花公子"(dudes)，他们的癖好是拿棒球棍互相打屁股。芬兰人的吸烟量几乎和我们一样多，饮酒量则超过我们，而且他们对快餐和甜食毫无抵抗力。芬兰有很多非婚生孩子，离婚速度惊人。和我们一样，芬兰人也在努力适应全球化：在本书写作之际，芬兰经济仍在为金融危机之后的购买力问题而苦苦挣扎。

许多人以为芬兰是排外的、同质化的北欧避难所，但事实并非如此。那里有大量讲瑞典语的少数民族和萨米原住民（就是我们说的拉普兰德人或拉普人）。更为复杂的是，2000—2010 年，在芬兰出生的外国裔几乎翻了一番，他们占总人口的比例持续攀升，2018 年达到 6% 以上。在该国首都赫尔辛基，近 1/5 的儿童是外国裔。并非所有的芬兰人都赞成这种融合，有些人对此深恶痛绝。但是，即便政治保守的"正统芬兰人党"的大多数成员似乎也欢迎外来者的涌入。这也许是因为，这个国家在历史上已经吃够了孤立的苦头。

直到 20 世纪 60 年代，芬兰还是欧洲的阿巴拉契亚，一个以农业为主的贫穷落后之地，以高企的酗酒比率和家庭暴力闻名。除了木材以外，芬兰几乎没有自然资源；出口产品仅限于木材、纸张、纸浆；境内仅零星分布着一些矿产和种植业。总之，芬兰没有多少可以用于贸易的东西。该国 1/3 的土地位于北极圈以内，冬季的整整两个月，太阳都在地平线以下，极夜长达 51 天。芬兰 3/4 的国土被森林覆盖，大部分芬兰人只能聚居在少量的几个城市及其周边，目前芬兰最大的城市就是赫尔辛基。

情况越来越糟。芬兰语与其他印欧语系的语种毫不相关，除了芬兰人，很少有人会愿意去学。该国国内除了泥煤几乎没有别的能源，所有的煤炭、天然气、石油，以及用于核能的铀都必须依靠进口。几十年来，它的出口导向一直都是苏联，而苏联又转而向芬兰出口粮食和石油。第二次世界大战后，芬兰经济迅速工业化、城市化，进入了上升轨道。但 1991 年苏联解体后，芬兰失去了一个重要的出口市场，陷入了 20 世纪 30 年代以来工业化国家所遭受的最严重衰退。失业率一度高达 18.5%，股市和房价下跌了一半。芬兰还被称作青少年自杀的"世界领袖"，这无异于雪上加霜。寒冷、黑暗、与世隔绝的芬兰仿佛就是个大笑话，除了出生于斯的人们，几乎没有其他人愿意踏入这片国土。

为了了解芬兰人自己对这一切的看法，我在这里引用芬兰传统民歌《我是芬兰人》的片段：

生活艰辛
霉运连连
芬兰人的苦
只有芬兰人才能明白。

查尔斯·达尔文曾写道："在人类（也包括动物）的漫长历史中，那些学会了最有效地进行合作和随机应变的占了上风。"由于别无选择，芬兰人只能将达尔文的建议铭记于心。他们特别奉行平等主义，逐渐采取措施，使多数人而非少数人收益。他们投票赞成大幅度增加公共服务，如教育、失业救济、医疗保健、基础设施、学术研究和社会发展。随着时间的推移，这种对人力资本的稳定投资，将曾经孤立、能源匮乏、语言受限的闭塞之地，变成了世界上最具生产力和创新能力的国家之一。

20 世纪 90 年代，在芬兰作为高科技强国崛起的过程中，诺基亚处于领先地位：该公司的出口额占到全国总额的大约 1/4。劳动生产率飙升，平均收入也随之增长。2010 年，芬兰在《新闻周刊》评选的世界最佳国家中名列第一，在盖洛普世界民意调查及"经济合作与发展组织"（Organization for Economic Cooperation and Development）评选的幸福度最高国家中名列第二（第一是丹麦）。2016 年，它被评为生活质量最高的国家，此处"生活质量"的定义为"一个社会满足其公民基本需求、建立允许公民和社区维持并提高其生命品质的体系、为所有个人完全发挥其潜力创造条件的能力。"2018年3月，联合国宣布芬兰为世界上"最幸福的国家"。

芬兰是高度工业化的自由市场经济体，这里的富人很多。比如电梯和自动扶梯制造商通力公司的董事长安蒂·赫尔林，其身家估计有数十亿美元。该国没有联邦政府设定的最低工资，和美国相比，税率也不高。事实上，芬兰政府在2013年宣布企业所得税税率下调4.5%。然而，芬兰又是世界上生活水准最高的国家之一。由行业和政府共同批准的、具有法律效力的集体协议规定了工资所含的报酬和福利范围，协议覆盖了大多数有工作的人，不管是医生、教师、清洁工还是家庭保健助理。因此，在芬兰，虽然并非每个人都属于中产阶级，但"贫困工人"这个词也不会引起共鸣，因为，只要一个人还在工作，就不用担心失去住所、医疗保健或子女教育。

芬兰人不会咬文嚼字。他们用一个词来描述自己的国民性：sisu，它的意思大致可以理解为"绝望中的坚持"。他们倾向于以极大的谦逊和同情心来直面挑战。许多美国经济学家相信，只要有一点温和的刺激，自由市场就会自动为那些努力奋斗的人创造出他们应得的好工作。对他们来说，问题在于个人是否能满足全球经济的需要。但是，我在芬兰遇到的第一位经济学家却对这种观点嗤之以鼻。他和他的同事们认为，不应要求大多数公民去顺应新现实。相反，任何国家想要繁荣，有赖于社会本身去支持那些适合公民需求和能力的机会。芬兰人并不依靠向上流动的愿景来捍卫低工资，而是将每一份工作本身当作一个目的，不管这份工作的前景如何。在芬兰，"认真工作、合理取酬"所言不虚。

有一天晚上，我在赫尔辛基的一家家庭式餐馆用餐，注意到一位技术熟练、举止优雅的服务员。和大多数芬兰人一样，她的英语也讲得很好。我的晚餐同伴，一个商人，感觉到这挺有趣。他说他曾去过美国的类似餐馆，发现服务员有时候，嗯，怎么说呢，像是没准备好的样子。他告诉我，在芬兰，餐厅服务员被看作一种颇具价值的工作，报酬也不错。他说："我们相信，如果你能吃得起馆子，那么为你服务的人也应该有同样的机会。"

我觉得这种想法很明智，不知道其他美国人是否同意。美国劳工统计局最近将"餐饮服务"列为美国就业增长最快的部门，超过了建筑业和制造业。与采矿业、制造业或IT业不同，餐馆不是只聚集在少数几个地区，而是遍布全国，从奥斯汀到小石城，餐馆都在为当地经济做出贡献。近几十年来，工作的基本面已经发生了从大规模生产转向服务业的根本改变，餐饮服务的增长就是这种转向的一部分。事实上，1990—2008年，几乎98%的新增就业岗位（总计2730万个）是"不可交易"的，这指的就是卫生保健、教学和餐饮服务等部门的工作不能外包。在发达国家，不可交易的工作基本上都是服务性工作，它们才是属于21世纪的工作。与一些美国政客不同，芬兰人已经准备好面对不可否认的事实。

芬兰人担心自己、也担心他人无事可做。为了帮助失业者，他们划拨资金、提供咨询，甚至专门设立一些临时职位来聘用失业者，力求使他们在整个求职过程中保持支付能力和乐观精神。一些政府机构负责协调"以职业为导向的康复"，包括为残疾工人提供特殊的住宿。所有25岁以下的人和30岁以下的应届毕业生，如果他们没有就业，芬兰的"青年保障"项目会在3个月之内提供3个选项：就业机会、深造机会或在职培训。实际上，这种对人力资本的稳定投资开始于更早的年龄段，从产前保健、儿童保育和教育，直到医学或法学博士阶段，都由政府提供支持。

芬兰的学校体系闻名世界、堪称楷模。在国际学术评估中，芬兰的学生居于最高等级。这也不算新闻了，我们当中大多数人都听说过所谓的芬兰奇迹。芬兰还产出了大量有远见的电子游戏设计师和世界一流的交响乐团指挥。我想了解的是，芬兰的人力投资与其他社会投资，在该国转型为创新中心的过程中，起了怎样的作用。我也很想知道，这个古怪北欧国家的理念和实践，是否真的可以成为美国的他山之玉。

我首先拜访的是拜卡·于兰－安提拉（Pekka Ylä-Anttila），当时他是芬兰经济研究所（ETLA）的首席经济学家。安提拉用来欢迎我的是蛋糕、咖啡和一场干货满满的 PPT 演示。后来我才知道这是典型的芬兰式接待。随着不断地点击各种图表，安提拉进入了他的关注重点：芬兰对人力资本的投入。他边给我倒咖啡边说："我们是一个小国，所以我们不能失去任何人。我们的经济是研发驱动的，所以我们特别在乎劳动力。芬兰的研究人员与工人比例居于全球首位，我们也是创新率最高的国家之一。部分原因在于我们实行的员工保护措施，如果没有这些保护，他们就不会冒险，而创新需要冒险。无论以前来自哪里，每一个生活在这个国度的人，都具有做出贡献的潜力，我们要做的就是尽一切可能帮助他们实现这个潜力。"他继续说道，芬兰并不花太多注意力来预测未来的工种或是为其进行培训，他们更加注重帮助公民获得相关的知识、工具和资源，以求在变幻莫测的世界经济中走出自己的路。"重要的是停止那种行业划分的思维模式——生物技术、纳米技术、IT，各行各业将如何如何。一旦某个行业的工作数字化，它的岗位就可以去任何地方。因此，让一个国家专攻某一行业没有意义。在我们看来，更加有效的是鼓励人们成为通才，赋予人们内在的能力，让人们为自己的将来开创新的工作。"

理论上这一切听起来不错，但我想知道，芬兰如何让年轻人准备好发明未来的工作呢？更大、更多样化国家的公民能从这一进程中学到什么呢？为了找到答案，我联系了效率奇高的芬兰总领事馆，请求他们帮助联系，以便我去访问企业家、社会科学家、工会代表，以及至少一所对美国人具有实际借鉴意义的公立学校。几天后，我就坐上了赫尔辛基的一辆出租车，在一片冬日阴霾中前往广阔的乌萨里地区，去探访卡拉提综合学校（Kallahti Comprehensive School）。

乌萨里紧挨着波罗的海。我读过的文章里说，这里有些地段散布着漂亮的海滩别墅。但我没有看到这些，我看到的只是一个街区接着一个街区的廉价福利房。出租车司机告诉我，移民们就住在这些破旧的建筑里。苏联和南斯拉夫解体时，大量的俄国人和斯拉夫人涌入芬兰，其中的许多人在乌萨里安顿下来。这里是赫尔辛基地铁最东端的一站，在此居住的还有曾经生活在苏联的索马里人。当年，他们或是为了上大学，或是为了逃离索马里内战而去了苏联。今天，很多索马里人住在乌萨里，出租车司机说，当地人把那里的主要街道改名为"摩加迪沙大道"。在乌萨里，还有土耳其人、科索沃阿尔巴尼亚人、泰国人、孟加拉人、爱沙尼亚人和刚果人。"这儿就像联合国，"他说，"只是没有外交官。"

到达卡拉提综合学校后，我眼中所见，仿佛集中了全校所有种族和族群的学生。大约500人散落操场，简直就是迷你版的联合国。孩子们或踢足球，或闲聊，或偷偷地抽烟，并不在意下着冻雨的天气。（后来有人告诉我，只要没有倾盆大雨，温度也没有远低于零度，那么，除了年龄最大的，所有学生都被要求每小时花15分钟待在户外。）在场有位女士穿着件像警察防护背心那样的衣服，她是唯一一个我可以确认的成年人。她把我带进一个小会议室。迎接我的东西现在已在意料之中：咖啡、点心和PPT演示。

副校长基莫·帕沃拉（Kimmo Paavola）把我的外套挂起来晾干，并为他的"分心"而道歉。情况是这样的：一个七年级的学生一直"有学习困难"，所以那天一早，帕沃拉就约见了这个男孩、他的父母、老师、学校的心理工作者、一位社会工作者，以及另外两位专家。他们一起商谈了80分钟，最终这个小男生被诊断为"动机不足"，教育工作者认为这是一个必须认真对待的问题。帕沃拉告诉我，解决问题的第一步是让困难学生参加一个由社会工作者领导的小组研讨会，以"尝试在生活中激励他"。激励策略可能包括任何内容，从一对一的辅导课程到职业曲棍球比赛的赠票。此外，家长有义务接受家庭咨询和个人咨询。只有当这些和其他"激励因素"失败时，学生才有可能被转到"特殊需求班"，但帕沃拉强调，很少会到这一步，这只是最后的手段。超过 30% 的芬兰学生在上学时经历过某种干预，但只有很小的一部分被指派到特殊需求班，芬兰人认为这是一种污名化的标签，其效果往往适得其反。

帕沃拉说："我们的许多学生都是在两种文化中挣扎的移民。他们的父母既没有时间也没有钱，还有人抑郁或酗酒。然而，即使孩子在家里得不到所需的支持，学校也要找到支持他的方法。老师们乐于接受这样的挑战，帮助孩子们过好这一生是我们的使命。"

帕沃拉读高中时曾梦想成为一名体育老师。现在，40 岁的他确实有点像体育老师：高高壮壮，剃着光头，似乎随时准备行动起来。但是，全芬兰只有 8 个师范项目，它们被称作"芬兰常春藤联盟"，申请成功的比例是 1/10，竞争十分激烈。帕沃拉落选了，他放下了原先的梦想，开始学习理疗。他后来在联合国谋得了一份维和工作。他说："我在黎巴嫩和马其顿为成年人做治疗。"在国外待了两年半后，他回到芬兰，花 4 年的时间读了小学教育专业，获得了教育学硕士学位。然而，尽管他有学位，也有丰富的国际经验，还懂多种语言，他还是没能被中学教师培训计划录取，因而也就无缘这个职业。他告诉我："坦率地说，这里的老师以前做学生时都比我强；他们现在作为学者也比我强。作为校领导，我的工作是照顾好他们，给他们所需的资源。这就是我来这里的目的。"

好吧，我承认最后几句话听起来有点超现实。但我已经再三检查了我的笔记，帕沃拉副校长就是这么说的：他的职责是满足老师们的需要，而老师们要努力满足学生和家长的需要。他们没有抱怨，也没有给自己找什么借口。我自己就是一名家长、一名教师，这种理念的重大意义让我陷入了深思。

帕沃拉把我带到楼上的一间教室，让我观察他口中"更强的学者"是怎么上课的。我们轻手轻脚地走进桑纳凯萨·艾桑（Sanakaisa Essang）老师的教室，那里有 20 多个 7 岁左右的孩子，有的坐在课桌旁边，有的干脆坐在课桌上面，还有一个躺在课桌旁的地板上。艾桑老师是一位肤色白得几乎半透明的金发女郎，她身着包裙和高筒靴，声音轻柔地让学生往她这边看。孩子们没穿鞋（为了保护地毯），有些孩子连袜子也不穿（个人喜好），一个男孩戴着耳罩（"只是为了好玩"），还有一个女孩裹着穆斯林头巾。艾桑拥有多元文化教育硕士学位，已在这里任教 7 年。她告诉全班同学，由于"今天来的客人"，数学课的一部分将用英语授课，他们都笑了。这里一半以上的孩子都出生在别的国家，但他们几乎都能流利地使用芬兰语，而且大多数孩子都懂一些英语。学校正式的英语和法语教学从三年级就开始了。瑞典语是必修的，从七年级开始；八年级可选德语。到九年级结束时，每个学生至少能流利地使用 3 种语言。他们告诉我，这些一年级学生已经学了些代数、几何和统计学知识。今天这节课的内容是学习测量。

艾桑给每个孩子发了一个纸质卷尺，对他们说，量量你的课桌，你的鼻子，你的同学，随便什么。接下来就是一场小小的骚乱。当我们退一步去欣赏孩子们的活动时，艾桑告诉我，能教这样一个"激动人心的"班级，她非常荣幸。"我们的学生来自巴西、孟加拉国、爱沙尼亚、英国、索马里，还有 4 个来自俄罗斯。新移民占到学生总数的 35%。……俄罗斯孩子聚在一起就说俄语，这样会排斥其他孩子，所以我尽量让他们把说俄语的时间控制在课间 15 分钟，其他时候他们得说英语或芬兰语。"大约 10 分钟后，她让全班学生归位，问他们发现了什么。没有错误答案，但有好玩的答案。"那么你的鼻子有 100 **厘米**长？"她说笑着，把卷尺从自己的鼻子一直放到地上，四周孩子们咯咯地笑起来。"房间是 100 **毫米**？好吧，我们再来检查一下。准备好卷尺！"

黑板上画了一道彩虹，每种颜色代表对良好行为的一种奖励，奖励对象不是个人，而是团体。艾桑告诉我："7种颜色里有看电影、电脑课、玩具日，等等。全班同学一起从中选择想要的奖励。这么做看起来效果很好。"下课时间到了，我走出大楼，问艾桑是否有什么教学哲学。"我们区的很多学生来自破碎家庭，所以我觉得他们在生活中需要稳定的东西，以及可以信任的人。我鼓励他们成为真正的自己。……一旦我得到了他们的信任，他们就能好好学习了。"

按照美国的标准，卡拉提综合学校的学生看上去不太像是弱势群体的移民儿童，反而更像是精英型"进步学校"（progressive school）中那些早慧的孩子。他们没有被催逼，而是被鼓励独立思考并说出自己的想法，好像他们的想法真的很重要。那天晚些时候，我在家政课上看了一组十四五岁的高年级学生烤蛋糕、撒糖霜，据说他们还学了洗衣和理财。做蛋糕也是一门必修课，其教学方式几乎就像化学实验室一般。指导老师在教室里走来走去，用科学的精密标准来评价学生的用刀技术。我问一个自称出生在刚果的学生，她是否会说法语。她扬起眉毛说："当然，我会说法语，也会说英语、西班牙语、芬兰语、瑞典语和斯瓦希里语。"于是我问她将来是否打算学习语言专业。"不，我想学物理。"后来我得知，这个女孩的家人为活命而从非洲逃难出来，在我来时看到的政府补贴福利房当中的某个单元里，开始了新生活。

在我离开卡拉提之前，帕沃拉带我去了波罗的海海边，这是孩子们时而来亲近自然的地方。这块海滩上看不到福利房，也没有别墅，有一种蛮荒之美。一起散步时他提醒我，学校还没有达到他希望的程度。他说："在过去的几年里，我们仍然略低于全国平均水平，希望明年能达到平均。"对于我这样的美国人，这种毫无保留的谦逊听上去就和芬兰语一样陌生。

有人嘀咕，芬兰的成功完全是靠运气。他们说这是个小国，人口又都是高度同质化的北欧人，仿佛每个芬兰人都是拉尔夫·劳伦时装秀里面披着毛皮的维京人似的。然而乌萨里可不是什么梦幻乐园,那里有的是廉价公屋、荒凉的街道和高失业率。而且,毗邻的挪威也是北欧小国,但在国家测试中的表现就不如芬兰。因此,国家规模、族群和地理条件似乎并不能解释这一切。

那么,芬兰的"秘密"是什么呢?对此,芬兰教育委员会的顾问利奥·帕金(Leo Pahkin)曾这样说:"没有秘密。我们之所以要关照每一个学生,只是出于如下计算:如果不早点帮助他们,今后就要付出更大代价,因为他们将来是要为社会工作的。就这么简单。"

哈佛大学教育学家托尼·瓦格纳(Tony Wagner)是《全球成就差距》(Global Achievement Gap)一书的作者,他认为,芬兰的成功归根结底是让学生免于恐惧。瓦格纳曾在芬兰生活过较长时间,不过他在美国各地访问学校的时间还要长得多。他说,两者的区别很明显。他告诉我:"在科罗拉多州道格拉斯县的一所学校,我问过坐满整个礼堂的学生,他们最想要的是什么。我永远不会忘记一个女生的反应,看上去她是高中毕业班。她说,'我最想要的,是消除学习中的恐惧'。这就是美国教育系统对许多学生所做的:惩罚那些勇于冒险但可能给出'错误答案'的学生,结果就是大家都视学习为畏途。"

瓦格纳告诉我,芬兰人擅长的国际学生评估项目[1]考察的不仅是学生所掌握的知识,还有他们能如何运用知识。他说,许多美国学生急于得到"正确"答案时,很少有余力考虑这一点,更不用说练习了。芬兰人评价儿童的标准,不是他们的学能或学习成绩,对于这种做法,某个芬兰教育人士的评论是"不可想象的残忍",另外的人则认为是"对时间和情感能量的愚蠢浪费"。他们认为,帮助学生为未来的不确定做好准备的最好方法,就是鼓励他们去问问题,最好是老师无法回答的问题。

所以,我想知道,这一切对工作意味着什么?显然,芬兰人也

---

[1] Program of International Student Assessment,简称 PISA。——译者注

很想知道。在我访问赫尔辛基的那年，赫尔辛基被评选为世界设计之都。获得这一荣誉的城市，必须是"将设计作为一种工具来重塑自己、改善社会、文化和经济生活"。Marimekko[1]的袜子和Artek[2]的咖啡桌并没有特别鲜明的"重塑自己"特征，但是始终务实的芬兰政府对"设计之都"头衔的理解，已经将"重新设计"延伸至整个国家的"工作实践"领域。在以往的调查中曾有许多芬兰人报告说，在工作中感到失控、不知所措、精疲力竭，表现出的创造力和生产力远低于自己的预期。为了找到可能的补救措施，政府聘请了佩卡·波哈卡利奥（Pekka Pohjakallio），当时他是赫尔辛基一家咨询公司的合伙人兼首席执行官，该公司名为"925设计"（925 Design），它公开宣称自己的使命是"重新思考"21世纪的工作。

波哈卡利奥是个长着方下巴的高个男子。我们第一次见面的时候，他戴着副大眼镜，表情散淡松弛，但仍能看出他内在的激情。他告诉我，创办"925"之前他在诺基亚度过了大部分的职业生涯。诺基亚是芬兰现代经济的标志性成功故事。1991年，当他入职时，诺基亚是世界上最有价值的技术公司之一。波哈卡利奥在那里一飞冲天，从项目经理变成了"概念和创新"副总裁。他将此归功于他所说的"工作英雄主义"。他整天被会议和邮件缠身，晚上和周末加班是常态。然而，他并不是很清楚自己为什么要付出这么多努力。

"我的父母都是退休教师，"他告诉我，"他们问我在诺基亚做什么，我发现很难解释。我想，好吧，如果我不能解释的话，那说明我确实不明白自己工作的意义。是的，我知道我对诺基亚的净销售额做出了贡献。然而，在11月阴雨绵绵的日子里，我感觉那些销售数据并不让我开心，光有这些还不够。尽管如此，做出改变并不容易。即使我已经知会大家离职，不再是内部圈子的一部分，我还是忍不住去查看原先的邮箱。我不再是其中一员，这给我的感觉就像生病了

1　Marimekko：芬兰时尚品牌。——译者注
2　Artek：芬兰家具设计品牌。——译者注

一样。"后来波哈卡利奥的研究证实,这确实是各行各业的人们都会得的一种"病"。

对于波哈卡利奥来说,政府资助的研究是个好机会,不仅可以借此了解国家的工作不景气,而且可以对他自己的工作收获一些洞见。他和他的团队采访了1100名员工,他们来自10个工作场所,包括一家造纸厂、一家采矿技术公司、一家讨债公司和一家IBM的分公司。他说:"我们不仅和他们交谈,还观察了好几天。每个人似乎总是很着急,但没人知道他们为什么而忙碌。计算机并没有使事情变得更好,而是更糟。通过电子邮件召集会议太方便了,所以会议简直无穷无尽。"(一位忙得不可开交的IBM员工在一天内参加了50场会议!)几乎所有的人都把大部分时间用来对付电子邮件、短信和电话。他们不确定别人对他们的期望是什么,他们认为对自身价值最好的证明就是展示耐力——坚持长时间工作。当一天漫长的劳动结束,他们却拿不出什么成果。

"我们看到许多人拼命上班一星期,到周五时精疲力竭,而且完全不知道取得了什么成就。在这种情况下,他们往往通过更多的工作来弥补这种缺失感。他们会自问:'我做了什么?'然后通过这种想法来自我安慰:'不知道,但至少我干了很多活儿。'我们认为这简直是疯了。"

如前面几章所述,每个人都以自己的方式从工作中获得意义。但在许多工作环境中,意义的创造变得很难,甚至根本不可能。持续被迫分心破坏我们努力实现的"心流",持续的监控削弱了我们的控制感。波哈卡利奥谈到一种"黑客"心态,就是鼓动员工先行动、后思考,或者根本不要思考。"大多数职位的工作描述并不能真正转化为任何具体可感的内容,所以大家都不知道自己工作中最重要的是什么。他们手头的事情随时会被打断,而且那些打断他们的事似乎同样重要,甚至比手头的事还要重要。因此,他们只得在不同的任务之间不断切换,很少能够集中精力把一件事做好。"

例如，在 IT 行业，"立即发货"（Ship Product Now）不仅仅是句口号，而是行业文化的关键。他们在媒体和内部通讯中对其大力鼓吹，敦促员工"快速行动，打破一切。"表面上看，这种"代码胜于雄辩"（Code wins arguments）的职业伦理似乎给做事的人赋权了，至少是暂时赋权，但它根本无助于员工理解工作的意义。有些员工喜欢这样的工作强度，甚至为之着迷，但当被问及这样的"狂飙突进运动"[1]到底指向何方、意味着什么，多数人都是一头雾水。

正如我们所看到的，"先行动后思考"的策略并不为 IT 行业独家所有，它已经蔓延到新闻和医学等领域，在这些领域，越来越多的员工被评价的标准不再是思维的深度和所做判断的重要性，而是他们的生产力。记者的生产力是所谓的"内容"，医务人员的生产力则是"患者数量"。这些"知识型员工"想不通，除了按照雇主需要招揽客户，他们还能提供什么真正的价值。

一些组织试图最大限度地提高生产力，并通过将员工组成团队来鼓励"破坏性"的创新。但是，芬兰学者们最惊人的结论之一就是，团队合作带来力量可能是一个错误的信念。事实上，从几十年前就开始有研究表明，头脑风暴很少会产生新的解决方案，反而可能阻碍创新思维。群体压力往往会把团队成员推到由组织者预先设定的思维模式中。许多人在自己的工作中经历过这种令人沮丧的"群体思维"，在这种情况下，由于大家急于达成符合管理目标的共识，任何真正新颖的想法都会被推到一旁。

真正的创新，往往出现在我们放松大脑、思考貌似和主题无关的内容的时候——也就是说，在我们看上去最没有效率的时候。很明显，思想本身并不是"破坏性的"，具有破坏性的是思想的实现，那是一个像思想产生一样的创造性过程。波哈卡利奥说，许多组织太热

---

[1] Sturm and Drang，源自德语 Sturm und Drang，指 1760 年代晚期到 1780 年代早期德国新兴资产阶级城市青年所发动的一次文学解放运动，也是德国启蒙运动的第一次高潮。——译者注

衷于生成新想法，以至于无暇顾及既有想法的实施。

波哈卡利奥说："对大多数人来说，反思可以提高效率，而不是降低效率。但没人给我们反思的时间，因为反思的价值无法量化，也换不来钱。我们总是固守在目的而不是手段上，这阻碍了我们的前进。如果我们真的知道什么是有价值的，许多人的工作可能会变得更容易些，不用每天干10—12小时，4小时就够了。"

为了举例说明什么是更好的方法，波哈卡利奥提到了赫尔辛基的优秀冰球队祖卡列特（Jokerit）。他曾经和同事们采访该队的教练和经理们，还在更衣室里花了数小时观察运动员，和他们聊天。"冰球和大多数运动不一样，"波哈卡利奥说，"每个运动员的角色和职责都非常清楚。经理们密切关注球员们的吃喝拉撒，所有的事。球员每周打两场，有时是主场，有时是客场，这就需要保持清醒、机警，不能过度疲劳。对于运动员的工作来说，关键是专注而不是时长。所以这个过程中的每一步都要仔细考虑。他们不是按时计费，而是要达到最佳状态。"

对于职业运动员来说，目标很明确，努力和坚持的回报也很明确。不过，我们有理由质疑，职业运动员是集万千宠爱于一身的精英，他们的经验对别人是否适用？如果我们的雇主也把我们当作独一无二的，那就太好了，但老实说，我们当中很少有人如此幸运。对雇主而言，大多数员工都是商品——确切地说，这种商品不可交易，但是可以替代。我跟波哈卡利奥说起加拿大组织心理学家保罗·费尔利（Paul Fairlie）的研究，几个月前我和他谈过。费尔利说，几十年来，北美和欧洲的工作满意度一直在下降，许多人不再认为工作是一个"重要的生活追求"。根据费尔利的调查结果，只有8%的"生命渴望"与工作有关。（我并不知道他是如何得出这个确切数字的，姑且在这里引用一下作为我的论据。）"人类想要的东西，92%与有偿工作无关。"费尔利说，"因此，如果雇主能帮助员工从工作以外的其他方面找到意义，这可能会成为一个很大的优势。"

波哈卡利奥的专业定位是研究工作场所的大师，因此他并不热衷于倡导雇主帮助员工在工作之外寻找意义。不过他还是老老实实地告诉我，他确实认识这样的一个很棒的雇主：斯内尔曼（Snellman），位于芬兰北部的一家肉类生产公司。斯内尔曼以其多汁的香肠而闻名，这种香肠是北欧的重要食品。同一年的早些时候，波哈卡利奥和他的团队采访了斯内尔曼的数十名员工，他们惊讶地发现，这些员工的经历与其他行业，尤其是IT行业员工的经历形成特别鲜明的对比。斯内尔曼鼓励员工们在工作场所彻底展示自我，不过并非出于我们通常以为的那些原因。

波哈卡利奥回忆说："我们采访的一位斯内尔曼员工在大学里学的是哲学和语言，具有深刻的人生感悟。很明显，他喜欢做香肠，所以我问他，在这份工作中，是什么让他如此满意。他告诉我：'这家公司改变了整个国家的香肠质量，而我也为此做出了贡献。在这里，我自己也能每天都变得更好。'"波哈卡利奥指出，该员工并没有说他会在职业阶梯上爬得更高，而是简单地说"变得更好"，这意味着他的学习和提高不仅发生在工作中，而是整体人生的提升。看上去，斯内尔曼正在全力以赴帮助员工实现这样的目标。"这是一家非常特别的公司。"波哈卡利奥说。

斯内尔曼发端于芬兰西北海岸一个小镇的地下室，创业者是五兄弟。但与大多数初创企业不同的是，经过60多年的发展，它依然生机勃勃，以其产品质量和对客户的忠诚度而闻名。公司对员工亦是关爱有加。有这么一部宣传视频：员工在设施齐全的公司健身房练举重。比起美国公司的那些试图让员工感觉"宾至如归"的健身房，斯内尔曼的健身房看上去没什么不同。不同的是，这部短片跟拍了其中一名员工，他离开健身房，出了公司总部的大门，骑着自行车回到自己真正的家中，早早地和家人共进晚餐。这和那些用健身房及其他福利将员工与工作场所绑在一起的公司形成了鲜明的对比。我还了解到，斯内尔曼已经超出了"技能培训"的范畴，它甚至给员工提供相当于大学水平的语言和法律课程。公司并不敦促员工"快速行动，打破现状"，而是鼓励他们三思而行、自我提升。它传达给员工的信息不是"把你的一切都交给我们，让公司为你创造意义"，而是"公司将为你提供收入、支持和稳定，以便你为自己创造意义"。

波哈卡利奥对我说："这家公司非常理解人的需求。它知道工作/生活平衡是一个过时的概念。'平衡'这个词本身就意味着冲突：好像在一端是一种叫作生活的奇妙东西，另一端是一种破坏生活、名为工作的可怕玩意儿。现在根本就不是这么回事。让我们忘记工作/生活的平衡，因为它几乎总是导致内疚，总让我们苛责自己，在工作和家庭方面都感觉不妙。我们不能再把投入时间作为衡量成就的标准；它带来的压力不会让我们更有效率或创造性，只会让人发疯。"

创新不是斯内尔曼的强项。但它在很大程度上是一个21世纪的雇主，有2000多名直接雇员，还有2100多名芬兰农民与其合作。波哈卡利奥指出，斯内尔曼和类似公司雇用的员工远多于绝大多数高科技公司，因此它们的经验可能有更广泛的适用范围。

波哈卡利奥告诉我："一家企业如果能够生产优秀产品，关爱员工及其家庭，并把质量和信任放在第一位，这就是我们学习的榜样。对斯内尔曼一名雇员的采访我依然记忆犹新。那位雇员是个典型的芬兰人，他说对他而言，安全感就是一切：'对于一个小人物，这是个非常棒的地方。'"

波哈卡利奥说："其实大多数人都是小人物。不是说我们不如别人，而是说我们在工作中争取细微而稳定的成就，从中获得满足感和目的感，而不是被宏大却模糊的期望所束缚。美国的马克·扎克伯格是个工作狂，他对自己的员工也有同样要求，但扎克伯格不是未来商业领袖的榜样。斯内尔曼公司的首席执行官，嗯，是的，也许他才是我们应该期待的人。衡量工作的标准不是花了多少时间，而是完成了多少任务。完成任务并赋予其意义需要思考，所以我们对公司的建议是，给员工思考的时间和空间，并信任他们。我们认为芬兰经验可以推广到世界各地。"

我谢过了波哈卡利奥分享的深刻见解,前往会见赫尔辛基青年事务主管托米·莱提奥(Tommi Laitio)。莱提奥35岁,但看上去只有30岁左右,他在地堡一样的办公室里迎接了我。他裹着厚厚的羊毛衫御寒,对于办公室的温度设置并无歉意。我听得出来,他从小就节约惯了:"我母亲来自一个六口之家,全家人只有两双靴子。"莱提奥的父母在同一个小镇长大,整个镇子只有一家公司,现在已经不复存在了。他说:"铸铁厂倒闭时,镇子就死了,住在那里的人毫无办法。"一代人之后,诺基亚衰败,芬兰举国体验了类似的感受,不过这种低迷状态持续的时间不长。尽管芬兰的资本化程度很高,但人们很快就认识到,未来的工作不能依靠私营企业的慷慨投资。

2017年1月,芬兰成为欧盟国家的第一个吃螃蟹者:每月向2000名失业公民发放价值约687美元的基本生活费,没有任何附加条件。这项独特的社会实验为期两年,旨在减少贫困并最终减少失业。实验的目的不是要激励懒惰,而是要证明,有保障的基本收入是否能够促进失业者以不同的方式工作——承担更多的风险,甚至可能创新。一年之后,有些发现通过非官方的渠道开始为人所知。(在本书写作之际,官方结果尚未公布。)看上去,至少在某些情况下,这笔钱已经激发了积极的变化。一些受益者从事志愿工作更有劲头了;另一些受益者则找到了兼职或全职工作。一位参与者(拥有两个硕士学位,已经失业近两年)说,这些报酬大大减轻了她的压力,给了她自由去选择自己喜欢的兼职工作。而且,由于所有参与者无论就业状况如何都能继续获得补贴,一些人利用这笔额外收入开始从事副业。一位6个孩子的父亲手工制作"萨满鼓"(用于传统的拉普兰仪式),每个售价高达900欧元。他还在家里划出一块地方,经营一家为艺术家服务的民宿。对此,有位英国评论家评论道,虽然他领到的补贴并不足以使全家彻底摆脱贫困,但足以帮助他"消除对赤贫的恐惧,让他自由地从事他认为有意义的工作"。

我告诉莱提奥，在我看来，这样的计划在美国是不会受欢迎的，我们更愿意让市场力量来解决问题。曾在美国居住的莱提奥笑了："芬兰奇迹真的不是奇迹。美国人信任市场。芬兰人信任政府，这就意味着我们彼此信任，这样就可以做得更多。"

芬兰的现代成功故事建立在一个非凡的社会信任水平之上，这种社会信任是将公民团结在一起、从事共同事业的黏合剂。当社会信任度较低时，企业会在合同谈判和诉讼中停滞不前，政府也会陷入意识形态斗争。当社会信任度较高时，企业和政府都能够更灵活地应对变化。

哈佛社会学家罗伯特·普特曼（Robert Putman）在其1992年公布的报告中，声称对政府缺乏信任或者根本不信任的美国人的比例稳步上升，已经达到令人不安的75%。普特曼发现，当时的美国人不仅比上一代的投票率低得多，而且在教育、宗教和政治组织中的参与度也低得多。在最近的调查中，近2/3的应答者说，他们不相信新闻媒体、销售人员、路上的司机，以及旅行时遇到的人。专家们将这归因于许多因素，但最可能的罪魁祸首是美国巨大的经济不平等。人们信任度最高的时间是20世纪60年代，当时美国的收入差距处于历史最低水平。随着20世纪80年代、90年代和21世纪初贫富差距的扩大，信任水平也相应下降。2017年，随着收入不平等达到历史新高，只有18%的美国人相信联邦政府大部分情况下能做"正确的事"。

那么，这18%都是什么人呢？一般来说，有钱人肯定信任政府，原因很明显，制度对他们及其同类是友善的。特权阶层有时利用财富来逃避与他人相处带来的不便，比如，把自己隔离在山中豪宅或封闭小区。收入差距越大，隔绝就越明显，富人越有可能"信任"，而不富裕的人——也就是绝大多数美国人——就越会感觉自己没有发言权和控制力，从而越加对这个体制失去信心。

与此形成鲜明对比的是，芬兰的经济不平等程度较低，社会信任程度较高。大约70%的芬兰人表示，他们既信任政府，也信任本国其他公民。经济学模型表明，这种信任与经济增长及平稳运行的市场相关。信任导致对昂贵的法律和保险服务的需求减少，并增加了企业之间的信息流。那些觉得彼此关系密切的公民更愿意通过税收投资于他们的社区，并且更有可能养成合作和互惠的习惯，使政府更有效率。我被告知，在芬兰，政府是如此透明，几乎任何公民都可以和总统电话约谈。

马里兰大学政治学家埃里克·尤斯兰纳（Eric Uslaner）的研究成果广泛涉及信任及其在经济增长、特别是创新中的作用。他告诉我："有一种观念，认为人们创新只是为了致富。这是不对的。对于一些社会，创新欲望几乎已植根于文化之中。在美国，创新往往只是对自动化的运用，这会减少就业机会；而在芬兰，创新往往意味着增加机会。"

社会学家创造了"团结的个人主义"（solidaristic individualism）这个词用以描述一种系统，在这个系统中，人们即使彼此观点不一致，也愿意互相支持。他们的想法是这样的：我的目标和价值观可能与你不同，但我相信你有权坚持你的信仰；只要你支持我的信仰，我就会支持你的。这样心照不宣的默契激励着芬兰人容忍分歧、互相支持，同时以健康的心态看待他人的努力和成就。他们的高度信任并非来自中立——他们并不认为所有人都头脑开放、没有私心——而是来自实话实说、坦诚相待。

芬兰人重视坦率，鄙视谄媚奉承。娱乐和媒体巨头罗维奥（Rovio）是一家芬兰公司，其开发的视频游戏《愤怒的小鸟》取得了惊人的成功。芬兰人也会穿带有公司标记的衣服招摇过市，比如穿件谷歌的连帽衫出门。但罗维奥的文化与美国的同类公司完全不同。虽然罗维奥的管理层也希望员工努力工作、生产和创新，但他们并不期待员工将自己的认同与公司合二为一，高管们认为这不是件好事。罗维奥的营销总监彼得·维斯特巴卡（Peter Vesterbacka）[1]曾经坦言，公

---

1 《愤怒的小鸟》之父，罗维奥联合创始人。——译者注

司的工作环境或许称得上混乱，"有人说，简直一塌糊涂。人们会毫不留情地说你做错了什么"。很难想象一位硅谷高管也会这么实诚。当然，**前**硅谷高管除外。

保罗·罗默（Paul Romer）现在在纽约大学斯特恩商学院任教，2018年1月之前，他是世界银行的首席经济学家。罗默认为，工作之未来的关键，在于支持其他思想产生和传播的"元思想"（meta-ideas）。他认为，那些在元思想方面处于领先地位的国家，将能够最有效地支持其私营部门和公共部门的生产力增长。在美国国家科学院的一次演讲中，他指出："即使技术进步快得足够提高平均收入，但对于这些技术带来的好处的分配，只是遵循着有利于上层经济阶层的方式。因此，收入的中位数并没有随之增长。"收入不平等在很大程度上导致了美国的工作混乱，罗默预言，要解决这种混乱，不能依靠技术，而要通过"规则的改变"。例如，税收结构的调整能够鼓励雇主不仅创造更多的就业机会，还要创造更好的就业机会。经过漫长而痛苦的摸索，芬兰人已经认识到改变规则以应对进步的重要性；而我们对此还认识不够，一些美国人仍在祈祷重振采煤业、赶走移民。

本章开篇即表明，芬兰和美国不一样，我对此毫无异议。但是，既然芬兰如此迅速地从停滞和绝望中崛起，并且成为地球上最幸福和最具创新精神的国家之一，它当然有值得我们学习的地方。通过解放思想和相互信任，芬兰人得以直面工作问题，他们的政策是提升弱势者，保护中产，并鼓励真正的创新。芬兰的故事告诉我们，预言工作的未来并不比预言任何事物的未来更加容易，"共同智慧"会把我们引入歧途。显然，是时候重新思考和行动了。

第十二章
取消人力出租

在我们的社会里,劳动力是少数几个不能合法购买的生产要素之一。

劳动力只能出租。

——保罗·萨缪尔森[1]

我一直坚信,通过相互合作,劳动者可以成为自己的雇主。

——利兰·斯坦福[2]

现代工人合作运动的发起人罗伯特·欧文(Robert Owen)1771年5月14日出生于北威尔士的新镇(Newtown),家中有7个孩子,他排行第六。他的父亲是个五金商,母亲是农民的女儿。这个家庭算不上贫穷,但是收入很不稳定,父母鼓励孩子们自食其力。上学时罗伯特就是个早熟而有想法的学生,他9岁辍学,10岁时离开家乡去了伦敦,在一家女装制造商那儿当学徒。他的主人是一个仁慈的苏格兰人,准许这个男孩接触他的巨量藏书。年轻的罗伯特充分利用了这一优势,沉浸在关于历史、哲学和宗教的伟大著作中。渐渐地,他的阅读使他放弃了自由意志的观念,转而相信人的性格由个人无法完全控制的环境所塑造。他总结道,社会必须对其所有成员负责。

---

1 Paul Samuelson,美国经济学家,诺贝尔经济学奖得主。——译者注
2 Leland Stanford,19世纪美国实业家、政治家。——译者注

17 岁时，欧文离开伦敦前往曼彻斯特，与一名合伙人成立了一家公司，专门生产蒸汽驱动的棉纺机。后来，他卖掉了这家公司，并将利润投资于一家名为"乔尔顿纺织"的公司，那是一家繁荣的蒸汽棉纺厂。就在那个时期，欧文在去格拉斯哥的商务旅行中遇见了安妮·卡罗琳·戴尔。

安妮的父亲大卫·戴尔是一位富有的银行家，也是苏格兰最大的棉纺企业集团"新拉纳克磨坊"的所有者。欧文和戴尔成了朋友，娶了他的女儿，和几个合伙人一起买下了 4 家原属戴尔的纺织厂，将它们合并经营成为一家利润更高的大企业。他发财了，然而，每天在工厂里看到的令人发指的虐待也让他大为震惊。

以往的制造业主要是以家庭为单位的小作坊式生产，但进入大规模生产之后，家庭便不再是合适的生产场所。新的机器与通过集中劳动力增加资本的机会刺激了英国的企业主，通过对人力的集中和增强，工厂使得这些少数人能够坐享许多人的劳动成果。这一点在棉纺业尤为突出。

1779 年，蒸汽机问世。从此，原先由骡子拉动的纺织机被取代了，而有着 600 年历史的英国行会制度也寿终正寝。人们放弃了作坊，投向工厂。仅仅在一代人的时间里，英国就从一个由独立企业家组成的国家转变为一个由工薪阶层组成的国家，或者正如一些人所说的，英国成了一个"人力出租"（human rentals）的国家。

欧文发现，在这场革命的前线，他自己是一个颇不情愿的将军。他把工厂工人的生活比作美国奴隶的生活，甚至更糟。他谴责"对死机器的高度重视，和对活机器的忽视和冷漠"。在他看来，残忍带不来商业优势。相反，他确信对工人的人道待遇会带来更高的利润。在新拉纳克，他建造了学校、宿舍、日托所和幼儿园。他还给工厂配备了食堂、图书馆，甚至不顾那些加尔文教信徒的鄙视，造了剧院和舞厅。他把每天的工作时间从 14 个小时缩短到 10 个小时，并停止雇用童工。他还为工人们组织了一个合作商店，鼓励他们从事园艺、做手工艺品。他原先的合伙人非常反对这些任性之举，最后与他终止了合作关系。欧文于是找了新合伙人。此后，他的生意日益兴隆，也赢得了人们的信任。

欧文满心希望他的开明思想和实践能够流行起来，为什么不呢？他认为，正如满足的奶牛能挤出更好的牛奶一样，满足的工人也能生产更好的产品。然而，虽然他坚持宣扬这样的论点，却没有改变多少同行的想法。只要求职者多于工作岗位，工厂主就看不到改善劳动力待遇有什么好处。如果说有变化的话，那就是英国的工作条件进一步恶化了。用一位历史学家的话来说，那个时期的工厂是"完美的地狱：一旦进入就别想出来，除非失明、伤残或染上结核病。"下议院委托进行的一项调查警告说："有许多工厂，不仅是那些小厂，在不断地发生严重事故。而且，一旦事故发生，工人就立刻被遗弃。他们被停发工资，也没人提供医疗服务。无论伤害程度如何，都没有赔偿。"一位德国游客在曼彻斯特的街道上看到在机器旁耗尽精力的工人蹒跚而行，把此情此景比作"刚刚打完一场恶仗之后的残兵败将"。

欧文对这一切非常震惊，于是继续游说改革。1815年，他提出了一项法案，禁止雇用10岁以下的儿童；18岁以下的工人每天工作最多10.5小时。议会的最终决议是，禁止雇用9岁以下的儿童；16岁以下的工人每天工作最多12个小时。接着，欧文采用了另一套说辞，指出不仅工厂在杀害孩子，自动化还导致了人们两手空空无事可做。他在自传中写道："人原本比机械和化学的发明发现更加珍贵。……但如今，人被解雇了，他们被机器取代。"

欧文提醒他的同胞们，无所事事的双手将会引发恶果。除其他改革外，他还主张建立一系列的村庄，让居民在那里进行农业、工业和劳动的合作。议会对这项提议的反应，说得好听点，是冷淡的："欧文先生，阁下的报告涉及的建议如此广泛，在原则和实践上如此新颖，它们均关涉国家的重大变化，故本委员会暂不予考虑。"

欧文愈挫愈勇（也有可能是无知无畏），他启程前往美国，抵达印第安纳州的新和谐镇（New Harmony）。一些路德派教徒离开了他们德国家乡的教区，在这片面积达 2 万平方英亩的荒原上开辟出了一个新镇子。后来，路德教徒撤出他们的股份，搬到宾夕法尼亚州，欧文以相当于自己全部身家的 12.5 万美元买下了新和谐镇。他的计划是建立一个乌托邦社区，用"劳动力交流"和"劳工市场"来消除中介，使工人获得更大的控制权。他企图建立一个"新的道德世界"，让男人和女人并肩合作，不仅拥有劳动手段，也享受劳动成果。

欧文在新和谐镇的工作受到了广泛的宣传。社会进步人士聚集于此，那里还召开过一次国会联席会议，欧文应邀发表演讲。即将离任的詹姆斯·门罗总统和刚刚当选的约翰·昆西·亚当斯总统均对此印象深刻，白宫还展出了一个新和谐镇的缩微模型。但外界的认可并不足以维持内部的合作。内斗频仍，再加上管理不善，新和谐镇不到三年便土崩瓦解。失去了大部分财产的欧文回到英国，他已不再是当初的发达资本家。尽管如此，他仍然津津乐道于自己心目中的理想世界。他说，科学昌明已将文明推到了"人类历史上从未抵达过的边界……我们已经［超越］勉强为生的贫苦，抵达永远的富足"。他几乎身无分文地死去，最后说的是："我把重要的真理传给了世界，今天人们对此不屑一顾，但终究会有人明白。我是走在时代前面的人。"

梅德里克·艾迪生（Medrick Addison）听过很多关于罗伯特·欧文的事，对他钦佩不已。虽然他不确定是否每个人都能实现欧文的梦想，但他对自己能做到这一点深信不疑。艾迪生是个 40 多岁的大块头，一脸深情的样子，别人看着会觉得他有些忧郁。我们见面是在 6 月上旬闷热的一天，当我们在克利夫兰附近散步时，他的衬衫被汗水浸透，粘在背上。街道平静整洁，仿如墓园。艾迪生指着他儿时的家，一座砖砌公寓，厚厚的胶合板从里面遮住了窗洞。他说他希望看到胶合板被换成玻璃的那一天。不过,他又补充说,他并未谨小慎微、止步不前。

艾迪生出生于密西西比州的伊塔比纳,他的父亲曾在密西西比河谷州立大学教授社会学,他的母亲是一名营养师。才 18 个月大时,他和母亲及兄弟姐妹搬到克利夫兰,父亲就此从他的生活中消失。"16 岁的时候,我开始自己照顾自己。18 岁我就参军去了。"军旅生活不太适合他,他喜欢自由自在。所以,当他的妻子怀上第三个孩子时,他就退役回家了。他并不担心生计。他曾服过兵役,有高中学历,他有充分的理由相信自己能找到一份工作。但在克利夫兰没什么工作机会,至少没有能给他的工作机会。他并不气馁,反而迎难而上,打算当个时代的弄潮儿——去创业!他读了许多这方面的文章,心中有了主意。他先是进了社区学院读商科,主要是市场营销,但一年后就辍学了。"除了我自己,我没有人可以依靠,"他告诉我,"3 个孩子嗷嗷待哺,我必须立刻挣到钱。所以我做了一个错误的选择。"

他所说的选择是贩卖可卡因,这事儿听上去简单,做起来着实不易。首先,你必须克服恐惧,和那些心怀叵测的人谈判;其次,你必须想办法避开法律制裁。艾迪生在这两个方面都有困难,但真正让他放弃的还是第二个障碍。

"一旦坐过牢,你便再也不想回去。"他告诉我。

但他还是回去了。第二次监狱生涯之后,他再也受不了了。他东拼西凑,贷款开了家餐馆。这个生意也不容易。他原本是想,除了烹饪他什么都可以自己做。结果后来厨师辞职了,艾迪生不得不亲自掌勺。"有段时间还行,后来经济崩溃,就无人光顾了。"他关了餐厅,回到大学,这一次他获得了工商管理和运营方面的副学位。尽管如此,他依然没有工作机会,所以又报名参加了职业培训计划。他说:"我愿意接收培训,也愿意为此支付交通费和学费——但培训是为了什么呢?根本就没有地方要人。"

艾迪生的感觉,就仿佛自己的额头被烙上了"不配"二字。他孤注一掷地与一家名为"走向就业"（Towards Employment）的机构签了约。这是一家非营利性机构，据说专门帮助走投无路的人。由于之前一次又一次的失望，他这次真的需要鼓足信心来填写表格、回答问题。甚至，当该机构通知他去面试时，他还是不敢相信。他说："开始我觉得根本不可能通过面试，但我老婆认为我应该去试试。所以我就去了。"

他得到的是"常青合作洗衣店"（Evergreen Cooperative Laundry）的经理职位，这家洗衣店是从以前的一家汽车机械店改造出来的。不同于艾迪生原先设想的黑暗、肮脏、破旧的店铺，常青的顶部装有天窗，沿墙还有一长条玻璃窗带；房子前面有自行车停车架；抛光砖砌的外墙上，横亘着3幅手绘壁画。看起来很美。不过对艾迪生而言，外观这种表面化的东西从来就不是他的优先考虑因素，最重要的是他可以拥有的工作。常青是一家员工所有的合作社，它成立的基础，就是罗伯特·欧文很久以前想象的乌托邦愿景。

他说："他们告诉我，6个月后，我可以买下这里的一部分，拥有一份所有权。这让我很高兴。"由于艾迪生曾经的创业经验，他得到了这份工作。一年之内，他从经理升为常青合作社的官方发言人，成为不遗余力的推广者。他说，所有权的意义非同小可："在常青合作社，我看到了很多人的生活就此改变，我也是其中之一。"

这家2009年盛大开业的洗衣店是常青合作社旗下的第一家企业。该合作社是一家控股公司，后来它又于2010年推出了"常青能源解决方案"（Evergreen Energy Solutions），一家专门从事太阳能电池板和LED装置的合作社；2013年推出了"绿色城市种植者"（Green City Growers），全美国最大的城市水培温室。洗衣店和能源公司均在成立5年后获得了可观的利润，对当地人来说，这简直就是奇迹。这是因为，这两家位于格伦维尔的公司，其具体所在地就是艾迪生成长的社区，这里的家庭收入中位数徘徊在23205美元左右，而犯罪率大大超过全国平均水平，一大半的儿童在贫困线以下的生活水准中长大。

格伦维尔是一个承诺很多但兑现很少的地方。常青不承诺，尤其不做无法兑现的承诺。这个组织的建立，是基于罗伯特·欧文的一个见解：当人们没有机会和手段去运用自由意志时，"自由意志"就是句空话。除非有人愿意付钱来找人工作，否则任何数量的培训或教育都不会产生对工作的需求。常青战略是创造满足实际需求的工作，然后给员工入股的机会。艾迪生告诉我："当我招聘员工时，并不要求他们有什么特殊技能，技能可以在工作过程中学习掌握。我看重的是态度和心灵。"

艾迪生开车送我去洗衣店。进店后，我向一个头戴发网、身穿蓝色制服的女士打招呼。她正在把床单送进一台机器，随后那些床单就被折叠整齐，简直像魔术一样。她是位 31 岁的单身母亲，有两个孩子。她告诉我，这是她第一份全职工作。她曾在零售店工作过，主要是在快餐店和折扣店，但因为那些地方的工作不稳定，薪水也很低，所以既不能维持她的家庭生活，也不能维持她内心的平静。她需要一份稳定可靠、并且让自己有归属感的工作。在进入常青之前，她从未看到过这种可能性。首先，她没有车，而在格伦维尔本地几乎找不到工作，所以很难办。另一方面，她也没有大多数老板都喜欢的那种态度。她承认自己直率、坚持独立自主，而大多数雇主在招聘入门级岗位时根本不需要应聘者具备这些品质。她告诉我："说实话，我原先不太确定我能否在洗衣店干满 6 个月。让我坚持下来的是这个想法：有一天，我会拥有这家店的一部分。现在，我可以看到未来了。"

那天，我看着从附近医院、诊所、酒店和疗养院一卡车一卡车运来的床单、毛巾和其他织物被小心地洗涤干净。在此过程中，我不止一次地听到"看见未来"这句话。从初洗到折叠的整个过程需要 28 分钟。每个员工都要熟悉设备的所有细节，并掌握客户服务和销售方面的基本技能。在一家员工所有的公司，盈亏可不只是数目字，而是非常真实、非常个人化的。每个人的工作都很重要。

常青的首席执行官约翰·麦克米肯于 2013 年签署这项计划的时间

节点，大约是在他的幼子查理接受心脏移植手术一年后。虽然他没有把个人生活和职业生涯直接联系起来，但他清楚地表明，他从相似的角度看待来自家庭和常青的挑战。他直截了当地告诉我："二者都是有待解决的问题。很多公司都告诉员工'要有主人翁精神'，但这究竟意味着什么？在常青，我们将这句话落到实处。我们的员工对公司投资，他们手握股份，对公司的运营有发言权。他们可以决定公司雇用什么样的人，他们担任董事会成员，一起分享利润。在这里，成功意味着所有人都精诚合作，不是作为一个通常意义上的'团队'，而是作为同舟共济的公司共有人。"

常青合作社的起步并不顺利。在早期，并不是所有人的意见都被重视，出了一些差错，有些还很严重。客户流失、交易缩减、资金短缺，有些工人领不到工资。麦克米肯说，他曾经离永久关闭洗衣店只有"一步之遥"。但此一时彼一时。在我们上次谈话的2018年初，洗衣店的产能和工资都翻了一番。

常青经常被描述为一个重要的支点，人们认为它的成功充分证明如下理念是行得通的：在一个网络化的世界里，普通人的好工作可以通过当地的需求来驱动和维持，同时，产生的利润能够留在当地社区。俄亥俄州土生土长的特德·霍华德是一位资深的社会活动家，也是推广这个理念的主要设计师之一。霍华德是马里兰大学一个规模中等的智囊团——"民主合作社"（Democracy Collaborative）的联合创始人和总裁。该合作社率先提出了创建员工所有合作社的设想，指出合作社的服务对象应为所谓的"锚机构"（anchor institutions），即医院、大学、博物馆、中小学校、疗养院，以及其他固定在特定社区的公共设施。这一设想的宗旨，是为了在这些组织和为它们服务的合作社之间建立起一种互助互利的关系，也就是说，重新启动曾经为克利夫兰这样的地方提供动力的良性工作循环。

克利夫兰曾经是活力四射的美国第五大城市。昔日辉煌在以下这些大型机构中依然有迹可循：克利夫兰诊所、凯斯西储大学、克利夫兰大学医院、克利夫兰交响乐团，以及令人惊叹的克利夫兰艺术博物馆。这些机构和许多其他一些不那么显眼的机构，如疗养院、日托中心、学校，在食物、能源、交通、商业服务，以及清洁洗衣等方面产生了巨大的需求。这些需求大多外包给了对本地社区没什么感情的大型企业。诚然，这些大企业满足了投资者的需求，这对投资者来说是件好事。但对股东的关注往往会导致员工和好工作被弃置一旁。

民主合作社的领导层敦促克利夫兰一些最受尊敬机构的代表重新考虑他们对公众的义务，吁请他们慎重选择产品和服务的供应商。合作社如此表述自己的立场：何必舍近求远？将你的资金投向本地的居民和社区，岂非更加公平、更加明智？为了证明此举的有效性，他们还引用了蒙德拉贡集团（Mondragon Cooperative Corporation）[1]的例子。它是一个由200多家劳工共有的合作社组成的联合会，位于西班牙西北部巴斯克地区一个郁郁葱葱的山谷之中。

蒙德拉贡的诞生是这样的：很久以前，在西班牙血腥内战的动荡之后，一位颇具卡里斯玛的年轻神父何塞·马里亚·阿里兹门迪亚列塔（José María Arizmendiarrieta）被他的大主教派往比利牛斯山脉深处一个陷于困境的制造业村庄。阿里兹门迪亚列塔对那里的贫困深感震惊，他把村民们发动起来，设法筹款建立一所技术学校。资金到位，学校建成，十多年后的1956年，学校的5名毕业生——全部都是工程师——成立了一家手工制造石蜡加热器的小公司。那也是一个工人合作社，每个人都有投票权，分享利润。彼时，在某种程度上西班牙的经济已经从战争中恢复过。合作社欣欣向荣，随着越来越多的企业加入进来，这种模式不断发展壮大。它们的资金全部来源于同一家银行，而这家银行也是由阿里兹门迪亚列塔帮助建立的。

今天的MCC是西班牙最大的商业集团之一，旗下有200多家合

---

1 下文简称MCC。——译者注

作社，其业务涵盖了从自行车制造商奥贝亚（Orbea）到 Eroski 连锁超市的方方面面。据报道，这些公司直接雇用的员工总数达 8.3 万，此外，它们还在葡萄牙、法国、德国、巴西、中国和其他国家设立了子公司，这些子公司的雇员更是成千上万，人数远远超过本土员工。（不过，并非所有子公司都隶属合作社，也并非所有子公司的员工都是公司共有人）。MCC 的经营政策是所谓的"网络资源共享"，这是一个伙伴系统，其宗旨是为了确保某个合作社开始下滑时，其他合作社能够迅速提供贷款或其他支持。每个企业将税前利润的 10% 交给中央基金，为新加盟的合作社提供资金。这些政策的目的是为了保持稳定性。在 2007—2010 年全球金融危机期间，整个西班牙共有 370 万人丢了饭碗，而蒙德拉贡集团依然保证了薪酬稳定。为避免裁员，成员们同意削减 5% 的工资，而且减薪先从管理层开始。

几十年来，蒙德拉贡一直是劳工活动家和其他进步人士的麦加圣地，他们成群结队地前来朝圣，赞美这一"负责任的资本主义"的活见证。这些合作社每年的销售额高达约 150 亿美元，在巴斯克从贫困乡村转为相对富裕地区的蜕变过程中居功至伟。蒙德拉贡拥有自己的中小学、大学、技术学院和研究中心，同时也拥有西班牙最大的银行之一。它以去中心化的战略运作，企业通过合作形成网络，抱团应对瞬息万变的市场。由于没有庞大管理层的限制，一旦出现有利可图的市场空缺，工人们可以快速地自由进入。这些公司结构简单，管理人员相对较少，它们专门致力于创造可持续的就业机会。（意大利的合作社也具有这些特点。在繁荣的艾米利亚－罗马涅地区，40% 的 GDP 来自劳工共有的合作社。）

对于许多仰慕者来说，蒙德拉贡是个活生生的证据：现代企业模式将投资者的需求置于员工的需求之上，是时候颠覆这种模式了。很多美国人也渴望实现类似的设想。然而这种设想能否大规模地实现呢？这个问题的答案依然不能确定，像常青这样的实验正是为了回答这个问题。

在克利夫兰，从洗衣店开车 5 英里，就到了绿色城市种植者。这是一座巨型的水培温室，投资额 1700 万美元，面积达 174240 平方英尺，铺展在一处重新开发的闲置地块上。在常青最新的三大合作社中，绿色城市种植者的建设和经营成本最高，它也是目前最有野心的一个。其年产量为 300 万棵生菜、30 万磅香菜、欧芹和罗勒，这样的体量无人可以忽略。温室经过了精心设计，集高科技和劳动密集型为一体，是人类和机器的完美二重奏。麦克米肯告诉我，它业已成为美国最大的城市食品生产基地，而且刚刚和一个大买家新签了为其种植罗勒的协议，所以，未来的进一步扩张不可避免。

克利夫兰看上去并不适合种植蔬菜，但在某些方面它又是完美的：在这里散落着数以千计的空置建筑，它们的周围环绕着成千上万英亩的空置土地。事实证明，农业是一种可以充分利用闲置空间的合理方式。克利夫兰有几十个营利农场和 200 多个社区种植园，在本地食品和农业方面位居全国第二。大多数的小型农场都是在农贸市场售卖产品，或直接卖给餐馆，后者相当于卖给精英阶层。但是，绿色城市种植者可以参与更大规模的竞争，其客户包括城市的许多锚机构和一些大型连锁超市。考虑到工人的工资和福利相对较高，合作社产品的价格也略高，但其品质和新鲜程度减少了浪费，总体来说并不贵。

绿色城市种植者将其收获的约 1% 捐给克利夫兰食品银行[1]，而合作社自己的员工已经不再需要去这家"银行"领救济了。麦克·斯奎尔（Mike Squire），合作社最初的 25 名雇员之一，对此非常高兴。斯奎尔在绿色城市种植者的第一份工作，是把团成球状的生菜种子一颗颗地放进海绵状的生长介质中。他现年 53 岁，拥有商科学位，还获得了俄亥俄技术学院的技术硕士证书。但直到与温室签约之前，这些资质都没有给他带来稳定的工作。他说自己曾在一家工业冲压厂干过，这家公司因未能和一家中国公司成功签约，把他解雇了。"但在

1　food bank：接济当地穷人、发放食品的慈善组织。——译者注

这里，"他说，"没人担心来自中国的竞争。一切的工作就在此地，在克利夫兰。"

克利夫兰的实验终究只是一个实验。它的目的不是为了雇用数十万人，也不可能让所有人都从中受益。但这很可能是解决方案的一部分，一种将好工作带回本地社区的方法。亚特兰大、新奥尔良、底特律、巴尔的摩和康涅狄格州的纽黑文都表示了对这种模式的兴趣。纽约州的罗切斯特投资了当地的第一家合作社，那是一个能源公司；弗吉尼亚州的里士满也计划效仿。

当我第一次和常青的设计师特德·霍华德（Ted Howard）交谈时，他刚刚从得克萨斯州阿马里洛市演讲归来，那里的牛肉加工业占据全美的约 1/4 份额。霍华德是一个素食主义者，他在那里点菜很难（72 盎司[1]的牛排！），他还曾担心自己与听众的沟通也会很难。他回忆说："那是一个政治上非常保守的地方，人们提醒你，1964 年，正是在阿马里洛，林登·约翰逊输给了戈德华特。"霍华德在演讲中提出了一个设想：阿马里洛的锚机构——医院、大学，甚至大型肉类包装厂——都可以成为劳工共有的合作社的客户，向其购买运输、清洁和食品服务。演讲结束后，该市的共和党市长突然举手发言。霍华德鼓足勇气，正准备接受严厉的批评，但市长的话让他大吃一惊："这个每人都有一块儿的共享玩意儿，我觉得很有意义。"

事实上，"这种共享玩意儿"对许多美国人来说都是有意义的，而且历来如此。自殖民时期以来，农民们就成立了合作社，以集中资源、增强市场竞争力，让自己即便逢上灾年也能渡过难关。罗伯特·欧文的新和谐本身虽然没有获得令人振奋的成功，但却激励制造业工人成立了数百家共有的合作社，以应对工业时代在工资和工作条

---

[1] 1 盎司 = 28.35 克。——编者注

件方面的斗争。工人所有的合作社也是早期工会的一个重要组成部分：在 19 世纪中后期，全国有 500 多个工人合作社，其中一些具备了相当大的规模。美国劳工骑士团[1]在其顶峰的 1886 年拥有 70 万成员，该组织动员工人们进入所谓的"合作联邦"，一个旨在替代现有经济体系、建立工人民主、废除"工资奴隶制"的新体系。

进入 20 世纪，经济大萧条使得公众对工人合作社的支持与日俱增，数百个工人合作社或恢复、或新创，它们的目的很明确：创造工作岗位。二战后的多年繁荣和工会兴起导致人们对合作社的热情下降，直到 20 世纪六七十年代，工人合作社又重新出现，这次是作为更广阔的社会正义运动的一部分。随后又因里根政府的新自由主义政策而消亡。

纵观这段错综复杂的历史，工人所有制仍然具有吸引力，这一点甚至其批评者也不否认。里根在 1987 年的一次演讲中说道："我忍不住相信，未来我们将看到，美国和整个西方世界都会朝着下一个合乎逻辑的步骤——员工所有权——发展。这是一条有利于自由人民的道路。"

历史表明，美国对工人所有制的热情与经济的起伏有关：当经济不景气时，我们就会对它格外感兴趣。美国工人合作社联合会（US Federation of Worker Cooperatives）主席梅丽莎·胡佛（Melissa Hoover）认为，我们现在的时代是"糟糕的"，所以人们对合作社的兴趣迅速增长。目前，全国大约有 350 个工人所有的合作社，其中有一些取得了巨大成功。尤其引人注目的是家庭护理合作协会（Cooperative Home Care Associations）[2]。它是全国最大的合作社，位于南布朗克斯区，拥有 2200 名工作人员，其中许多是移民和单身母亲。人们对 CHCA 特别感兴趣，这是因为家庭保健和个人助理不仅是美国规模最大的一个职业，而且还是增长最快的，预计 10 年增长率将超

---

[1] Knights of Labor，又译"劳动骑士团"。——译者注
[2] 下文简称 CHCA。——译者注

过 40%。家庭医疗保健在目前 300 万个工作岗位的基础上还在强劲增长，是美国的巨无霸行业。

在每年投入医疗保健的 3.4 万亿美元中，有一半以上用于支付劳动力的报酬，这是一个令人吃惊的数字，投资者也已注意到了这一点。劳里·奥尔洛夫是"居家养老技术观察"（Aging In-Place Technology Watch）的创始人和首席分析师，这是一家专注于面向老年人的技术市场的咨询公司。她告诉我，2017 年，家庭医疗保健行业有 1.7 万家公司，新增风险投资达 2 亿美元。她说："有两个因素推动了对家庭医疗保健的需求。首先，65 岁及以上人口的寿命不断增长。第二，养老院的价格太高，只有最富裕的人才住得起。随着婴儿潮一代进入 80 岁甚至更高年龄，对家庭保健助理和服务的需求一定会增长。许多城市已经是供不应求了。"

尽管需求毋庸置疑，家庭保健助理仍然徘徊在医疗保健体系的最底层，其报酬远远低于医生和护士。他们的平均年薪约为 21000 美元，这还是在工作稳定的情况下。这就引出了一个难以理解的问题：既然需求在飙升，为什么市场没有提高这些不可或缺的护理者的待遇？毕竟这项工作又不能外包，而且，按照奥尔洛夫的说法，机器人也不能胜任这个工作，因为它太多样化了，有太多的不可预测性。然而，除了为医疗补助审批所制订的一些粗略的标准外，根本就没有覆盖全国 300 万家庭护理工作者的联邦法规，而且令人难以置信的是，只有大约一半的州要求相关机构为从业者提供培训。个人或家庭保健助理被卷入了约 1/3 的医疗补助欺诈刑事案件，鉴于这一行缺乏培训、地位低下、报酬微薄，这个数字并不值得大惊小怪；而在全国范围内，每 3 名需要服务的病人或残疾人只有 1 名保健助理也很正常。

已加入工会的 CHCA 正在设法应对上述挑战。该合作社每年投资 200 万美元用于培训其成员，其中半数以上的成员拥有该公司的所有权（他们只需投资 1000 美元，还可分几年支付）。每个所有人可以得到一份股权，并有机会在董事会中占有一席之地，董事会的成员大多数也是工人。这里的关键是所有权和公平性：在一个营业额几乎保持不变的行业中，CHCA 员工的平均工作时间为 17 年，这意味着工人所有者倾向于待在自己的岗位上积累经验和技能，以造福他们的社区。

由于 CHCA 的兴起，以及其他一些因素的共同作用，纽约市提出了工人合作企业发展倡议。自 2016 年以来，该倡议已促成 36 家新的工人所有企业的启动。美国工人合作社联合会的胡佛女士说，全国有越来越多的城市转向合作社，以重振处于困境的邻里关系，纽约是其中之一。"明尼阿波利斯、奥斯汀、纽约、奥克兰和波士顿都在深入探索员工所有权，并积极投资。你可能会认为，大城市对之感兴趣很正常。但我们也有其他看上去不太可能的合作伙伴——那些希望保护或振兴当地企业的小城市和农村社区。"

合作所有制是一种跨越政治分歧的经济战略，保守派和进步派都已注意到它的优势。一头是捍卫他们所说的"民主所有制"的改革者，另一头是试图振兴被破坏的当地经济的普通美国居民，他们正和这个国家一起苦苦挣扎。随着许多大卖场关门走人——2018 年初，沃尔玛关闭了 63 家卖场；2016 年则关了 250 家——这些小城镇连杂货店和药房都没了，也没什么就业机会。这些地方将合作社视为生命线。

合作社有时会被误解，曾经有人说，它不是对现有商业模式的挑战，而是完全脱离了商业模式。但胡佛指出，金融危机改变了公众的想法："我得说，现在人们谈得最多的是经济问题，都不怎么谈民主控制了。如今，大部分企业的利润进了少数人的口袋，而其付出的代价则要全社会来承担。公众特别关注收入不平等、工作不稳定和工资待遇低等问题。突然之间，人们发现了工人所有权这种模式，相对于消灭中等工资工作的现有体制，大家认为这是一种可行的替代方法。"

胡佛认为，在传统私营小企业向工人所有制的转变中，有一个特别强劲的增长机会：当下约有 2/3 的公司为婴儿潮一代所有，而在未来几十年后他们都将退休，这就意味着，届时这场"银发海啸"

（silver tsunami）将导致数万亿美元的资产转移。问题是，这些资产将被转移到哪里？据估计，15%的企业将继续为原家族所有，剩下的将被私人股本公司挖走。但私人股本并不是招之即来的，即便可行，它也不总是企业所有者的首选。以合作的方式将企业移交给员工，这将成为一种回报员工、留住客户并留住遗产的方式。

与此同时，合作运动的影响范围继续扩大，甚至和工会这样一些看似不可能兼容的组织找到了共同目标。在一次由合作社所有者及其倡导者组成的全国性集会上，我见到的列席人包括律师、视频游戏设计师、出租车司机、光伏电池制造商，以及美国最大的工业工会——钢铁工人联合会的合同谈判代表罗博·威瑟尔（Rob Witherell）。威瑟尔说话粗声粗气，是个典型的工会成员，但他把合作社看作是下一件大事。"工会和合作社在基本面上有很多共同点，"他告诉我，"它们都是为了让工人们互帮互助、过上更好的生活。工会曾在威斯康星州、密歇根州、印第安纳州和俄亥俄州进行过一些非常公开化的斗争，大部分以失利告终。我们的反对派组织良好、资金充足，所以，如果我们回到初心，即促进工人们守望相助以改善生活，我们或许可以打开新事物的大门，比如工会与合作社的联盟。与其试图说服现有雇主的员工加入工会，不如让他们相信，我们应该考虑联合起来创造自己的工作岗位。我指的是可持续的工作，而不是那种仅仅因为在中国生产能够便宜5美分就会被搬走的工作。"

20世纪50年代，工会代表了1/3以上的劳动力。数十年来，由于工会的力量，无工会工厂没有泛滥，工资差距也得到一定控制。到了今天，由于工会成员只占了私营部门劳动力的6.4%，尽管工会仍希望通过协商为大多数美国工人保住中产水准的生活，但已是心有余而力不足。经济与政策研究中心的经济学家艾琳·阿佩尔鲍姆（Eileen Appelbaum）一直关注公共政策和行业实践对劳动力的影响，她告诉我，如果没有工会的"补偿力"，工资就不再能够保障体面生活。

对于数以百万计的美国中产阶级来说，这并不是什么新闻。21世纪初，许多人发现，在我们的净资产当中，比起账面价值飙升的住房和投资所得，工资占的比重要小得多。这种强大的"财富效应"粉饰了工资止步不前和就业不景气的双重问题。正如我们所看到的，自20世纪80年代以来，临时工、合同工及自我雇用者的增长速度一直高于长期的全职工作者。那么，安全稳定的机会，尤其是那些提供福利和职业发展的机会，当然变得越来越少。但这只是问题的一部分。正如一位劳工律师告诉我的："大多数人都意识不到，自己的工作是多么容易失去或是降级。"

美国的雇用理念过于随意，通常的私营部门雇用协议有效地实现了一个目的：即将工人视为劳动力提供者，在工作场所没有合法权益，因而，自己的工作岗位也只能任人取予。以这样的协议来维系工作生活实在是悬而又悬。正如法律学者克莱德·W. 萨默斯（Clyde W. Summers）曾经指出的那样："（随意雇用的）法律通过给予雇主完全的支配权，赋予雇主神圣的权利（divine right）来统治其雇用对象的工作生活。"在法律意义上，这一"神圣的权利"将雇用的行为，化简为罗伯特·欧文及其追随者强烈谴责的"人力出租"。

如果把人当作可以出租的东西，我们将更加难以从工作中获得意义。不为别的，只因为我们是人类，总会被一些律令制约，其中包括社会科学家所称的"互惠义务"。在就业环境中，互惠义务涉及雇主和雇员之间的心理契约，这意味着双方要为共同利益而合作。随意雇用基本上违反了这一隐含的合同：由于它使得员工几乎可以因任何理由、或根本没有理由而被解雇，因此，除少数特权员工以外的所有人都处于极大的劣势。例如，洛杉矶的一位会计师可能会接受南卡罗来纳州查尔斯顿的一家公司的工作邀请，她自己辞掉现有工作，还敦促丈夫也辞了职，卖掉他们的公寓，给孩子们办好转学手续，举家来了一次横跨美国的迁徙，最后却收到一条短信，新公司说不需要她了——没有任何解释。波士顿劳工律师乔·桑杜利（Joe Sandulli）告诉我："人们都相信自己有工作的权利，但事实上他们根本屁都没有。

在工会之外，对工人的保护付之阙如。"

随意雇用赋予了雇主增加或缩减劳动力的自由，为他们在雇用方面清除障碍，从而获得竞争优势。支持者认为，与其他发达经济体相比，这一点使得美国创造的就业机会更多、速度更快。没错。但是，尽管雇主确实因此而拥有了更多的灵活性，它也大大降低了工人为更好的工作进行谈判的能力，尤其在没有工会支持的情况下。

2015 年，哈佛大学经济学家理查德·弗里曼（Richard Freeman）及其同事发表了题为"工会主义的衰落如何影响美国中产阶级和代际流动？"（How does Declining Unionism Affect the American Middle Class and Intergenerational Mobility?）的文章，其结论令人震惊。不仅工会成员比非工会成员有更高的收入，而且，在其他条件相同的情况下，前者的成年子女也比后者的成年子女挣得更多。同样令人担忧的是，在工会衰落之际，居住在工会密度较高的社区中的人，其平均收入高于居住在工会密度较低的社区中的人。也就是说，工会在社区中的存在改善了每个人的就业前景。作者总结说："对高层次的代际流动与跻身中产阶级，一个强大的工会运动不是充分条件，但它可能是必要条件。果真如此，如果不重建工会或类似的工人组织，增加代际流动和重建中产阶级的努力就没什么意义。"

伴随工会的衰落和随意雇用的盛行，是知识经济的兴起。在知识经济中，雇主们通常只希望员工为个人利益而谈判，而不是为了共同目标进行集体谈判。尤其 IT 业界，似乎认为工会是一种特殊的威胁。20 世纪 70 年代，英特尔联合创始人罗伯特·诺伊斯就宣称："保持无工会状态对大多数公司来说是生存的必要条件，是管理层必须保证的优先事项"。20 年后，史蒂夫·乔布斯谴责工会是"根本问题"；风险资本家、网景公司的联合创始人马克·安德森则指出："也许曾经存在过适合工会的时空，但我不确定如今它是否还在。"

然而，促使数字劳动力联合化的努力已经断断续续地取得了成功，而且至关重要的是，公众对工会的支持也已经持续了近十年：

2017年，绝大多数美国人都表示了对工会的赞同。尽管如此，从前为大家熟知的那种工会不太可能再重回工业时代的辉煌，因为当"集体"分散在全球各地时，集体谈判几乎是不可能的。

"在20世纪，会有1万名工人聚集在一个工作场所；50万名钢铁工人的罢工几乎会令整个国家瘫痪。但现在的经济正在远离那种工作组织方式。"劳工历史学家马克斯·弗雷泽（Max Fraser）告诉我，"当下的形式包括快餐店员工的一天罢工和网上抗议活动，虽然它们令人兴奋、富有创新性，但缺乏战略重点。作为一个研究劳动史的学者，除了集体谈判，我不知道还有其他更强的组织力量——工会无疑是工人获得工作控制权的最有效途径。但在我们所处的历史时刻，这一切已不再奏效，我们正在寻找新的模式。"

罗博·威瑟尔曾经是某次运动的亲历者，这次运动的愿景是打造一个工人合作社的新模式，将工人、企业所有者和消费者团结在一个共同的事业中，使所有利益相关者受益。他解释说："如果我们把工会和工人所有权视为同一个广义的劳工运动的相互补充，那么我们就有更大的机会获得这一运动的成功并进行变革。"工人所有权最吸引人的一个方面是，它保证了利润和收入相对平均地分配，并缩小了最高和最低收入者之间的差距。合作社也有可能提供更大的灵活性，以应对分散式经济的不稳定需求。想一想能源产业。煤炭、天然气和石油等化石燃料的生产有赖于大规模的垂直组织。在这些行业，资本掌握在少数人手中，工人的力量微乎其微。但从2013年开始，风能、太阳能和其他可再生能源占据了国家电网新增容量的2/3，远远超过了化石燃料的增长。虽然在许多州，投资者所有的大型公共事业公司实行合法的垄断，加大了向可再生能源转向的难度，但住宅屋顶太阳能的吸引力已经威胁到了这些垄断，它促成了所谓"社区太阳能"或"共享太阳能"网络的合作模式。因此，一些人认为，能源的未来可能不在服务于投资者需求的大公司，而在灵活的合作社网络，它可以满足具有企业所有者和客户双重身份的工人的需求。

同样前景光明的，或许还更加出人意料的，是网上的合作平台，其宗旨是让工人在不受中间商干扰和盘剥的情况下交换劳动。正在崛起的合作平台有望替代传统的在线劳动力经纪公司，如 Upwork 和亚马逊的"土耳其机器人"（Mechanical Turk）[1]。MTurk 是目前最受欢迎的在线工作"市场"。在这个平台上，雇主（也称"请求者"）"分发"亚马逊所谓的"人类智能任务"，比如填写调查表、标记照片、转录播客或将数据输入 Excel 电子表格。一般来说，任务会被分解成可以在几秒钟或几分钟内完成的片段。举个例子，现在有项工作是要把英语备忘录翻译成法语，亚马逊并不把整个任务拿来招标，而是把它分成几句话一组，然后把这个项目拆零卖给数百个"土耳其机器人"，这些人会努力抓住尽可能多的句子，翻译每个句子的报酬可能是一两美分。亚马逊声称要在世界范围内雇用 50 万"土耳其机器人"，其中绝大多数在美国和印度。据估计，美国"土耳其机器人"的平均时薪是 1.50—3.50 美元。亚马逊做的是简化这一过程，并从中提成。如果请求者对任务的完成情况不满意，可以拒绝支付，干活的人就只能认倒霉。

在某些领域，MTurk 很受欢迎。例如，它被广泛应用于验证和"清理"数据；在开发语言识别和机器学习的应用时，可以用来训练人工智能的算法。然而对 MTurk 服务的满意度并没有和对它的需求同步增长。请求者抱怨工作人员做得太马虎，而工作人员则指责亚马逊"在人群中剪羊毛"，通过全球范围内盘剥数字劳工来攫取最大的利润份额。[正如亚历克斯·里维拉导演的热映电影《睡眠经销商》（Sleep Dealer）中所说，"只有工作，没有人工。"] 亚马逊自己的网站对此供认不讳，并且骄傲地宣称亚马逊"充分利用了来自世界各地的'土耳其机器人'的技能"，从而"大大降低了成本"。

麻省理工学院的数学家和哲学家诺伯特·维纳（Nobert Wiener）

---

[1] 下文简称 MTurk。其名称来源于 18 世纪的一个由真人操控的国际象棋游戏机器人。——译者注

曾经警告说,在资本主义时代,新技术的真正作用是加强对工人的剥削。"众包"工作市场无疑是造成这个问题的原因之一。许多劳工利益维护者和相关学者认为,是时候颠覆像 MTurk 这样的在线平台了。有人已经设计出了替代方案。其中一个雄心勃勃的项目名为 Daemo,这是一个由斯坦福大学开发的综合性的工人合作平台。在被称为"自治的众包市场"的 Daemo,请求者被要求支付至少 10 美元的时薪,这远远高于 MTurk 的平均水平。该网站已经建立了一个系统,不仅用于选拔工人,也用于筛选出具有剥削性或其他不合适的请求者。本书写作之际,Daemo 仍处于测试状态,现在说它是否会扩大还为时过早。但在美国和欧洲,少量的由工人拥有的市场平台已经就位。

总部位于加利福尼亚州的 Loconomics 是一个联接客户与自由职业者的移动工作市场,其业务范围包括数学辅导、会计和税务筹划、婚礼摄影和遛狗。不同于那些向硅谷霸主支付佣金的平台,Loconomics 的成员将其所得的一部分转为按月交的所有权费,以获得投票权、股权和进入执行委员会的机会。由于省了佣金,会员们交的钱就保留在虚拟社区。类似地,在易趣的数字合作社版本 Fairmondo 上,卖家也是它的所有者。该平台于 2013 年在德国推出,得到了一系列众筹活动的支持,筹集了数十万欧元的会员普通股。(出资人也是会员。)Fairmondo 不提供直接任务,而是帮助其会员——既有商人也有工匠——找到自己的工作机会。目前,在这家相对较新的网站上,已经销售了大约 200 万种产品,它被认为是一种"符合道德的"众包模式。

工人所有权经常被当权者忽视,但近年来,一些有权势的人已经公开承认了它的前景。这其中包括曾担任哈佛大学校长和美国财政部长的经济学家拉里·萨默斯。他在 2015 年发表了一份关于"包容性繁荣"的报告,倡导工人所有权。他总结道:"随着工资增长和生产率增长的差距越来越大,企业净收入中越来越多的份额流向了管理层和股东。除了采取促进工资增长的措施,还需要进行制度改革,允许更具包容性的资本主义，让利润收入被更为广泛地共享。"

2017年3月，参议院银行委员会以压倒性多数通过了共和党参议员帕特·托米和民主党参议员马克·华纳共同提出的鼓励员工持股法案，从而放宽了对私营公司授予员工股票作为薪酬的规定。在宣布这项法案的新闻稿中，华纳参议员解释说："当不断增长的企业赋予员工所有权时，它对工作场所文化、员工生产力和财富创造有着巨大的影响。《鼓励员工所有权法》（Encouraging Employee Ownership Act）通过简化手续来减轻私营企业在这方面的负担，这将促进快速发展的公司和初创企业为更多员工提供所有权股份。这将扩大股权分配的范围，而不仅仅限于最高管理层。"

约瑟夫·布莱斯（Joseph Blasi）是罗格斯大学管理与劳动关系学院的J.罗伯特·贝斯特特聘教授，也是公司治理方面的专家。他提醒我，虽然真正的工人所有合作社相对较少，但拥有所有权的工人并不少。他告诉我："虽然我相信如今合作社生逢其时，但我们还是得老老实实，对合作社不应夸大其词。"他说，一个更可行的方法，华纳参议员可能也暗示了的，是员工持股计划（Employee Stock Ownership Plans）[1]。这是一个税收优惠的退休计划，允许员工购买公司的全部或部分所有者权益。员工购买股票不必动用自己的储蓄或工资，而是成立一个信托基金，然后由公司来偿还所筹资金，让员工拥有资产却不必承担风险。

旧金山的律师和投资银行家路易斯·凯尔索（Louis Kelso）被认为是创建员工持股计划的第一人。1956，他的ESOP计划帮助一家封闭型报业公司的员工买下了退休老板持有的股份。公司的价值被用作获得贷款的抵押品，而公司的未来收益被指定用于偿还贷款。这样，员工就不必拿自己的钱完成交易，从而避免了风险。

作为一名企业律师，凯尔索毫不掩饰地站在雇主一方。但他也指出了在他的时代（以及今天）被许多经济学家忽略的一个重要事

---

[1] 下文简称ESOP。——译者注

实：在现代自由市场经济中，技术变革并不能使个人变得更有价值，而是使工具、机器、结构和过程变得更有价值。是的，机器能够提高工人的生产力，但如果工人不拥有那台机器，他实际上并不是那个生产力的所有者，他的雇主才是。其结果就是，在自由市场经济中，收入的主要分配方式——从所谓的"按劳分配"——逐步向机器和其他形式资本（股票、债券、房地产）的所有者倾斜，而贡献劳动的普通人，其所得占比则越来越少。凯尔索认为，这一事实解释了为什么自由市场经济如此不稳定，既有令人振奋的高点，也会跌至可怕的低点，比如他年轻时在大萧条时期经历的金融崩溃。资本集中在这么少的人手中，减少了消费者的需求和就业增长，使许多依靠工资收入的人陷入贫困。凯尔索的解决方案是为工人提供所有权股份，这样他们不仅可以通过劳动、还可以通过持有的股份来积累财富，换句话说，就是让普通工人通过自己创造的生产力获得更多的利益。凯尔索于1989年写道："从人的角度来看，ESOP是一种逐渐将劳动工人转变为资本工人的融资方式。"

今天，全国共有近万个ESOP和其他相关计划的公司，加入者大约有1500万美国人，约占全国劳动力的10%。这些公司中的40%完全由员工所有，大约一半是由大多数员工所有。与非ESOP的类似公司的员工相比，ESOP公司的员工平均收入更高，拥有的退休储蓄是前者的两倍以上。在一份题为《雇员所有制公司如何承受最近两次衰退？》（*How Did Employee Ownership Firms Weather the Last Two Recessions?*）的报告中，经济学家菲丹·安娜·库尔图卢斯（Fidan Ana Kurtulus）和道格拉斯·克鲁斯（Douglas Kruse）指出，即使员工持股量不到公司股份的12%，也会导致更高的生产力和更少的员工流失。他们还发现工人所有制大大增强了稳定性：全国失业率每上升1%，没有工人所有制的公司就裁员3%；有员工持股计划的公司只裁员1.7%；而那些将所有员工都纳入ESOP的公司裁员率只有0.7%。一个值得注意的例子是：总部位于佛罗里达、拥有19万名员工的大众超级市场（Publix Super Markets），作为世界上最大的 ESOP 公司，从未裁员。

ESOP 并非广受赞赏。有人担心，由于部分员工的投资来自 401K 计划（一种由雇员、雇主共同缴费建立起来的、完全基金式的养老保险制度），如果鼓励这些员工投资自己的公司，或许会使他们受到双倍的伤害：当公司倒闭时，员工会同时失去工作和退休基金。这确实不是个小问题。当联合航空公司的母公司美联航在 2001—2002 年破产之际，该公司股份所有制计划中的工人损失了大约 20 亿美元的股票市值。这导致批评者谴责 ESOP 是"柠檬社会主义"[1]，以使员工成为"所有者"的名义，让员工承担管理失败的成本。但美联航并不是一个典型的 ESOP 公司。一方面，许多员工在公司没有股份；另一方面，股票并不是免费赠送给员工的，而是员工牺牲大量的工资和福利优惠换来的——ESOP 的拥护者们对此深感遗憾。

布莱斯说："如果工人所有制得到良好的结构性安排，那么它的风险就会很小，收益则很大。这一点连当年的美国创立者们都是了然于胸，并积极为此鼓与呼。他们认为，每个家庭都应该拥有自己的土地，这在当时基本上就意味着拥有自己的工作。这种基础广泛的所有权被认为是民主制度中不可或缺的要素。实际上，没有什么比公民拥有自己的工作更加民主的了。"

曾为农场主的托马斯·杰斐逊极为推崇农业，他认为工业是腐败的温床，它不把工人当作合作伙伴，甚至也不当作利益相关者，而是把工人当成一种达到目的的手段。他写道："既然我们有土地可种，我决不希望看到我们的公民被困在工作台上。……让我们把工厂留在欧洲吧。"美国第一任财政部长亚历山大·汉密尔顿批评杰斐逊的观点是精英主义和反动主义，确实如此——被杰斐逊理想化的农场大多是种植园，而他吹捧的"劳动者"则大多是奴隶。杰斐逊设想的是以有

---

[1] 柠檬社会主义（lemon socialism）：其特点是，该倒闭的公司政府不让倒闭；该付出成本的股东和企业主不承担责任而把责任转嫁给国库和纳税人。——译者注

道德的农民为基础的农业经济；相比之下，汉密尔顿的愿景是以像他这样的移民为基础的、充满活力和创新精神的制造业。

不过，尽管汉密尔顿和杰斐逊是众所周知的对手，他们还是有一些共同的观点。例如，在独立战争中，当英国军舰摧毁重要的新英格兰渔业时，汉密尔顿和杰斐逊同意通过减免税收来帮助振兴渔业，条件是船东给予船员利润分成或分享所有权。这项给予工人所有权的规定颁布于1792年，其有效性一直保持到内战结束。所以，这两人在工人所有权方面的立场是一致的，而今天的许多选民也持同样立场。近年来，这一模式得到了广泛的支持：自2015年以来，科罗拉多、加利福尼亚、密苏里、纽约和马萨诸塞等州都通过了降低工人合作社成立门槛的立法。这些努力反映了一种日益增长的意识，即广泛的工作所有权有可能为更多人带来更多财富，它还能够刺激需求，创造和维持更多更好的工作岗位。

回到克利夫兰后，我很幸运地见到了替代能源合作公司"常青能源解决方案"的办公室经理洛蕾塔·贝（Loretta Bey）。她说，她曾做过很多工作，但这次不一样。她告诉我："在这样的经济形势下，还能有个地方让你每天早晨去上班，真是太好了。成为比你更伟大的事物的一部分，这是一种福气。在这里，我们就像一个紧密相连的大家庭，每个人都会受到尊重。"贝的办公室小小的，也没有窗，但她在里面放了许多家庭照片，还有她孙子创作的艺术品，她对此感到非常自豪。她说，她和孙子、以及一大波各色各样的家庭成员（还有两只狗）已经搬进了新家，那是一套面积达2100平方英尺的五居室，是她在"常青房屋计划"的资助下买的。她正在努力整修房子，把它变成一处"完美居所"，即便什么也不搞，就保持原样，拥有这样一个属于自己的家，也已经超出了她之前的想象。她说："来常青之前，我的钱、时间和精力都花在了别人的生意上。现在，我正与一个信赖我的团队合作，我们投入的是**自己**的业务。我不是说我会永远待在这里，但这份工作改变了一切，由此获得的自信心将伴随我的一生。"

第十三章

朋克创客

能再次制造东西真是太好了。

——安德鲁·金博尔[1]

纽约布鲁克林区曾经是一个制造业巨人。在这里生产的东西包括玻璃、铁、纸、绳子和胶水，该区还有炼油厂和酿酒厂。20世纪初，总部位于布鲁克林的"美国制糖公司"（其商标名为Domino）是世界上最大的制糖厂，每天产糖1200吨，占到全国日消费量的一半以上。布鲁克林有屠宰场、装订厂、纺织厂和印染厂，以及钟表和雪茄制造商。在这里还坐落着钱德勒钢琴公司、大联合茶业公司和定制墙纸的罗伯特格雷夫斯公司。

但是，即便是在工厂林立的布鲁克林，海军船厂也很显眼。

在其鼎盛时期，布鲁克林海军船厂是全世界最大的造船厂。它的船只航行在美国历史的时间轴上。从这里驶出的船舰包括：富尔顿号，美国第一艘远洋轮船；缅因号，1898年它在哈瓦那一个安静的港口突然爆炸，引发了美西战争；以及二战中的著名战舰——被日本人在珍珠港击沉的亚利桑那号和1945年日本签订投降书的密苏里号。在它塔楼巍峨的大门背后，是一座造船之城：一张由密集的船坞、码头和仓库织成的网，一个设备齐全的实验室和一个医疗中心。住宅区

---

1 Andrew Kimball（1858—1924），亚利桑那州地区立法委员会成员。——译者注

228　工作

的街道两旁，排列着有人字顶的气派的军官宿舍，周围是士兵的营房。住在附近的平民或步行、或乘坐有轨电车来上班。20世纪中叶的高峰期，在船厂领工资的人多达7万。老照片上，当时的工人们学着电影明星的表情，双臂搭在彼此的肩上照合影。

迪克·拉雷吉（Dick Larregui）是土生土长的布鲁克林人。他后来在波多黎各圣胡安退休。当他回忆起船厂的那些日子，真是往事如昨，历历在目。他写道：

> 1948年6月我18岁，开始在海军船厂的51号电气车间从事行政工作。……后来，我因朝鲜战争被征召入伍，1953年服完兵役后，回到船厂继续工作。我的上司是乔·利维（Joe Levy），不幸的是，他已经去世了。我非常感谢乔，12年来，他一直帮助我进步。……我的一项社会成就是，和电工们一起参加一个年度垒球联赛，参赛者大多数都来自各家公司。51号车间每年都是联赛赢家。我们的队员是（我有照片）有：R. 杰克逊（R. Jackson），R. 拉雷吉（R. Larregii），V. 尼科莱蒂（V. Nicoletti），M. 鲍丁格（M. Baldinger），J. 斯卡尔福内（J. Scarfone），L. 皮门塔（L. Pimenta），M. 弗拉纳根（M. Flanagan），N. 普罗托（N. Protto），D. 希滕斯（D. Gittens），C. 培根（C. Bacon），C. 威廉斯（C. Willams），F. 卡卢奇（F. Carlucci），队长 N. 卡帕多纳（N. Cappadona），J. 迪贝尔纳多（J. Di Bernado），J. 乌利亚诺（J. Uliano），A. 莫蒂（A. Motti），S. 哈维（S. Harvey）和A. 隆托斯（A. Lontos）。

拉雷吉几乎都没有提到他的本职工作，但从他的回忆（所有这些名字！）判断，他的工作导向似乎是亲属关系，他所优先考虑的事项类似于我们在之前的一章中提到的消防员。但另一个名为鲁宾娜·罗斯（Rubena Rose）的工人对于船厂工作有着完全不同的回忆。从1939年到1946年，罗斯是数百名女工中的一员，她们的工作是为舰船缝旗子，大部分是美国国旗，也有一些信号旗。她的绰号是"贝特西"[1]，这听起来像是一个专属她的戏称，但事实上，每个"旗女"都被昵称为"贝特西"。军方需要大量旗帜，一艘护航船在一次任务中可能就会用上一整套信号旗。为了跟上进度，国旗车间实行每周7天、每天24小时的工作制。在那里工作的罗斯是个专业裁缝，手艺很好：战争结束时，她已经存了足够的钱，在展望高地[2]买下了两套褐砂石的公寓房。（数十年后，其中的一套公寓出现在公共广播公司制作的《老房子》系列片当中。）

战后，鲁宾娜·罗斯离开了船厂；20世纪50年代末，迪克·拉雷吉也走了，去往IBM开始他的管理生涯。彼时，美国作为海上商业强国的地位已经急剧下降，对舰船制造和维修的需求也随之下降。鉴于此，哥伦比亚大学经济学家西摩·梅尔曼（Seymour Melmen）提出了一个详尽的计划，要将船厂转向可行的商业运作。尽管这个想法很好，计划也经过周详考虑，依然无疾而终，船厂渐渐地衰落了。1966年，海军结束了船厂的军用使命，几年后将它以2400万美元的价格卖给了纽约市。1981年，它被非营利组织"布鲁克林海军船厂开发公司"（Brooklyn Navy Yard Development Corporation）接管，当时，这块地方已成为存放被拖汽车的场所和流浪狗的聚集地，所有工作人员加起来不到100人。对于持怀疑态度的人来说，此地恢复往日辉煌的希望，就像道奇队重回艾伯兹球场一样渺茫[3]。

怀疑论者只对了一半：艾伯兹球场的所在地如今已是一个公寓楼住宅区，其间点缀着已经褪色的绿色"禁打棒球"标志。但怀疑论者对船厂的预言完全错了：今天它已成为制造业的麦加。在东河黄金水岸，威廉斯堡大桥和曼哈顿大桥之间的300英亩地块，分布着许多新

1　贝特西·罗斯（Betsy Ross）是美国国旗的第一位设计者和缝制者。——译者注
2　展望高地（Prospect Heights）：展望高地公寓小区，位于纽约市布鲁克林区。——译者注
3　道奇棒球队于1883年成立于纽约布鲁克林，其主场为艾伯兹球场。该球队于1957年离开纽约，成为洛杉矶道奇队。——译者注

企业。这里优先考虑的是与布鲁克林的商业艺术家、工匠,以及和设计师合作的中小型制造商。为了获得租赁资格,候选公司必须规划一个适合当地经济的、可行的长期未来。2017年我在那里访问之际,该地区400家公司中有近90%向纽约市的客户出售产品,其交易额占到这些公司总销售额的70%以上。那里有一个现场就业办公室,负责招聘和培训当地居民,尽可能多地填补岗位空缺。

大卫·埃伦伯格（David Ehrenberg）是"布鲁克林海军船厂再开发公司"（Brooklyn Navy Yard Redevelopment Corporation）的总裁兼首席执行官,该公司是一家非营利组织,负责监督这一地块的重建工作。"创造就业机会是我们的核心使命,"他告诉我,"我相信我们最好的日子就在眼前。在接下来的5年里,我们预计将雇用15000名工人,10年内将有20000名工人。这些都是高质量的工作,工资足以让工人应付生活。为了当地工人——以及这个社区——就是我们来到这里的目的。"

这些工人中的大多数都是做东西的：从电影场景、电脑生成的设计、软件、珠宝、"符合人体动力学的"家具和机器人,到玉米饼、灯、塑料袋、草坪洒水器和食品包装。他们还制造大脑植入物、船只、厨柜和自行车停靠架。为了做好自己的产品,很多人（如果不是大多数的话）都依赖于以下元素的协同作用：出人意料的伙伴关系,共享的思想、空间、视野和关系,以及——最关键的——共享的材料、技能和工具。我听说过有面包师拿比萨饼给木匠,因为他的烤箱是烧木头的,他需要木匠给他木屑；还有金属加工工人用照明设备交换网页设计师的服务。我参观了"新实验室"（New Lab）,那是一个占地84000平方英尺的"创新中心",在一丛丛的盆栽绿植中,有一排排的工作站和车间,它们的业务种类应有尽有：数控铣床、金属和木材店、制造电路的电子实验室、喷漆室、激光切割,以及3D打印。我还看见一台生锈的起重机,它的吊臂悬在一根暴露在高空的钢梁之上,像是一边追忆着造船厂的光辉岁月,一边筹划着再现辉煌。埃伦伯格说："我们的愿景是将新实验室打造成支持性和协作性的工作环境，为设计师、工程师和企业家提供帮助，让他们努力完成真正艰巨的任务——不是在硅谷或麻省理工学院，而是在布鲁克林。这里的租客们对我们、对彼此，以及继续待在这儿都有一定程度的承诺。我们当然要创新，但我们的创新是要在布鲁克林当地制造东西。"

大卫·贝尔特（David Belt）是这个雄心勃勃的公私合作伙伴关系背后的推手之一。他说，新实验室为"硬件"制造商提供的协同效应，类似于那些已经促成了许多成功的软件初创企业的协同效应。他告诉我："几乎在任何地方，生产硬件都很难，但在纽约尤其如此。它需要空间，大量的空间。"纽约和许多城市一样，通常都将旧仓库和工厂视为需要清理和重新利用的地方。毕竟，办公、零售空间和住宅区的租金一般是工业设施的好几倍。土地所有者有时会让工厂和仓库空置数年，等待批准将它们转换成更有利可图的房地产。海军船厂并没有完全摆脱这种提档升级的趋势，近年来这里已经出现了一些高档咖啡馆和豪华公寓。但其400万平方英尺的土地大部分都是为工业保留的。

纽约城市未来中心（Center for an Urban Future）的执行董事乔纳森·鲍尔斯（Jonathan Bowles）表示，纽约的企业家多如牛毛，每年都有成千上万的创业者开办新公司。但这些初创企业往往是一个人加一台笔记本电脑的微型公司，寿命短暂。当然，会有一些活下来，还有少量的会扩展壮大。但这些公司很少会成为"给力"的工作创造者，特别是对于330万仅有高中学历的纽约人。科技带来了许多新的职业：游戏设计师、系统架构师、生物医学工程师、机器人专家、虚拟现实开发人员、内容提供商、多媒体专家，因此有人认为，应该"培训"更多的人来从事这些及相关职业。但并非所有人都适合这些工作，正如我们所看到的，这些行业是否需要更多的从业者尚不明朗。21世纪的困境是，公司越来越多，但能让人付得起房租的工作却越来越少，更不要说在纽约买两套褐砂石公寓了。海军船厂正以自己的方式纠正这一错误。此外，海军船厂并非独此一家，也不算急促冒进：全国各地的小型制造业中心正如雨后春笋一般涌现。

自1989年以来，传统制造业的就业岗位减少了大约1/3，而"实际"生产（根据通货膨胀进行调整后的产量）则上升了71%。外包和自动化显然是罪魁祸首，但国家就业法项目的执行主任克里斯汀·欧文表示，还有另一个同样重要的因素：政治态度。她告诉我："德国就在不遗余力地维持工业部门，并愿意为之投资。但美国正在远离制造业，让自己在该领域的能力萎缩，因为美国已经接受了精英主义的观点，即我们的人力资本要派上更加高级的用场。"

公平地说，美国生产的商品价值仅次于中国：如果我们的制造业是一个独立的国家，它将成为世界第九大经济体。消费者对此感受不深，因为这些商品中有许多不是在购物中心出售的那种，而是像化学品、飞机、钢铁之类的东西。不过，我们进口的商品比出口的多，我们不仅进口T恤衫和烤面包机，还进口包括诸如半导体、医疗设备和药品等高端商品。2017年，美国的先进技术产品贸易逆差为831.36亿美元，达到历史新高。对好工作来说，这可不是好消息。

在新经济中，许多大型跨国公司获取其产品大部分价值的途径是通过发明、设计、营销和分销，而不是通过制造。例如，关于苹果的标志性产品iPad和iPhone有如下分析：

> 虽然这些产品的大部分组件都是在中国制造的，但由于苹果继续将其大部分的产品设计、软件开发、产品管理、营销和其他高工资的功能留在了美国。所以利润的大头也留在了这里。大多数的观察家都过于随意，中国的作用其实比他们想象的要小……凭借对供应链的控制，苹果对许多供应商的财富掌握着生杀予夺的大权。决策者需要考虑的一个关键发现是，电子组装的价值微乎其微。把大批量的电子组装设备带回美国并非"好工作"或经济增长的途径。

在最大限度地提高利润的同时，苹果做到了最大限度地降低生产成本。这种不可思议的能力吸引了投资者的赞誉，并为苹果的工程师、营销人员和销售人员创造了就业机会。苹果"几乎将生产过程的每一部分都外包给低工资国家"，毫无疑问，这一政策使其成为世界上利润最高的品牌。但这种"赢家通吃"的策略也威胁到了那种能够创造并维持稳定的中产阶级就业机会的创新。

制造业是美国在研发方面花费最大的部门，也是工程师的最大雇主。制造过程对科学发现和技术创新的成功商业化至关重要。生产过程本身就是创新的驱动力，生产工人本身就是知识工人。换言之，发明和生产是互补的过程，将生产转移到国外可能会限制国内的创新。正如经济学家保罗·萨缪尔森曾经带有几分挖苦指出的："长久以来，美国都具有一些比较优势。如今，在国外实现的发明将这些优势给了其他国家，这会导致美国人均实际收入的永久性损失。"

创新往往不经意地产生于研究、开发和生产的协同作用，以及工程师、设计师、工厂经理和他们服务的客户之间的持续对话。心理学家已经证明，工作的个体若彼此相距较远，会是个相当大的劣势，因为面对面的交流非常重要。了解到这一点，许多美国公司已经悄悄地在其海外工厂和供应商附近设立了大型研发中心，其中包括谷歌、微软、IBM、陶氏化学和苹果公司。尽管美国企业界积累了大量的现金储备，它并无意愿将这些现金投资于能够维持美国大量就业机会的创新。

美国制造商曾经依靠大批工人来操作昂贵的设备，他们不愿冒险让这些设备因为工人罢工或其他纷争而被闲置。技术已经使得这些工作中的许多实现了原子化，各种任务可以因自动化或外包而被剥离。这种高效的工作分解带来了高水平的生产力。但随着劳动生产力的飙升，劳动力本身也收缩了。

以飞机为例，它一直是美国三大出口产品之一。名义上看，欧洲航空业巨头空客的 A320 系列飞机的生产地位于亚拉巴马州莫比尔，但这个所谓的制造工厂不像一个工厂，而更类似于一个忙碌的手术室，清洁、安静、专注于"病人"——这里的"病人"是一架进入"手术"准备的飞机。飞机的部件已在其他地方造好——机翼、机身、垂直安定面等各类部件都是在世界其他地方的工厂制造的，特别是德国和法国。在莫比尔的工厂，一些穿着牛仔裤和蓝色马球衫、戴着防护眼镜的工人通过一系列复杂操作将它们组装起来。这些员工中的大多数都有多年甚至数十年的专业培训和工作经验，许多人曾在军队服务，还有些员工拥有大学学位。这些发现并不让我意外。出乎意料的是，这里只有大约 350 名工人，而对于这样一个大工厂，人们通常会认为其工人数量应该远远不止这么多。

为了吸引空客落户，亚拉巴马州政府和地方政府投入了 1.585 亿美元，其中包括一处 2.5 万平方英尺的培训中心，这些费用都由纳税人承担。2017 年 3 月，在该中心参加培训的共有 915 名工人，但空客只雇用了 231 名，约占当时全部员工的 2/3。这导致一些亚拉巴马人质疑空客公司的招聘流程。例如，起薪为每小时 20 美元的"质量控制检查员"的职位清单引发了许多反应。一位评论人士写道："以本州的钱去购买公司，其净回报值得怀疑。'质检员'的招聘广告突出显示了这一举措是多么不靠谱。"还有人写道："为了吸引这些公司落户，亚拉巴马州所费不菲。如果把资金用于改善本州居民的教育，这笔投资将提供更大的回报。老实说，有多少本地的失业者会在空客找到工作？很少。即便有本地人能被空客录用，他们一定是有丰富工作经验的人，而他们之前都是受雇于其他公司的，只是在攒了份体面的工作简历后跳槽到空客罢了。"

在一些欧盟国家，工会允许跨国公司将技术水平较低、价值较低的工作外包给低工资国家，但与此同时，工会坚持必须将高工资的工作保留下来。这个原则也适用于空客：它的精密零件是在德国制造的，德国的工会努力将一些本国小公司接入全球生产链，它们就成了空客的精密零件制造商。在亚拉巴马组装厂开业之前，空客将 A320

的组装外包给了中国工厂。看起来，亚拉巴马州的竞争对手并不是拥有高工资和高价值工作的德国，而是拥有相对低工资和低价值工作的中国。

2010年3月，美国制造业的就业人数从1979年的1960万下降到约1145万。5年后，全国增加了90万个新的工厂职位，其中大部分位于南部各州。在亚拉巴马州，除飞机装配工作外，蓬勃发展的汽车零部件行业在2017年雇用了26000名工人。佐治亚州和密西西比州的汽车零部件行业也出现了类似的就业增长。这些制造业岗位被热切追捧，因为人们认为它们比服务业或零售业工作更稳定、薪酬更高。但正如我们在访问肯塔基州时看到的，情况并非总是如此。今天，美国制造业的工作岗位平均时薪为20美元，大约比总体平均时薪低7.7%。而且，这个20美元的时薪还是工会努力的结果，而大部分加入工会的岗位都是在美国北部。在南部各州，工资可能只是这个数字的一半。此外，一些工厂、特别是外资工厂的工作条件可谓危险。正如专栏作家哈罗德·梅尔森（Harold Meyerson）所言：" 南方在全球生产链中的作用越来越类似于内战前的时代，彼时，在创造英国曼彻斯特百万富翁服装制造商的过程中，美国南方提供了最廉价的劳动力。"

人们预测 "先进制造业" 的就业岗位将会激增，这导致大家认为技能型劳动力将会短缺，因而要求更多的培训。这种呼吁出现在各类著作、白皮书、报告和报纸头条中。我为写作本书而采访的许多经济学家、社会科学家、教育工作者也都赞同这一观点。制造商、游说者和政客也在不遗余力地为此鼓与呼。但正如我们在前面几章中所看到的，几乎没有任何实际的证据来证实这种所谓的技能短缺，至少在国家层面上如此。大约1/3的美国工厂工人已经获得了大学学位，而且，像莫比尔空客公司的机修工、工程师、焊工和其他岗位上的雇员一样，许多工人已经在部队或之前的工作中获得了经验技能。鉴于工厂自动化的快速发展，不管制造业岗位有多 "先进"，目前尚不清楚到底有多少人应该接受大规模的培训。

2017年5月，苹果首席执行官蒂姆·库克宣布成立了一项10亿美元的先进制造基金，旨在通过提供技能培训来支持美国制造商，例如教人们编写代码来创建应用程序。库克在发布该声明的同时也警告道，"我们必须借钱"来支付这个项目的成本。库克意在提醒我们，苹果公司持有的大部分现金都是在海外注册的，除非根据美国税法，在缴纳所得税后成为美国资金，否则不能在国内使用。苹果公司一直将盈利存放在国外，并从自己的外国子公司借钱支付股息和新的投资，因为贷款利息也可以减免，这相当于苹果获得的第二项税收优惠。库克说，这就是为什么"全面的税收改革对美国经济如此重要"——也就是说，这类"改革"将鼓励外资返回美国。他暗示，返回的部分资金将用于支持制造业。他说："如果我们能创造出许多制造业就业机会，那么这些岗位就能带来更多的就业机会，因为围绕它们会形成服务产业。"

2017年底，库克如愿以偿，全面税改开始了。作为改革的一部分，苹果、谷歌和其他在海外获利的公司有机会以大幅降低的税率将这些利润再投资到美国。不过，虽然库克承诺过10亿美元的"先进制造基金"，与其说这是一项就业准备计划，不如说它是一项投资。苹果的供应商之一芬兰航空公司获得了其中的3.9亿美元，苹果颁发这项"大奖"不是为了培训，而是为了建造一座工厂，为新的iPhoneX和其他设备制造垂直腔面发射激光器；另一供应商康宁玻璃公司获得了2亿美元的大奖，用于支持其设在肯塔基州哈罗德斯堡的一家玻璃厂，该厂于十多年前发明了苹果和其他制造商使用的防刮"大猩猩玻璃"（gorilla glass）[1]。换言之，没有迹象表明，该基金会为提高美国的就业准备度或增加美国的制造业就业机会做出多大贡献。

用亚当·斯密的话说，工业化将工作减少到"一些简单的操作，其效果可能总是相同的，或几乎总是相同的"。这导致了更好、更一

---

[1] 一种环保型铝硅钢化玻璃，主要应用于防刮性能要求高的智能手机屏幕。——译者注

致的产品，以及更高的购买力和更大的需求。如今，全球各地的制造商都在努力实现自动化，并尽可能减少工作岗位，从而满足人们对廉价商品的需求。虽然我们不能确定有多少工厂工作会因自动化而消失，但有一件事是肯定的：由于不可打破的供求规律，无论制造业"先进"与否，我们为它培训的工人越多，工人关于工作待遇和条件的谈判能力就越低。

如此看来，关于制造业最迫切的问题就是，不能再培训更多的人以更便宜的价格来制造产品——这个对我们已经不再构成挑战。我们所面临的真正挑战是，重新启动"良性循环"，以此支付工人公平的报酬，以我们能够买得起的价格生产出高质量的商品，从而刺激需求，创造更多值得做的工作。

按照一些人的划分，我们正处于"第三次工业革命"[1]。这次工业革命应对上述挑战的方法是，试图采用一种源于过去家庭手工业的生产策略。大型跨国公司在大批量生产面向广泛通用市场的商品；这种新生产方式的主体则是小型公司，它们利用技术定制更高价值的产品，以满足本地、区域性和其他有利可图的小众市场的需求。

乔纳森·鲍尔斯告诉我："在过去的一个世纪里，制造业呈现出非常消极的一面，但最近发生了巨大的变化，有许多制造公司正在起步。我们不知道这些新企业中有多少可以活下去，也不知道它们能否成长为拥有大量员工的大型企业。但它们确实是有潜力的。"

城市制造业专家亚当·弗里德曼（Adam Friedman）是布鲁克林普拉特社区发展中心的主任，该中心离海军船厂只有几个街区。他说：有一个悖论，数字技术使得人们更加希望拥有本地制造的商品。他告诉我："这种趋势代表着价值观的根本转变。人们变得看重具体可感，想要触摸自己买的东西，想要知道它从哪里来。当今世界，几乎每个

---

[1] 关于历次工业革命的迭代，国内外有不同的划分。比如，这里涉及的科技发展潮流，在原文中被归于"第三次工业革命"，而在国内，通常被归于第四次工业革命。——译者注

人都可以在网上看到海量的商品，于是，购买定制产品——或者制造定制产品——就成了一种彰显个性的方式。这个更加人性化。"

弗里德曼提醒我，普拉特中心与布鲁金斯学会（Brookings Institution）合作进行了一项具有里程碑意义的研究，该研究将城市制造商列为国家经济复苏的关键参与者。虽然基于网络的市场平台确实发挥了作用，但这种变化不仅仅局限于个人在线购买或销售手工制品，它还涉及小制造商使用新工具来创造并抵达更多的顾客。

史蒂文·霍夫曼（Steven Hoffman）和他的兄弟丹尼斯（Dennis）拥有纽约市的"梧桐树"（Buttonwood）公司，这是美国仅存的最后一批纽扣制造公司之一。"年轻的设计师说他们更喜欢使用美国制造的纽扣。"史蒂文告诉我，"每个发现本公司的设计师都告诉我们，他们找到我们是多么开心，所以他们就在我们这里买纽扣了。我们争取活下来，但不是通过有些人说的那种方式。这是因为，无论特朗普（总统）说得如何天花乱坠，我们都不可能回头——我们与中国和其他国家的贸易联系太深了。我们不可能在价格上打败中国，但这并不意味着我们不能在其他方面竞争。中国是大多数服装的制造地，没有中国服装制造商会从美国采购纽扣。当中国工人要求更高的工资时，这些公司就会将制造业转移到一个工资更低的国家，比如朝鲜。所以，如果我们生产塑料纽扣，那就是死路一条。但在木制纽扣上，我们可以一争高下。我们的木制纽扣是可持续的，价格可能比国外制造的木制纽扣高15%。但纽扣的成本对服装的最终价格影响很小，因此我们能够维持业务，如果情况好转，还可以扩大。我们要努力获得更多的公众支持，要让消费者考虑他们所购商品的影响。我们还需要更加公平的经营环境。纽约市应该为小型制造商提供廉价的电力和房地产及税收优惠。这是一个政策问题，如果认真考虑了，它就可能创造大量的就业机会，而且这些岗位不仅限于制造业。我们会雇用机械师和电工,他们也会受益,其他行业和服务提供商也会受益。"

曾经,技术将制造业的工作岗位转移到了海外;如今,人们希望借助技术将这些岗位中的一部分带回到国内,不过是通过完全不同的途径。例如,3D打印机通过"增材过程"(additive process)可以组装几乎任何形状的物体,在这个过程中,机器根据数字化计算机模型的提示,叠加各种材料层——陶瓷、塑料、金属和生物制品。打印机是越来越多的数字制造工具之一,它为用户提供了极大的灵活性。不需要改造工厂,甚至不需要重新组装机器本身,它就能够快速定制和修改产品,无论这个产品是网球拍、大脑植入物,还是无人机。从理论上讲,这些技术对产品的制造可以媲美互联网对信息的处理:任人取用,即时可得。

数字制造技术有时被比作"掌上沃尔玛"。虽然有些夸张,但这些工具确实为小型生产商提供了比传统制造更大的优势,即对生产过程的精细控制,使他们有望抗衡大批量生产。服装、鞋子、家具、发动机部件,甚至人体组织的设计都可以根据个人要求精确校准,然后编码到数字模板上,根据需要进行访问和修改。这些技术如果应用得当,不仅比传统的制造方法更精确,而且它们能够响应实际而非预测的需求,因此可以最大限度地降低运输和管理费用及浪费。这些新技术赋予那些资本不足的人一个机会去抓住原本遥不可及的市场。有了它,小伙子(或小姑娘)们就有可能实现三维创新。

几年前,设计师丹·普罗沃斯特(Dan Provost)与其伙伴汤姆·格哈特(Tom Gerhardt)合作,用一台3D打印机制做了两个原型样件:其一是手机三脚架"Glif";其二是用于触摸屏的宽手柄触笔"Cosmonant"。这两个小发明都瞄准了利基市场[1],并通过众筹网站Kickstarter获得资金。这些设计非常实用且精美,远远超出了普罗沃斯特的期望。以它们为基础,普罗沃斯特后来创立了一家设计公司,

---

[1] 利基(niche)是指针对企业的优势细分出来的市场。——编者注

专门小批量生产各种精心制作的产品。

普罗沃斯特的公司名为 Studio Neat，总部位于得克萨斯州奥斯汀，其产品的制造商是位于南达科他州布鲁金斯的一家小公司 Premier Source。普罗沃斯特告诉我："苹果产品在深圳生产，并不意味着我们也得这么做。"因为两个朋友的经历，普罗沃斯特甚至从未考虑过要找外国制造商。他的这两位设计师朋友也曾在 Kickstarter 上推出产品，那是一种叫作"A 型钢笔"的不锈钢书写工具，然后他们先后雇用了两个不同的中国制造商，又都因为制造商达不到他们的质量标准而将其解雇。他们后来在佛蒙特州找到了一家志同道合的制造商。他们在给普罗沃斯特的信中写道："制造不易。没有捷径，没有魔法，没有秘诀，却有很多的出乎意料。"

小批量、特定用途的产品往往比批量生产的产品更加耐用，而且它们通常更加适合特定的制作工艺。例如，制衣过程中最昂贵的因素是布料和劳力，这两个方面的偷工减料都会导致衣服不合身，而且容易穿坏。由于这些原因，质量好的成衣尽管购入价格较高，但往往能提供更好的价值。大多数人都明白这一点，并且愿意多花钱来购买高质量。当我们确定某个商品能够更好地满足自己的需要时，就会为它支付更多。目前有一个流行观点，即只有精英才想要高质量的商品，实际上这本身就是一种狭隘和错误的精英主义。以汽车为例，美国人肯定愿意为高质量的汽车付出更高的代价，没有人会指责福特在吹捧其汽车和卡车的耐用性时瞄准的只是"精英"。

在全球范围内为大量消费者提供大量商品，大规模制造在这方面非常出色，但它在分配这些商品创造的财富时往往做得不够好。小型制造业有可能缓解这一问题。"新实验室"和海军船厂的制造孵化器之所以被创建，其宗旨可谓旗帜鲜明：就是要促使这种潜力转化为现实。几年前，当我和工业设计师爱德华·雅各布斯（Edward Jacobs）在实验室见面时，他称该设施为"梦想成真"，他可不是随便说说的。当时，雅各布斯正致力于两个看似不相关的项目：为凯旋摩托车

（Triumph Motorcycle）设计未来派的底盘；为"低线公园"（Lowline）设计太阳能集热器，那是一个备受期待的地下公园计划，所在地原为纽约下东区深处一个废弃的电车终点站。雅各布斯接受过建筑师和工业设计师的双重培训，他告诉我，他尽可能摒弃先入为主的想法，试图以新颖的方式处理大多数设计和工程问题，不过他的方式并不总是适合成熟的大型制造商。他说："在大多数公司，一切都被视为'零售机会'，在某种程度上说这也无可厚非，毕竟大家都需要赚钱。但是那些有想法、有创意的人，对他们的真正激励并不来自最大化的经济收益。他们想要的是做出有意义的东西。这样的人如果被迫专注于零售机会，就会陷入困境。它只会扼杀创新。"

雅各布斯创办了一家名为"设计必需品首创精神"（Design Necessities Initiative）的公司，推出了一系列他称之为"实用产品"的高度耐用品——诸如小刀、钢笔、铅笔和衣服等基本日用品。新实验室的建立是为了适应这种利基设计和制造，它打通了从概念到原型到成品的道路，并鼓励"跨平台"合作。雅各布斯的太阳能集热器就是这样一个项目。该收集器由 600 块激光切割的六角形和三角形阳极氧化铝板制成，这些嵌板被拼接成一个顶篷，将远处天窗过滤出来的光线反射到隧道的地下空间。作为系统的一部分，集热器的作用是为种植在地下的植物提供光线。

几年前，雅各布与投资者弗朗索瓦·泽维尔·特尼（Francois-Xavier Terny）联手成立了"先锋"（Vanguard）公司，这家初创公司是他的梦想真正起航的地方：他造了一辆双引擎摩托车，它不同于我之前所见过的任何一辆摩托。其外观简约，呈流线型，颇具未来主义风格，更像是艺术家的幻想，而不像一辆真正的摩托车。整辆车是一个模块化结构，只有 5 个螺栓，这样设计的目的就是为了易于制造。雅各布斯告诉我："无论是独自工作还是受雇于一家公司，过度专业化会使人的视野变窄，如同在隧道中行进。……不过我们靠的并不是传统遗产或怀旧情结。我们依靠设计和工程来创造我们自己的语言。我们的设计并不针对奢侈品市场，这辆摩托也不专属精英。它是实用主义的，每个部分、每个零件都有它存在的理由。"

把我介绍给雅各布斯的是新实验室的创建发起人之一大卫·贝尔特，他是一位白手起家的企业家。当下的美国人痛苦地认识到，按常规经营的企业不再能让多数人收益。贝尔特通过自己的房地产公司"巨海"（Macro Sea）来支持实验室，正是为了回应这一状况。他告诉我："自 2008 年金融危机以来，人们一直在努力想办法解决问题。起初，大家以为做做手套之类的就可以，你知道，就是在易集上出售自己手工制作的东西。嗯，很好的尝试，但那不是解决方案。接下来大家就开始制作应用程序，但应用程序不可能带你走得更远，因为它们可以在全球任何地方制造、销售，所以没有本地优势。我的想法是，美国人擅长设计，有好的理念，营销更是无敌。但三明治的夹心部分——真正的制造——是我们的短板。所以我认为这才是我们应该集中精力解决的问题。"

在贝尔特看来，不存在什么"技能差距"，也没有必要敦促美国人单纯地寻求更多的教育来改善就业机会。他曾看到许多受过高等教育的朋友和同事在职场无所建树，而他这样一个没有大学文凭的人却能够展翅高飞。他说："我本来打算和其他人一样去上大学，但家里没钱，于是我加入了一个摇滚乐队。后来我搬到加利福尼亚从事建筑业，那只不过是卖苦力劳动，没啥技术含量。我自学了房地产生意，开始建造公寓，那些项目也没什么令我骄傲的，只是因为没有学位，我觉得必须不断地证明自己。我努力打拼，挣了 10 亿美元，然后搬到了纽约。我以为接下来就是建摩天大楼，因为我想，嗯，越大越好。"

贝尔特在商业房地产上赚了钱，但他很难从自己的职业生涯中获得意义。有一天，他在费城郊区的家乡游历，突然想到他不太可能在当时从事的生意中找到意义。他说："那一刻我意识到，作为美国人，我们能留下的遗产只是乏善可陈的购物中心，那感觉特别糟糕。当时是 2007 年，很多店铺都是空的，成了垃圾场。我想，也许我能做点什么。我开始痴迷于重新调整这些空间的用途。"贝尔特花了几个月的时间开车环游全国，寻找空置的购物中心，想要买来并重新改造。在佐治亚州考察某个项目时，他和几个朋友偶然发现了一个后院的"垃圾池"。那是由柯蒂斯·克劳建造的，他是 20 世纪 80 年代摇滚乐队 Pylon 的鼓手。把垃圾变成有用的东西，这种想法给贝尔特和朋友们留下了深刻印象，他们决定建立自己的垃圾池。回到布鲁克林后，他们从一家建筑公司搞到了一些二手垃圾箱，将其接缝密封，加上衬垫，在底部填满沙子，装上过滤器，泵入了数千加仑[1]的水，然后举办了一个仅限邀请的街区派对。垃圾池一炮而红。几年后的 8 月，纽约市沿公园大道开放了 3 个垃圾池。贝尔特原先的后续计划是在像他家乡那样的购物中心里安装垃圾池，以图激发人们的兴趣和投资，使这些空旷凄凉的地方焕然一新。然而后来他并没有去实现这个计划。

他对我说："由于那个傻乎乎的水池，我遇到了一些伟大的艺术家、梦想家。在见到他们之后，我的注意力转移了。"

贝尔特喜欢制造东西，他认识的很多人也是如此，但他们之中的大多数做的不是建筑，他们没有时间。很多人在边缘地带小打小闹，努力使他们的工作有意义。例如，他的前助理亚历克斯·埃斯卡米拉（Alex Escamilla）原先正稳稳当当地走在成功之路上——名校就读、名企实习、强大的人脉、不懈的努力。但她依然想不通为什么要费心做这些。研究生毕业后，她受雇于全球最受欢迎的雇主谷歌公司做客户方案经理，当我问起这份工作时，她笑着告诉我："我们称之为'赶时髦而已'。确实，谷歌知道如何善待员工，在那里工作也很有趣。但基本上，这是一家粉红泡沫包装的大公司，即使做了些很酷的事情，但最终它只不过是一群销售与追踪媒体广告的人。要找意义？你不是开玩笑吧？我们当中的很多人甚至都不了解它的商业模式。"

---

[1] 1 加仑≈3.79 升。——编者注

贝尔特说,"所有的关注都集中在软件上",他对此不无困惑。他新近结交的那些艺术家朋友做的都是**硬件**:他们在即时、真实、三维的物体中展示他们的愿景。这正是新实验室让贝尔特激动的原因——把想法转变为有实用价值、有时还兼具美学价值的物件。将近一半的新实验室由各色工作间组成,里面摆放着各种各样的工具,从台锯、钻床到工业尺寸的大型3D打印机和激光切割机。其目的是重新获得常常在大规模制造中被牺牲的、制造和设计之间的协同关系。

以何种途径、何种形式让制造业工作岗位重返美国?在这个方面海军船厂堪称典范。"第三次工业革命"不是试图通过建立在自动化和低工资劳动力基础上的规模经济在全球范围内进行竞争,而是要充分利用个人才华和多样性,这里的个人不同于我们通常所说的"团队合作者"。杜克大学的神经科学家特德·霍尔(Ted Hall)认为,传统工业模式要求工人屈从于机器的需求,而上述模式可算是传统模式的反转。他告诉我:"数字化生产的一个本质特征就是将权力赋予生产者本人而非机器。"20世纪90年代,霍尔发明并设计了ShopBot,一种由计算机控制的切割和成型工具——也可以称之为槽刨——用于制造船只、家具、橱柜和其他物品。在"创客运动"(the maker movement)[1]中涌现的ShopBot和其他高科技工具的目标,是为了增强而不是排除人类的才能和努力。大规模生产工具旨在为全世界数以百万计的客户生产出完全相同的产品;与此相比,ShopBot等技术的产生则是为了让普通消费者能够实现定制。在理想情况下,让至少一部分工人能够制造出符合其价值观和愿景的产品。

加利福尼亚州奥克兰市的设计师杰弗里·麦格鲁(Jeffrey McGrew)接受了建筑师的培训,他梦想着自己建造的房子至少有其存在的理由。然而,他的雇主——一家国际建筑公司——根本就不理会这一点,它只求快速、廉价地造房子,然后去赶下一个任务。麦

---

[1] 也译为"制造者运动"。——译者注

格鲁说："在多年的求学生涯中，你一直希望将来能造东西。然后你开始工作，但这份工作无异于对灵魂的折磨。你在此耗了好些年，因为你期待着，总有一天能造出自己想要的东西。可是，不管你有多优秀、多有激情，除非你以某种方式把自己推向顶峰，否则你就没有机会。可我真的渴望这样的机会。"所以，出于那些说不清道不明的原因，麦格鲁和他的妻子、平面设计师兼摄影师吉莉恩·诺思拉普（Jillian Northrup）花 7000 美元买了一台 ShopBot。最初他们并不确定要用这台设备做什么，但他们感觉到，它会把他们带到更有意义的地方。他们刚开始是为自己做东西，然后为朋友，然后为朋友的朋友。他们做了桌子、灯具、书柜和咖啡桌，还设计了各种空间——办公室、餐厅、学校和住家。随着口碑传出、订单增加，他们自认为已有底气辞掉原先的工作、创办自己的公司。他们给公司取名为"因为我们可以"（Because We Can）。

"当你为一家大公司工作时，你实现的是他们的愿景，"吉莉恩·诺思拉普对我说，"而我们想实现的是自己的愿景。在传统制造业中，这会带来巨大风险，这是因为，设计师固然可以创造一些东西，但要把它们做出来，就必须交给大工厂。如果这是件复杂或精密的物件，成本就会大大增加。而当我们使用 ShopBot，就可以在设计上冒险——我们不再受限于工具，而是可以使用它来实现我们的愿景。有了这些新工具，一个人只要有了什么想法，就可以实现它。太棒了。"

麦格鲁将他的冒险描述为"建筑师、艺术家、建设者、设计师和制造者的混合体"，他们使用机器人制造技术来精确生产自己设计的产品。他把这种合作比作 20 世纪 70 年代的朋克运动，在那场运动中，音乐家、设计师、艺术家和作家都在为一个全新层面上的自我表达而奋斗。他说："在朋克运动之前，（想要做音乐）你得是个和大品牌签约的大明星，音乐得是大制作。但是朋克改变了这一点。有了朋克，任何人，只要拥有吉他和激情，都可以创作音乐。他们不一定能发大财，但生计是没问题的。我们做的可以称作'朋克制造业'。突然间，由于廉价的硬件和软件，以及互联网的作用，所有人都可以制造东西。我认为，如果这一运动能够启动一系列像我这样的小型企业，它将产生和互联网一样巨大的影响。"

很多人都知道，19 世纪的哲学家、散文家爱默生曾公开反对严格的功利主义价值标准，它对人的评判不是基于性格，而是基于生产力。爱默生把这比作"面朝大海，却只关注鱼的价格"。他的洞见是，新兴公司及其工厂系统已经使工作原子化，剥夺了工人的人性。他写道："当今社会的现状是，人们被硬生生地肢解了。四处行走的都是些怪物——一根好的手指、一个脖子、一个胃、一个胳膊肘，但没有一个完整的人。"

过度专业化将工作化约为一系列空洞的任务，将工人化约为一堆零件。而创客运动代表了对这种过程的逆转。在理想状况下，数字制造技术允许个人将自己的"完整自我"带到工作中并充分发挥自身天赋和本能，同时在发展过程中获得知识和技能。制造行动形塑思维，同时思维也形塑制造。

美国国防分析研究所预测，到 2030 年，数字制造将强大到能够挑战传统制造业的地步。对于像贝尔特这样的人，这是个好消息。但创客运动也并非没有批评者，其中一些人还相当著名。诺贝尔经济学奖获得者、美国经济学家迈克尔·斯宾塞（Michael Spence）担心，"在日益复杂的任务中，强大的数字技术浪潮正在取代人类劳动力。这场革命正在蔓延到商品生产领域，劳动力正在被机器人和 3D 打印所代替。"斯宾塞的重要观点是，传统制造业本质上是劳动密集型的，即便岗位从美国外包出去了，它们仍然为另外的数亿人提供了就业机会。而数字制造，至少从理论上说，减少了对劳动力的需求，无论这些劳动力的工资高低如何。一旦初始设计完成，复制软件的边际成本基本为零，这主要是因为不需要额外的人力来生成或维护它。运输成本（包括运输中的人工成本）也会降低，因为设计可以通过电子方式运输，并直接在任何地方的机器上制造。从本质上讲，数字制造允许工人不必通过中间商和其他人工，直接将数据转换成实物。斯宾塞总结道："前一波数字技术的影响是，促使企业在全球范围内接近并调配本未被充分利用的宝贵的劳动力储备，这一波数字技术则促使企业通过替换劳动力来降低成本。"

斯宾塞指出，不仅仅是发展中国家，所有国家都需要围绕这一变化调整增长模式。这几乎可以肯定是件好事。旧的经济模式再次受到技术的挑战，我们对什么是有意义的工作进行重新思考。当大多数人都有机会拥有生产资料时，权力的平衡几乎肯定会有改变。希望这一转变能够促成工人所有者从他们提高的生产力中获利，而不是由他们的雇主来独享好处。

设计师爱德华·雅各布斯告诉我："一旦人们认识到，我们在制造真正有利于消费者的产品方面，能够取得多么大的成就，全世界的大型官僚机构就不会那么轻易地掌控伟大的创意了。我们不需要他们认同我们的愿景，我们可以自己实现它。我认为，这将迫使大公司做出改变，对公众做出更积极的反应，对员工更加尊重。这将改变工作，不仅仅是我这样的人的工作，这将改变每个人的工作。"

第十四章
能工巧匠

自由市场有时候是需要裁判的。

——参议员拜伦·多根

几年前,缅因州州长保罗·莱佩奇悄悄下令从缅因州劳工部的墙上剥下一幅长36英尺的壁画,并将其封存起来。这幅壁画由美国劳工部委托缅因州一位艺术家绘制,呈现了20世纪初美国工人的生活。11个首尾相接的画面上描绘了如下场景:纺织工人用手帕捂嘴来过滤有害气体,孩子们把午餐桶拖到工厂的工作台上,以及巴斯钢铁厂一群身穿工作服的女焊工。对大多数人来说,这些壁画是激动人心的爱国主义教育。但对莱佩奇来说,它们面目可憎,置于公众场所的众目睽睽之下,显得"太亲劳工"(too pro-labor)了。

对于这一切,缅因州居民海伦·拉斯穆森(Helen Rasmussen)只用了一个词来评价——"无语"。拉斯穆森是一位窗帘和纺织品设计师,她本人和壁画所描绘的工人有不少共同点。她也靠双手谋生,参与打造了一系列影视片的场景,包括电影《美国骗局》(*American Hustle*)、《与男人同行》(*In the Company of Men*)、《最后的武士》(*The Last Samurai*),以及电视剧《广告狂人》(*Mad Men*)。她的工作是为这些片子挑选或制作物品,如沙发、灯罩、地毯、窗帘和枕头。

拉斯穆森和壁画中工人的区别是,她的工作地点不在工厂,而是位于波特兰的家庭工作室。但这并不意味着她独自工作,她绝不是一个人在战斗。她加入了"戏剧舞台员工和电影技术人员、艺人与工匠国际联盟"（International Alliance of Theatrical Stage Employees, Moving Picture Technicians, Artists and Allied Crafts）[1]。拉斯穆森为之自豪，她告诉我，正是 IATSE 使她的职业生涯成为可能。她说："如果没有 IATSE，我都不知道自己会在哪里。"

正如我们在过去半个世纪所看到的，试图恢复美国私营企业工会的联邦立法尝试基本上失败了。造成这一失败的根本原因在于一个棘手的问题：集体谈判。集体谈判适合标准化工业生产的时代，它是雇主与其雇员群体之间的谈判过程，其宗旨是为了在特定设施（通常是工厂）中制定有关工作条件和待遇的条款。不幸的是，当从事制造业的人越来越少的时候，这个体系提供的优势也大幅减少了。事实上，目前由集体谈判协议所涵盖的美国工人的比例很小，它已称不上什么"体系"。

我们也已看见，在没有工会的情况下，工作条件和待遇是由雇主单方面控制的，个人几乎没有力量参与有意义的谈判。劳工倡导者们一致认为，在全球经济中，去中心化、分散的工作越来越成为常态，我们需要一种新的机制来团结工人并维持他们的谈判能力。然而，尽管这些倡导者坦承，工业时代工会的力量正在减弱，但他们却没有认真考虑业已存在的许多有效的替代方案。在这些替代方案中，最有希望的是这样一种工人组织：他们谈判制定的不是单个公司的标准，而是跨行业的标准。从这个意义上说，成立于 1893 年的 IATSE 远远领先于当时那个电影初兴的年代。

与大多数私营部门工会不同，IATSE 近年来通过基层工作增加了会员人数，这些草根层面的努力呼应了演艺界几乎每个角落的员工的需求——从灯光技术员、动画师到化妆师和剧院招待员。拉斯穆森说，IATSE 成功的部分原因是它的开放性和灵活性——它愿意接受工

---

[1] 下文简称 IATSE。——译者注

作性质和人员的变化。她对我说:"电影业充满了偶然入行的怀才不遇者,我就是其中之一。我从艺术学校辍学后,曾经做过服务员。我有这一行需要的技能,但不是在学校或培训计划中学来的。以前母亲教过我和姐妹们学缝纫,正是缝纫为我打开了大门。我喜欢做手工,能够创造并修补东西让我很自豪。人需要自我效能感,需要感觉自己有用,我现在就有这种感觉。多亏了工会,我才能做这份工作,而且还靠它挣了不少。"

莱佩奇州长对缅因州"亲劳工"壁画的胡乱处理并非毫无来由。当时是2011年,大多数美国人都不信任工会,他们觉得在工会的高薪官僚中腐败盛行,工会的规则还在某种程度上导致了经济停滞。许多人像莱佩奇一样,将希望寄托于由市场驱动雇用关系的"自由代理国家",期待每个人都能依据自己所感知的对雇主和客户的价值,通过自由谈判来争取对自己最有利的雇用条件。彼时"共享经济"的理念方兴未艾,一些人开始以收费的方式"共享"其房屋、汽车或其他资产,他们觉得自己完全摆脱了"老式"就业合同的束缚。但在近期,这种想法发生了转变。

2017年,公众对工会的支持率达到十年来的最高水平,约60%的人持积极看法。在18—25岁的工人中,支持率甚至更高,这一群体中有75%的人表示对工会持"赞成"态度。这种转变的部分原因是人们认识到,在工会会员人数众多的20世纪70年代之后,撇开劳动力市场趋紧不谈,工人收入所占的份额也在急剧下降。由于缺乏自己的公民代表,无论经济多么强劲,很少有工人有力量要求公平分享报酬。显然,上涨的潮水并不能托起所有的船只。

对于工厂工作岗位的减少,有些美国人并不感到惋惜,这里面包括许多曾在工厂工作的人,2013年,他们当中的1/4时薪不到12美元。但另一方面,他们又会怀念工厂曾经提供的机会:与同事合作、并肩谋求共同利益的机会。即使是像海伦·拉斯穆森这样选择独立工作的人,当她与志同道合者团结一致时,才能做到最好。

科技的进步已经让一部分人宣布了工作独立,展望未来,它将为更多人团结起来创造更好的工作生活铺平道路。其中一个令人惊讶的例子是房地产行业。在全国评级中,房地产经纪人按照好几个标准都是"美国最幸福的工作",或者至少是最幸福的工作之一。为什么房地产经纪人对自己的工作如此满意?这个行业有一些理论来解释这一点,但我不想纸上谈兵,我认为最好把这个问题交给一个真正的房地产经纪人。

我给约翰·比奇洛(John Bigelow)打电话约时间的那一刻,他刚刚完成了职业生涯中最大的一笔交易:位于波士顿郊外的高档小区的一所住宅,那是一栋隐藏在白色栅栏后面、殖民复兴风格的五居室建筑。他建议我们那周晚些时候就在那所房子见面。我提前几分钟赶到,正遇上他从一辆捷豹中钻出来。我看到他穿着保罗·斯图尔特的靴子,打着爱马仕的领带,戴着一块大概是1977年的炫目的劳力士手表。注意到我古怪的表情,他笑了。"我讨厌从零售商那儿买东西。"他告诉我,"这辆捷豹是我花500美元从一个客户那里买的,当时已经没法开了,所以我又花了1200美元来修车。这双靴子是内曼·马库斯(Neiman Marcus)[1]打折时买的。手表和领带来自我和一个古董商的交易,我给他的是在路边垃圾收集处发现的东西。你根本不会相信,人们会把什么样的东西当垃圾扔掉。"

比奇洛矮小健壮,带着点孩子气,花白头发有一抹俏皮的刘海。天气好的时候,他会把自己打扮一下,穿件运动夹克,揣一方装饰手帕,骑着自行车在城里穿行。他在大学学的是亚洲文化和汉语,第一份工作是在北京,为一家美国光谱仪和光学系统制造商担任销售代表。后来他回到美国组成自己的家庭,通过一个朋友的祖母在另一家公司找到了一份工作。最终那家公司被一家大公司吞并,开始裁员。他说:"他们告诉我,如果我想留下来,我必须把家搬到瑞士。我便辞

---

[1] 美国高端百货商店,以经营奢侈品为主。——译者注

职了，因为我已厌倦了在国外生活。"

比奇洛那时年轻而自大，他确信自己的大学学历、语言技能和丰富经验会让他找到他所谓的"另一份和中国有关的光鲜工作"。他错了。几个月过去了，接着又是几个月。账单持续不断，他的信心也随之下降。他告诉我："我之所以要拿房地产经纪人的许可证，基本上是出于自保，其实我根本就是不情不愿。以前的工作让我骄傲，觉得很有成就感，很光鲜。做了房地产，自豪感就不存在了。不管怎样，我一开始就是这么想的。"

后来，比奇洛认识到，他曾以为之前的工作很光鲜，但事实并非如此。的确，它提供了异国情调的旅行，以及与高管混在一起的机会。但当他回首往事时，这些"优惠"似乎和血汗工厂里免费的浓缩咖啡一样微不足道。工作本身才是最重要的，而那份工作简直就是莫名其妙。由于技术方面让他感到厌烦，他几乎把全部精力放在了社交方面：安排客户吃住，接机送机，他甚至曾经陪同一个巴基斯坦商人代表团去罗德岛的一家脱衣舞俱乐部。他说："为了让客户高兴，我什么都做。"然而，回头细想，他意识到，当他用这种方式让别人快乐时，他自己却不快乐了。还有那些公司内斗，以及虽未明说但一直存在的解约风险，都让他郁闷。他勇敢地对我自揭其短：他曾为了保住自己的饭碗而让另一名同事被解雇。他说："当你担心自己的饭碗的时候，生存本能就会被激发出来，这会让你变成阴险小人。这其中的残酷、严苛、反复无常——真是太可怕了。我很清楚自己不想再这样了。现在我很高兴做出了改变。在房地产领域，我们是自由经纪人，只需对客户负责。没人在背后盯着你，这种感觉太棒了。我们每周工作60—70小时，周末也不休息。不过，我们更看重独立和自由。这项工作的很大一部分就是帮助人们解决问题，赢得他们的信任。这是值得的，我喜欢。不为某一个人工作，这对我来说太重要了……这种满足感简直难以估量。"

比奇洛说，房地产销售在赋予他自主感和能力感的同时，还可以让他和人建立联系——这些都是幸福生活的支柱。虽然风险是真实存在的，但对他来说，这项工作与其说是冒险，还不如说是寻宝，勤勉终会带来回报。他的心灵当然是自由的，但在技术层面上，他并不是个自由经纪人。像大多数房地产中介一样，他的同事遍布本地和全国各地，他每天都与他们联系在一起，手机短信就是他的生命线。更重要的是，他还是全国房地产经纪人协会的成员，这是一个拥有120万会员的行业协会，也是美国最具影响力的政治游说团体之一。实际上，他是一个非常庞大的在线工作社区的一员，这个社区支持并捍卫他的努力、维持他的工作价值。类似的情况也出现于其他一些需要执照的职业：医生长期以来得到了强大的美国医学协会的支持，教师有国家教育协会，律师界则有美国律师协会。并非所有的医生、教师和律师都是这些政治活跃的专业组织的成员，但这些组织的成员人数已经多到足以确保他们的利益得到代表。当然，这并不一定意味着所有人都很快乐——受雇于大律所的年轻律师在工作中似乎特别有挫败感，年轻的医生面对各种稀奇古怪的病例也是特别辛苦。但至少这些机构对雇员都实行了一些保护措施，而在许多其他行业中，绝大多数的"临时工"根本就得不到这些保护。

　　正如我们所知，如果一个劳动力蓄水池不受约束、支离破碎，在其中世界各地的工人为了日益减少的机会而互相争斗，那么，这并不是一个有希望的蓄水池。因此，当传统的工会无法吸引更年轻的工人，我们可以将希望寄托于那些能够更好地适应数字市场挑战的组织，它们的兴起正可以填补空白。

　　自由职业者联盟（Freelancers Union）的执行董事萨拉·霍洛维茨（Sara Horowitz）早在25年前就遭遇了这个挑战。刚找到新工作不久，她就知道自己是合同工，没有退休计划，没有医疗保险，没有假期，也没有工作保障。作为回应，她和另外两个年轻的同事成立了临时工工会，其口号是"工会让我们不那么软弱"。当然，这是一个笑话……根本就没什么工会，所以霍洛维茨辞了职，打算自己筹办一个。

霍洛维茨的祖父是国际女装工人工会的副主席,她的父亲是工会律师。但她并没有什么怀旧情结,她并不指望工会能够重振昔日雄风。她告诉我:"当人们分散在各处时,就没法集体讨价还价了。工作性质变了,文化规范也变了。人们在工作层面已经没有影响力了,所以我们需要找到另一种方式。问题是,如何撬动这一切?"昔日,一个行业的工人可以团结一致停止工作,如今已经没有这样的杠杆了。因此,霍洛维茨的组织并没有围绕一个特定的机构,甚至也没有围绕一个特定的行业,而是把来自各个商业领域的员工——顾问、会计师、保姆、作家、网页设计师、律师和易趣上的创业者——全部召集到一个她称之为"自由职业者联盟"的混合型团体中。

自由职业者联盟是当今美国发展最快的劳工组织,在其治下取得了几项重大胜利。也许最值得注意的是,工会推出了《自由职业并非免费法案》(Freelance Isn't Free Act)。这是纽约市的一项法律,要求雇主向临时雇员提供价值800美元或以上的书面工作合同并及时履行。不过,还有很多其他事情要做。"确保人们有足够的工作是我们面临的最大问题。"霍洛维茨告诉我,"为此,我们需要新的结构、新的战略。"

据估计,未来的几十年内,至少在某些时期,近半数的美国人都将独立工作。自由职业者联盟确实提供了一些保护。不过,明尼阿波利斯的企业家凯尔·库尔博罗斯(Kyle Coolbroth)同意霍洛维茨的观点,即需求才是关键,他也同意必须采取新的战略来激发这种需求。有趣的是,他的战略不仅有赖于新技术,而且还包括将人们在空间意义上真正地聚集在一起。"在我有生之年,工作的方式发生了根本性的变化。"他说,"以前的人是由他们的岗位、工作场所和职业道路来定义的,现在这种定义正在瓦解。千禧一代并不指望依靠单一技能来构建人生,他们也不想一辈子待在同一家公司。在他们的世界,人们可以在任何地方工作,与任何人合作。这个潮流是我做事的基础。"

库尔博罗斯曾经是一名独立的建筑师，那时候他不得不竭力推销自己，让别人相信他"比其他人更好"。这种压力令他窒息，另外的一些人告诉他，他们也是如此感受。因此，他后来与一位合伙人一起设计了一个实体空间，在那里，为不同公司和项目工作的人可以聚集在一个屋檐下。由于他们并非都为同一家公司工作，甚至连从事的行业都不一样，所以他们的文化不再是所谓的"团队合作"，而是来自不同背景、技能和愿景的人在相互支持中走到一起。这一战略带来了一种同志情谊，也带来了一个集思广益的机会，大家可以提出关于新方法和新企业的设想，让工人自己创造对其劳动的需求。

自库尔博罗斯在圣保罗市中心开设第一个联合工作空间，已经快10年了。当他起步之时，在沿海大城市之外，这样的操作极少。当时人们认为，如果没有庞大的人口，这种做法一定会以失败告终。但是，从那以后，正式的合作机构开始在美国内外流行起来。如今，库尔博罗斯是5个公司的共有人，其中最大的是一家高科技公司，其所在地曾是雄伟的明尼阿波利斯谷物交易所大楼的交易中心。我对那家公司曾做过一次短暂访问，在那里我见到的人包括软件设计师、律师、分析师、艺术家，以及营销专家乔治·麦高恩三世（George McGowan Ⅲ）。麦高恩是一名工商管理硕士，拥有丰富的咨询经验。他告诉我："联合工作代表着自由职业者阶层的崛起——这是一个更成熟的版本，人们想追求自己的手艺，但不是在自家餐桌边小打小闹地做点东西。这可以填补大公司的空白。这种模式能代替IBM吗？也许。"

IBM因其多次大规模地解雇那些具备高技能的老员工而臭名昭著，很可能它确实是一个该被取代的模式。相比之下，联合工作对数百万工人来说有着巨大的吸引力，而且这种吸引力预计会越来越大。几年前，专门研究工作的学者格雷琴·斯伯莱兹（Gretchen Spreitzer）、彼得·贝斯维斯（Peter Bacevice）和林登·加勒特（Lyndon Garrett）在《哈佛商业评论》（*Harvard Business Review*）上发表了一篇关于联合工作的分析文章。他们写道："合作空间似乎有些特别。作为多年来研究员工如何成长的研究人员，我们惊讶地发现，在 7 点量表的调查中，加入合作空间的人报告的成长水平均分接近 6 分"——比起传统员工的平均水平高出至少 1 分。这一发现令研究者们大吃一惊，以至于他们对数据进行了两次检查。但他们依然发现数据没错，于是开始对全美数百名联合工作者进行深入调查。与传统的上班族相比，联合工作者之间没有那么大的竞争压力，他们能够相互协商，他们自己觉着，这一过程使工作看起来更具特色和趣味性。乔治·麦高恩三世告诉我："传统公司只是一个达成目标的工具，而联合工作不一样——它是一个充满活力、引人入胜、令人兴奋的蜂巢。工种各异但志同道合的人结合起来产生了某种力量，使其更像是一个社区。连空气中都充满了创意。"

库尔博罗斯的搭档唐·鲍尔（Don Ball）把这描述为"充裕心态"（abundance mentality），它是一种信念，相信大家需要的东西供应充足，对你有好处的事情对我也会有好处。"推销、推销、推销，这种态度在这里是行不通的。"他告诉我，"真正有效的态度是真实、慷慨、开放。大家都会投桃报李。就如同你在别人身上发现了自己。"

联合工作、21 世纪的工会和其他形式的联盟为美国日益壮大的独立工作者提供了希望。但是，我们当中的大多数人现在都受雇于特定机构，未来也将如此；而近一半的人受雇于拥有 5000 名或更多雇员的大型机构，这些人又该如何呢？从历史上看，雇员的需求已经排在其他利益相关者之后，个中原因曾被许多经济学家一致认为是合理的，也是不可避免的。20 世纪著名的货币经济学家米尔顿·弗里德曼（Milton Friedman）曾有如下名言：公司对员工和社区的投入如果超过了最低限度，那么它们就是在推脱自己的责任，即为投资者赚取利润，为客户提供好产品。他和同一时代的芝加哥经济学派在公众心目中确立了自由市场和自由本身不可磨灭的联系。但弗里德曼并没有把这只看不见的手误认为是一个完美的法定工具。在他的著作中，他概括了国家的责任，即"建立一个法律框架"来约束企业。他坚持认为，被企业成本外部化伤害的人应当得到补偿。市场力量虽然是进步的有力手段，但它不能确保收入分配让所有公民过上体面的生活。弗里德曼建议，为了弥补收入分配的不平衡，要对低工资者征收负所得税。

按照弗里德曼的计划，政府将对符合条件的工人进行定期支付，并在规范商业和劳动实践方面发挥关键作用。企业领导们对此表示同意。并非商界精英喜欢被征税或被政府干预，真实原因是，他们担心不这么做的后果——经济混乱、社会动荡，以及对商品和服务的需求滞后。要想避免这些问题，一种方法就是给雇员提供足够的工资收入，以补偿他们在工作中所经历的任何不适或羞辱——这相当于亨利·福特著名的"每天5美元"策略的翻版。另一个方法是，政府通过社会福利和创造就业计划，直接将钱交到工人手上，以此来刺激需求。企业界对上述及其他类似的提议表示赞赏，并推动增税以支持这些提议：在20世纪50年代，法定企业税率超过50%，占联邦收入的30%以上。劳动者不仅在自身不断增长的生产力中获得了更大的份额，而且还受益于公司对于总体福利的贡献。

如今企业不再扮演这一角色，企业利润创下了历史新高。但是，市场和金融稳定取决于信任，而正如我们所见，当下的公众信任正处于低谷。这不仅引起了劳工倡导者的关注，也引起了商业专家的关注。哈佛大学经济学家丽贝卡·亨德森（Rebecca Henderson）一直密切关注大型企业如何应对技术变革，包括工作自动化。她对我说："经营良好的企业是提升人类福祉的有力工具，是繁荣和自由的主要源泉，但失去价值和目的感的公司，嗯……没有人喜欢精疲力竭地下班回家，然后向配偶解释说：'我的晚归是因为，我必须花更多的时间来实现股东价值最大化。'这样的生活对许多人来说毫无意义。"

至少在某种程度上，20世纪中叶的"资本主义黄金时代"是有约束的,这种约束或许会被亚当·斯密称作"常识":政府、企业和劳工各司其职、互利互惠,如此,它们水到渠成地实现了共同获益。企业需要雇员来生产、分销商品和服务;雇员依靠企业来获得工资;政府则需要维持其合法性和税收基础。但是在 21 世纪,这些常识性的约束被技术变革的海啸席卷而去。自动化和全球化使得企业可以用更少的美国劳动力生产更多的产品,也可以通过游说来获得政府的支持。由于缺乏应对这一变化的国家经济战略,我们开始对美国的政治制度期望甚微,对雇主更是心灰意冷。

与此同时,商界的个人崇拜导致了企业领袖的出现,他们高高在上,其中的一些俨然已是公众偶像。就像躲在帘幕之后的奥兹国巫师,这些商业"巫师"掩盖了他们所在企业的现实。许多公司的利润依赖于金融花招——合并、股票回购、收购、二次发行——而不是它们公开宣称提供的实际价值。企业决策的附带损害,如污染和就业不足,则由社会承担。这些公司对工人们的声音充耳不闻,有意无意地忽视他们的担忧和需求,直到大选之时,政客们承诺"更多更好的工作"。这些承诺如此空洞,导致数百万沮丧的美国选民支持"炸毁"整个系统,孤注一掷地想要为几乎任何替代体系扫清道路。

亨德森告诉我:"人们,我是说普通的人们,都有一种不安的感觉,觉得有什么不对劲。他们看到美国的政治体制在衰退,这些体制似乎没有反映出我们作为一个健康社会所需要的东西。必须重新唤醒企业的社会使命,创造就业机会、让人们从有价值的工作中获得目的和意义,企业在这些方面其实大有可为。"

亨德森认为,企业及其管理者有特殊责任维护资本主义的更大利益,即便要为此牺牲企业和股东的利益也应在所不惜。她告诉我,当下社会的风险高得惊人:公众信任的急剧下降正在削弱资本主义制度和民主的基础。亨德森并不是唯一持这种观点的人。2018 年 1 月,拥有 6 万亿美元资产的全球最大的投资型私募基金黑石集团的首席执行官拉里·芬克通知全球大多数大型上市公司的首席执行官,如果他们希望黑石投资于他们的业务，那么他们做事就必须从社会利益出发。他写道："社会要求公司，无论是公共的还是私人的，都要服务于社会目标。任何一家公司要想保持繁荣，就不仅要提供财务业绩，还要展示它如何为社会做出积极贡献。公司必须使其所有利益相关者受益，包括股东、员工、客户和所在社区……任何公司，无论是公共的还是私人的，如果缺乏目标感，就无法充分发挥其潜力。"

鉴于芬克的地位和巨额财富，你完全有权对他的宣言持怀疑态度。我当然也曾如此——像他这样的公司经常声称自己承担了社会责任，其用意无非是为了安抚客户、投资者和监管者。但芬克发出的公告是认真的，其中一个重要原因就是，该公告让黑石站在了一些自己的商业伙伴的对立面。耶鲁大学管理学院的资深副院长杰弗里·索南费尔德（Jeffrey Sonnenfeld）对《纽约时报》表示，芬克的行动是企业和整个投资行业的"避雷针"。

芬克更进一步，不仅面对企业，也面对广大公众，他写道："各级政府在退休、基础设施、自动化和工人再培训等问题上，没有为未来做好准备。因此，社会越来越多地转向私营部门，要求企业对更广泛的社会问题做出回应。"如果企业不做出回应，它们"终将失去关键的利益相关者的经营许可"。

芬克的"经营许可"似乎与商业学者所称的"三重底线"（triple bottom line）有关，这是一个在20世纪90年代末创造的短语，用来形容目标驱动型企业的三个"P"：利润（Profit）、人（People）和地球（Planet）。看上去并非所有企业都接受了这三者作为优先事项，但亨德森认为，如果企业领导人有这么做的自由，就会有更多的企业接受这三个P。她告诉我："与我合作的经理人们都渴望有所作为，但缺乏一种商业模式能让他们朝这个方向发展。"

杰伊·科恩·吉尔伯特认为，他推出的正是这样一种模式——如他所言，这是一种"利用商业力量解决社会问题"的新方式。科恩·吉尔伯特是AND 1运动用品公司的前首席执行官，他和两位合伙人在商学院刚毕业时就创办了这家公司。该公司销售一款中国制造的篮球鞋，由拉夫·阿尔斯通、凯文·加内特和贾马尔·克劳福德等NBA球星在全球推广。球星及其他人的背书使得公司当时成长为美国第二大篮球鞋品牌。2005年，科恩·吉尔伯特与合作伙伴将公司卖出了2.4亿美元。

他对我说："套现企业家信奉的是'让我们再搞一个'，但我认为，对这个世界的种种问题而言，创建新公司并不是解决之道。"

科恩·吉尔伯特休了个假，和他的妻子（他把妻子称为"瑜伽女"）与两个孩子远渡重洋去往澳大利亚和哥斯达黎加。距离带来了更加全面的视角，他突然领悟到，美国的工作正处在一个碰撞的过程中。和他原先的公司相似，很多公司旗帜鲜明地维护股东利益，却将成本转嫁给了工人和纳税人（在他看来，主要是中国工人和美国纳税人）。与此同时，国家对创造财富的高度重视，破坏了人类从努力中获得目的和意义的基本需要。他在大学时就知道，商业创造了美国国内生产总值的80%，因此他认为商业有义务带头清理这一烂摊子。他坚信，这么做的第一步是必须改变规则。

近一个世纪以来，企业肩负的首要责任就是尽可能多地为股东赚钱，社会责任只能退居其次。有些人认为这是符合相关法律精神的。在被米尔顿·弗里德曼论述之前，这一职责早在1919年就于道奇诉福特汽车公司一案中被首次合法化。亨利·福特主张雇用尽可能多的工人，以使大家共享繁荣（或许也有提高对其产品的需求的考虑），却以败诉告终。这一裁决挫败了福特降低汽车价格和提高工资的努力。密歇根州最高法院宣布，福特股东的利益必须优先于员工甚至客户的需求。随着时间的推移，通过法律和惯例，"股东至上"的概念成为所有上市公司的默认立场。

考虑到将股东需求放在首位的指令，强制企业寻求"更高目标"看似不现实，甚至荒谬。在满足投资者利润渴求的过程中，还有什么可能的"更高目标"？这显然令人困惑，但并非无法解决。科恩·吉尔伯特召集志同道合者组成一个小的团队,他们共同勾勒出了一个新的组织形式蓝图,旨在"将商业力量与目标驱动型社会的需求相结合"。他们想不出什么恰当的名称,干脆就把他们创造的组织称为"B认证集团公司"(Certified B Corporation)。

集团成员必须通过"B实验室"(B Lab)的认证,这个所谓的实验室是科恩·吉尔伯特和同伴创建的非营利性公司,其业务是评估某个公司是否符合"三重底线"。通过认证的公司能够自由修改其章程,以弘扬和传统公司完全不同的治理理念,即可以合法地将工人和社区的需求置于股东的需求之上。

到2018年初,32个州承认了B集团(B-Corps)的合法化,另有6个州正在考虑这么做。科恩·吉尔伯特告诉我,他们在特拉华州大获全胜。由于该州慷慨的税收政策,它吸引了超过一半的美国上市公司来此落户,其中包括2/3的财富500强公司。这一举措为这些公司提供了另一个选择,让它们的所有利益相关者,而不仅仅是股东和高管,去做正确的事情。

科恩·吉尔伯特把工作场所的社会责任比作一项"团体运动",只要其他赛队公平竞争,美国人——尤其是美国的年轻人——都会渴望一显身手。他说:"大量研究表明,当被问及一系列有关生命的问题时,千禧一代大多希望在工作中发挥作用。他们谈论的不是工作和生活的平衡,因为对他们来说,二者之间的关系不是平衡,而是相互融合。他们会在工作场所践行自己的价值观。"

当然,不仅仅是千禧一代如此。2012年,第一家通过B集团认证的公司是著名的户外服装零售商巴塔哥尼亚(Patagonia)。由于该公司对环境责任和社会正义的广泛宣传,它能通过认证毫不奇怪。从那时起,陆续获得资格的多达2390多家公司,涵盖了130个行业:金融和投资、保险、工程、建筑、法律、纺织和服装、家具、食品、医疗、生物医学及IT。这些公司之所以加入集团,是为了寻求法律层面的好处,以及保证自己符合基本公平标准的法定权利——也就是说，它们想要将自己与那些承诺"破坏性"的公司区别开来，后者所谓的"破坏性"无异于在说："要尽可能快、尽可能多地挣钱，不管什么后果。"

科恩·吉尔伯特相信，我们这个时代许多重大的社会、环境和政治危机都是由于不良的商业行为造成的，他并不是唯一持这种观点的人。但现代企业是由市场而非政治创造的，而像 B 集团这样的新公司形式的兴起，要求我们重新设想——正如亨德森所建议的那样——企业自身可以成为解决方案的一部分。"我们正处在一个转折点，"吉尔伯特告诉我，"到了下一代，这将是人们做生意的主流方式。也许它会被称为 B 集团，或者其他的名字，但可以肯定的是，将有一个从股东资本主义到利益相关者资本主义的转变。"

然而，许多公司、特别是上市公司的管理层仍然认为，他们别无选择，只能将劳动力成本降至最低，以求在竞争残酷的全球经济中保持竞争力。但这真的是他们唯一的选择吗？麻省理工学院的经济学家泽伊内普·托恩（Zeynep Ton）提出了一个令人信服的论点：事实并非如此，而且从严格的商业角度来看，对大多数公司来说，在追逐利润的过程中把员工甩在后面并不是一个好的选择。

托恩出生在土耳其，她从小就把美国想象成一个充满机遇的国度。对她来说，美国确实如此。她又高又瘦，擅长运动，16 岁时获得了宾夕法尼亚州立大学的篮球奖学金，来到美国求学。（当时她只会说一点点英语，在加入篮球队训练前，她背下了提供给媒体的球队介绍。她和队友们这样打招呼："嗨，来自某地的某某。"）托恩痴迷于美国广阔的商业空间，后来她把在哈佛的博士研究重点放在了零售业。就在那时，她发现许多美国公司都把员工当作可以交易的商品，这个发现令她震惊。

"真的，我很震惊。"她告诉我，"我知道这听起来很幼稚，但基于我一向了解的美国，我无法理解这种情况。"她无法理解的是，为什么自由市场经济的公民能够忍受每天在工作场所受到的侮辱。举个例子，她回忆说，她参观了一家大型零售商店的电子产品部，在那里她遇到了一位经理。据她估计，这位经理大约 50 岁，她告诉托恩，多年来她不停地努力向上爬，一直爬到她现在这个位置，手下有十几名员工。当得知这位经理如此辛苦却只不过挣到"贫困工资"之时，她觉得不可思议。而且这名经理的工作日程每周都在变化，她既不能安排个人事务，也没法带孙女。更糟糕的是，她来之不易的"经理"身份似乎只不过是徒有虚名的技术处理，其目的是合法地剥夺她领取加班费的资格，同时还不用给她任何**真正的**晋升机会。"像这位经理这样的人以百万计，"托恩告诉我，"他们勤奋努力，却没有一份好工作。"

随着时间的推移，对于这种"坏工作策略"是如何形成的，托恩渐渐地有了自己的想法。她认为，美国许多大公司都有"次等情结"（inferiority complex）。他们生产或进口并销售标准化商品，包括汉堡、铅笔、汽油、书籍、内衣、大众市场电子产品、小家电等，这类商品消费者几乎可以在任何地方在线购买，这种情况如今愈演愈烈。这些公司认为自己没有什么特别的竞争优势，所以它们努力通过一个单一的标准让自己胜出：低价。降低价格的最快和最简单的方法就是在供应链上削减劳动力成本，也就是说，压榨公司的劳动力，并坚持要求供应商和其他商业伙伴如法炮制。

这种"坏工作战略"的影响可能会使整个社区变得扁平化，因为一个又一个企业都急于削减劳动力成本，以跟上其低价竞争对手。但许多公司没有认识到的是，从长期来看，这种"沃尔玛模式"对它们自己或其投资者不一定会带来好处，有时候这么做相当于搬起石头砸自己的脚。

家得宝为这个问题提供了一个典型的例子，它的历程也可以看作一个自然实验，其他公司能够自己从中总结经验教训。1990 年，家得宝是美国最大的家装中心，华尔街的宠儿，当然也是我的宠儿。随处可见的连锁店以优惠的价格提供优质商品。最重要的是，工作人员非常了解那些让我一头雾水的东西——油漆、砂纸、马桶活塞——他们熟悉几乎所有涉及住宅维护和改善的各方面知识。我喜欢这家店，大家都喜欢它——家得宝是世界上增长最快的零售商，也是历史上最年轻的销售额达到5000万美元的零售商。到了1999年，该公司的业绩非常好，以至于股东们在股东大会上差点儿喜极而泣。家得宝的联合创始人亚瑟·布兰克将公司惊人的成就归功于其快乐又能干的员工队伍。收银员被送到"出纳学院"进修，熟练的工匠、商人、水管工、电工和油漆工在销售大厅里走来走去，时刻准备着提供服务。这些被称为具有"橙色围裙崇拜"[1]的员工大部分都是全职的，公司鼓励他们为自己做决定，也帮助客户做出自己的决定。门店经理也有权这样做。公司为了保证员工忠诚度，给他们发放公司股票，有些人因此成为百万富翁。有人称赞家得宝是"当今最伟大的零售组织"，说这话的不是别人，正是时任沃尔玛首席执行官的大卫·格拉斯。（是的，沃尔玛也在他的排名范围之内。）

然而，家得宝并非事事顺利。该公司缺乏纪律性，在基本效率方面落后于其他公司——比如它忽略了建立公司范围内的电子邮件系统，也没有将计费工作自动化。多数时候客户服务依然是出色的，但不能稳定在高水准上。于是顾客流失，股价下跌。2000年，公司董事会请来了一位新的首席执行官，原通用电气的罗伯特·纳德利，通用素来因其强制员工遵守严格的操作纪律而闻名。

纳德利呼吁，可以用不那么懂行、成本更低、更加"灵活"的员工来取代熟练且有经验的全职员工，只要他们愿意接受不可预测的工作时间或是做兼职的小时工。正如预期的那样，此举使得成本下降、利润增长。纳德利的总薪酬飙升至3810万美元，股东们集体松了一口气。但是顾客……嗯，就说我们体验一般好了。随着时间的推移，在密歇根大学发布的美国客户满意度指数上，家得宝跌至最低。5年

---

1 橙色围裙是家得宝标志性的工作服。——译者注

后，当公司股价下跌24%时，投资者坐不住了。董事会和纳德利解约，聘请了哈佛毕业的律师、曾在最高法院任职的弗兰克·布莱克。"橙色围裙崇拜"重新兴起，服务大为改善，随之而来的是创纪录的销售和收入。可谓双赢。

多年后，在得克萨斯州出差时，托恩亲身体验了这种"好工作战略"的力量。当时她和一些同事驱车穿行在仲夏酷暑中，正当他们想喝点冷饮时，发现了两个相距不远的便利店。其中一家的停车场空空荡荡，另一家的停车场却满满当当。那家生意兴隆的店在其天棚上有一个巨大的QT标志。托恩从未听说过QT，但她在得克萨斯州的同事们很清楚。"他们告诉我，'快旅'[1]是个了不起的公司。"她说。

快旅总部位于俄克拉荷马州塔尔萨市，它是美国最大的私营企业之一。这家市值110亿美元的公司拥有近2万名员工和750家门店。2018年，它更计划在未来几年内再增加100家门店。该公司首席执行官切斯特·卡迪欧三世应该是为此感到自豪的，但他小心地不让这份自豪显露出来。卡迪欧是一个低调的人，穿着和店员差不多：一件马球衫，一条熨烫整齐的阔腿裤，这套衣服看上去很适合他。公司是他父亲创办的，但卡迪欧并未因此而轻松。和大多数其他员工一样，他在快旅的职业生涯也是从值夜班开始的。

当我请他描述其招聘策略时，卡迪欧没有说什么"团队合作"或"激情"，他对"破坏"和"神召"也只字未提。他没有让应聘者做测试，也没有要求他们接受任何特定方式的培训。没有任何迹象表明他在寻找一种文化上的"契合"，相反，照他的说法，他要找的是那些相信自己、相信自己的努力有意义的人。

他告诉我："我们的重点是找到愿意努力为客户服务的人，那些会和我们一起坚持下去的人，然后我们就尽力为他们去做正确的事。"

但他是怎么找到这些人的呢？毕竟，许多雇主都在抱怨，雇用

---

[1] QuikTrip，缩写为QT。——译者注

"好帮手"几乎是不可能的。他们将问题归咎于吸毒、问题家庭、糟糕的学校,以及定义模糊的"系统功能失调"。对于雇用"非熟练工人"的行业,如卡车驾驶、快餐店和快旅这样的便利店,这种情况似乎尤其严重。但卡迪欧看上去并没有遭遇这样的困难。他说自己有的是申请人可供挑选。怎么会这样?他解释说:"我们不仅给员工高工资,还给他们信任。我想,人们来这里工作的初衷是为了薪水,但他们之所以留下来,是因为他们喜欢这份工作。他们为了薪水而来,为了这里的人和这份宝贵经历而留下。"

在一个员工流动率平均接近100%的行业中,快旅门店全职员工的流动率低至10%。卡迪欧说,这并非偶然,因为他根本不能、也不想失去员工。"如果我每天早上起床时都想着又有人要下岗了,我怎么会高兴呢?"卡迪欧反问道,"怎么可能让这事儿成为常态?对某些人来说或许可以,但对我不行。"

听到这话,我停下来想了一会儿。信任至关重要,人是宝贵的,不能浪费。这不正是我在芬兰听到的话吗?但这里是塔尔萨,不是赫尔辛基;卡迪欧是个成功商人,不是过度乐观的理想主义者。这一切会如何影响他的盈利呢?

"我们正在成长,"他说,"当我们把有经验的员工调动到一个新的地点时,就像在二战中派遣海军陆战队到海滩上一样——他们不知道接下来会发生什么,我们也不知道。在一个新的地点开店后,我们需要7—10年的时间才能达到收支平衡,要实现盈利则可能需要更多的时间。所以我们要有耐心。我们正在建立一种文化,客户需要一些时间来了解我们、发现我们的不同。但最终客户会明白的。他们会发现,我们的不同之处在于我们的员工。应该让真正关心客户的人来为他们服务。"

我想见见这些有爱心的员工,卡迪欧便把我交给了他的人力资源主管。主管不肯自己做筛选,而是让我从一长串名单中挑几个。在我访谈的数名员工当中,最年轻的是布莱恩·拉森(Brian Larson)。我们第一次谈的时候，拉森 27 岁，有 3 个孩子，包括一个新生儿。他正要从堪萨斯城搬家到北卡罗来纳州的夏洛特，在那里他将经营一家新的快旅门店，这就是卡迪欧所描述的"海军陆战队登陆"。布莱恩花了 5 年时间从夜班职员升到商店经理，他认为这再公平不过了。快旅对员工进行交叉培训，让他们掌握从备货到销售的几乎每一项任务，需要学习的内容很多。他说，了解一家企业需要时间，赢得人们的信任也需要时间。作为一名经理，他的工作是预测客户的需求。他说，这需要洞察力，而这种洞察力来自丰富的工作经验。他一直都知道，公司会给予他支持。

公司为拉森支付了到夏洛特的搬家费。他说，他的工资挺高，而且福利丰厚，包括大学学费减免。拉森的父母都上过大学，他以前觉得自己也会去读大学，但他现在认为不需要了。"我打算在这家公司待 40 年。"他告诉我，"说实话，在这里工作的感觉，不只是打一份工。我的收获要多得多。"

快旅并不是唯一一家成功投资于员工的公司。当我问托恩是否可以分享其他的例子时，她又说了几个例子，这里面给我留下最深印象的是"购物篮"（Market Basket）连锁超市。在我居住的新英格兰地区，购物篮是一个强大的公司，它在 3 个州的 71 家商店雇用了 25000 名员工。这家连锁店以其产品的质量和品种、出色的客户服务，以及一贯的低价而闻名，但这些并不是靠的压榨劳动力。托恩告诉我，购物篮的员工可以得到公平的工资、福利和利润分享计划。也许这就解释了为什么商店里的每个员工都会自豪地佩戴着写有各人在公司工作年限的徽章。收银员、理货员和经理们都在一起工作；连锁店的客户群极其忠诚。2014 年，购物篮的董事会曾提议改变公司政策，试图以牺牲员工利益为代价让公司所有者受益。顾客们获悉后，团结起来抗议了 7 周之久，最终阻止了这一改变。我就是其中的顾客之一。这么做倒不是因为我对他们特别有感情：我只知道，购物篮的店员会在一大堆菠萝中，一个一个地拿起来闻一闻、压一压，以便让我能在当天晚餐时吃到成熟度正好的那一个。其他店里的员工可不耐烦这么干。"

这当然是个动人的故事。不过，你或许想问我："你到底想说明什么？一个仁慈的企业主尊重员工是一回事，但要全国人民一起行动、要求系统改革则是另一回事。"对于如何努力解决美国的工作混乱问题，我曾就个人、劳工倡导者和企业提出过自己的看法，但政府应该扮演什么样的角色呢？

如今，许多人都感到身处困境，在这种时候，如果我提出政府应当给工人赋权并修补社会安全网中的漏洞，我的倡议不太可能获得广泛的支持。正如19世纪中叶德国经济学家阿道夫·瓦格纳（Adolph Wagner）所观察到的那样，只有在繁荣的自由市场社会中，社会福利才会获得真正的关注。他的观点后来被称为"瓦格纳定律"（Wagner's Law）。然而，尽管我们的自由市场社会的确欣欣向荣，但并不是所有美国人都重视社会福利。相反，不难看出，我们遵循的可算是"瓦格纳替代定律"（Wagner's Alt-Law），即不断扩大的收入差距使得人们放弃了慷慨的公众支持。由于缺乏合理的公民保护政策，技术的无情发展带给许多人一种感觉：我们曾经投票反对某场战争，结果是将自己变成了附带的牺牲品。

美国人对中心化的"解决方案"持怀疑态度，不愿意把个人权利让渡给集体控制。但从现有的证据来看，美国工人已经丢掉了自己的控制权。公司每年在游说上花费近30亿美元，大约是代表工人利益游说的35倍。企业不再要求政府"远离"它们的业务，而是越来越多地与政府合作，以实现自身目的。无论是"培训"更多的工人来满足企业的要求，还是减少或干脆否决对工人的保护，都是企业与政府的合谋。这么做不利于工人，也不利于民主政体。

正如我们所看到的，没有一个自由的国家能够在不充分利用其人力资本的情况下蓬勃发展。这不是慷慨与否的问题，而是建立一个公民社会的问题。政府可能采取的措施之一是，寻找新的方法来激励各种各样的好工作。想想我们的共同努力可以从哪儿开始。

已故参议员丹尼尔·帕特里克·莫伊尼汉谴责工资税是"工作税"。不论工人收入水平如何，哪怕只有1美元，一概对其征收工资税，许多人认为这是一种倒退。对于占工资税大头的社会保障税，超出特定数目——2017年为127200美元——的收入部分是免征的。因此，在2017年，大多数美国工人，特别是收入低于10万美元的工人，缴纳的工资税超过了所得税。[1]对莫伊尼汉这样的思想家来说，这是非常糟糕的政策。众所周知，征税对象应该是我们想要减少使用的东西，比如烟草、酒和化石燃料，而不是那些我们想要增加的东西，比如人们的收入。如此这般，税收才有最佳效果。在一个好工作受到威胁的时代，工资税改革的时机可能已经成熟。当然，用税收来支付的社会保障、医疗保险、失业救济等是必不可少的，我们不能在这些方面冒风险。但是，由于工资税几乎全部直接从工资中扣除，而且降薪还相当于让工人又支付了一笔间接的工资税，一些专家认为，这个税种限制了工人的收入能力，从而限制了我们创造需求的能力。虽然目前还没有就如何解决这一问题达成一致，但许多经济学家认为，从工资税中退一步，寻找支付福利的新方式值得认真考虑。为什么不试试呢？

政府促进良好工作的另一个方法是，如果某些岗位能够提供足够工人生活的稳定工资，政府就对这些岗位的所在企业进行税收减免。这一策略并不新鲜：1994年，美联储召开过一个由美国著名经济学家组成的会议，与会者几乎一致认为，此类补贴应成为旨在降低失业率的经济政策的一部分。一些社会科学家担心，即便没有补贴，有些

---

[1] 美国政府征收的工资税（payroll tax）包括两部分：社会保障和医疗保险。即使收入很低的人也要交这两种税。而收入税（income tax）因为各种各样的减免，反而可能低于工资税。——译者注

雇主本来就是要雇用一定数量的工人，现在有了补贴，他们并没有雇用更多的人，却白拿了补贴。这种可能性当然存在。但国外的实验表明，雇用补贴确实会带来巨大的好处。2008年金融危机后，对雇用工人的税收补贴促进了奥地利、韩国、葡萄牙和瑞典的经济复苏。尽管美国在雇用补贴方面的经验有限，但有证据表明，只要操作得当，这类政策在美国同样可以有效地刺激招聘。例如，1977—1978年的《新就业税收抵免》（New Jobs Tax Credit）和2010年的《恢复就业激励法案》（Hiring Incentives to Restore Employment Act）都与新就业机会的创造密切相关。密歇根州和佐治亚州的就业补贴计划研究也显示了类似的结果。虽然这些实验不能证明税收补贴本身创造了良好的就业机会——我们无从得知就业增长是税收抵免的结果，还是仅仅与其相关——但降低招聘成本会鼓励雇主采取行动，这是毋庸置疑的。当然，如果雇主本来就没有需求，那即使有税收激励，他们也不会因此去招人；但是，税收激励可能会鼓励雇主在预测到需求的情况下雇用员工，并为他们提供更好的待遇。事实上，为了获得税收优惠和其他公共支持，企业应该提交一份"工人影响报告"，对其承诺创造的就业岗位的数量、质量和持续时间做出精确的、基于证据的预测。如果不兑现承诺，可能会导致巨额罚款。所罚款项可用于创造一些公共部门的就业机会，包括与替代能源、基础设施改善或其他公共需求有关的那些部门。

另一个备受争议的解决方案是，将每周平均工作时间减少到21小时，以应对劳动力需求停滞的局面。这一策略的拥护者认为，在劳动力短缺时，资本主义的运转是最好的。有人引用卡尔·马克思的话，他曾警告过要避免将劳动力变为"一支即用即抛、完全从属于资本的工业后备军，仿佛他们是资本自己花代价培养起来的一样。"还有人认为，目前失业人口中的很大一部分就是我们这个时代的"工业后备军"，他们随时准备着在情况好转时跳进职场，然而正因如此，情况好转的可能性更小了。

正如我们在前几章中所看到的，在某种程度上，这个论点是成立的。显然，当工人稀缺时，他们就有更大的优势来促成更好的交易。至少在理论上，缩短工作时间会导致劳动力短缺，从而增加对工人的需求。但对此仍然存在争议。具体来说，哪些工人应该有这个选择？培训出医生、律师、教师、社工、工程师、水管工、牙医和其他具有专业技能的人，却又告诉他们这些技能的施展要打折扣，这个代价社会能否承受吗？在美国，尽管白领可能会感到工作过度，但许多工薪阶层却希望获得更多而不是更少的工作时间。

尽管如此，在 20 世纪 50 年代，劳工联主席乔治·米尼（George Meany）就曾宣称，"和劳工运动本身一样，在缩短工作日和工作周方面取得的进展也是具有历史意义的"。这不仅仅是历史：分析师估计，一周工作时间每减少一小时，美国就业率就可能会大幅上升，工作质量也会更高。另一个额外的好处是，工作时间的减少将使在职美国人有更多的时间投入家庭和社区。现实世界的证据表明，这种安排在经济上是有益的。例如，在德国，自 20 世纪 90 年代末以来，由于政府与企业的合作满足了所有利益相关者的需求，每个工人工作时间的减少阻止了裁员行动，从而留住了许多高薪岗位。在瑞典，哥德堡市实行了一天 6 小时的工作制，这在公共部门的工作人员身上获得巨大成功，医院甚至私营企业也纷纷效仿。他们发现，更少的工作时间会让员工压力更小、工作效率更高，有时候还能使企业雇用更多的员工，从而进一步提高利润和生产率。德国和瑞典实验的关键是政府补贴，它弥补了全职和兼职之间的大部分或全部收入差距，从而解决了低收入工人的兼职问题。这在美国能否行得通？也许我们应该鼓起政治意愿去查明真相。

与此同时，越来越多的拥护者呼吁政府支持的，不是缩短工作时间，而是根本不工作。基本收入保障（Basic Income Guarantee）[1]已经

---

[1] 下文简称 BIG。

成为几乎所有公众对未来工作考虑的核心,特别是硅谷精英们,他们担心,相比于那些越来越聪明的人类创造物,人类自身的竞争力正在下降。关于 BIG 的提议有各种形式,最常见的一个是给所有公民发生活福利。虽然数额不大,但对于那些愿意用较少的钱顽强维生的人,这笔钱足够让他们活下去;对于那些愿意工作的人,这笔钱相当于工资之外的补贴;而对于收入较高的人,BIG 会让他们缴纳更多的所得税,所以也就抵消了这项津贴。我们的目标是给所有美国人一笔津贴,尽管数目不大;同时也给他们一点空闲时间来享受这项津贴,从而刺激经济增长,创造更多更好的就业机会。所有的 BIG 接受者——也就是所有的美国公民——都有机会通过工作、创业或投资来赚钱,但他们也可以选择不这样做。从理论上讲,这一计划将减轻对工作岗位的争夺,从而使那些选择工作的人有更大的筹码来谈判更好的工资、福利和工作条件,甚至可能会减少许多人如今不得不忍受的无聊、有辱人格和薪水过低的临时工作。它也有可能减少公众对于自动化的担忧,因为那些低收入、低尊严的工作本来就更加适合机器来完成,这对所有人都有利。

BIG 的拥趸遍布各处。左派社会学家埃里克·奥林·赖特(Erik Olin Wright)在《展望真正的乌托邦》(*Envisioning Real Utopias*)一书中写道,该计划将"为雇主创造一种激励机制,使他们寻求技术和组织创新来消除不愉快的工作",其结果将"不仅偏重于对劳动的节省,而且偏重于对劳动的人性化"。自由主义者查尔斯·默里(Charles Murray)也赞同 BIG,虽然他的理由不尽相同——他认为有了 BIG,就可以省下社会保障、医疗保险和失业救济等"非劳动所得"的福利。正如我之前提到的,硅谷也非常支持这个想法。风险投资家、风投基金彭博贝塔的负责人罗伊·巴哈特曾经热情洋溢地宣称:"在补贴创新的初期阶段,普遍的基本收入可能是最有意义的方式。由于方方面面的原因,它可以为人们创造条件,使得人们花在创造上的时间能够成倍增加。"其他狂热的支持者甚至称之为"21 世纪的疫苗"。

而BIG的许多批评者则认为，它不是疫苗，而是一种危险的药物、一种具有成瘾性的公共施舍，会破坏人类找工作的动机。当然，我们应该考虑这种可能性：如果不需要避免贫困，我们是否都会失去劳动的意愿？这种担心可以理解但没有必要，因为没有证据表明它会成真。相反，BIG似乎在很大程度上刺激了人们的工作意愿。

1974年，加拿大曼尼托巴省多芬市大约有1000名居民交了好运，他们得到一个消息：由于联邦和省级政府共同的慷慨出资，他们每月都会得到一笔钱。这是一个实验，其目的是评估，对于那些向来没有足够收入的人，有保障的无条件年收入会对他们产生怎样的社会影响。对此我们有许多疑问，首先要回答的一个最重要的问题是：如果拨给某人仅够维生的钱，会让此人变懒吗？这项津贴的数目被定为贫困线标准的60%，仅靠它并不足以维持一个家庭的生计，但足以对其生活产生影响。津贴专门用于改善穷人生活，因此，个人从其他来源每赚取一美元，就有半美元从他的月度定额中扣除。

这些款项的支付始于1976年。到了1979年，由于当时联邦政府推行紧缩政策，也由于该地区的政治变化，该项目的资金流动受阻。项目终结得如此突然，以至研究人员都来不及分析数据。于是，他们把堆积如山的文件材料塞进1800个纸箱，把箱子堆进仓库，然后就走了，留下茫然无措的多芬居民。

数十年后，曼尼托巴大学的经济学家伊夫林·福格特（Evelyn Forget）获知了这一实验。她搬出尘封已久的箱子，开始了她的研究。"我想知道这个项目对人们的生活有什么影响。"她告诉我，"我的发现是，比起无所事事，人们其实更喜欢工作。"事实上，在有资格领取津贴的所有多芬居民中，只有两个子群在领津贴后减少了工作时间——一是新生儿的母亲，因为有了津贴，她们能够在当时规定的6—8周的基础上将产假延长；另一子群是十几岁的男孩，通常他们会在10年级辍学，有了津贴后他们得以继续读中学。福格特发现，月度补贴非但不妨碍工作，反而在突发疾病、残疾或其他不可预测的事件和灾难时，作为一个稳定的收入来源，能够保护居民免受经济损失。由于这些钱带来了安慰和机会，住院人数和受伤人数都大幅下降，人们的心理健康状况有了很大改善。

"基本收入并不宽裕，"福格特提醒我，"这个数目不够让人完全脱贫，但它可以给人创造空间，让他们有机会做那些必须要有人做的工作，或者他们自己想做的但不能产生工资的工作。"我问她是不是已经和许多领取补助金的居民谈过话了，她说是的，在这些居民中，她第一个想到的叫作埃里克·理查森（Eric Richardson）。

理查森告诉我，这个项目开始实施时他才12岁。他是家里6个孩子中最小的一个，母亲是理发师，父亲做零工。他说，他们很穷但不自知，因为周围每个人都差不多。"我们从没挨过饿，因为我们有一个园子，还会钓鱼。当时大多数人都是自给自足的，亲朋好友和邻里之间互帮互助，有很强的志愿精神。但这笔钱帮助我们支付了'额外的'费用——教育、医疗，以及更好的食品。改善人们的处境并不需要很多钱。我第一次去看了牙医，补了10个洞。我一个朋友的家人用这笔钱付了一辆卡车的定金，方便他们把牲畜运到市场上卖。"如今的理查森是一名木匠，他也教人木工活。

近年来，在为数不多的地方——芬兰、加拿大、荷兰和肯尼亚——政府进行了初步的大型试验。到目前为止，结果喜忧参半。作为这个项目的有力倡导者，福格特指出，这一切都取决于把什么作为优先事项。在多芬，额外的一点钱可以帮助母亲留在家里照顾婴儿，帮助男孩子完成高中学业。它允许艺术家和工匠追求他们所爱的东西并与社区分享。或许会有人钻空子，但更多的人明智地使用了这些资金，并从中受益匪浅。福格特说："如果你给人们一点钱，以及一点信任，他们做的事会带给你惊喜。相信我，每个人都希望——每个人都需要——工作。"

要想解决全国性的工作乱局，第一步是认识一个事实：对工作的需要是人性的一部分。创新的动力几乎已经植入了我们的 DNA，一般来说这是件好事：在一个自动驾驶、机器人手术和机器自学的时代，谁能否认技术改变世界的力量？更不用说改变工作了。但是，对创新的过度宣传，会导致我们把每一种损害都误认为是"进步"，并且依据这样一种理念行事：似乎公司和个人只要赚了大钱，就可以免除偿还社会赋予他们的特权的责任，而他们之所以能够享有特权，正是因为工人们的工作。

美国的工作失调并不是因为真正的机会稀缺，总有足够多的好工作需要人做。它也不是技术导致的，正确应用技术只会改善我们的生活。工作失调的病根在于，我们缺乏明确而真诚地应对挑战的政治意愿。作为具有全球影响力的自由市场民主国家的公民，我们有责任商定一套共同的原则和优先事项。我们可以建立一个将良好工作与良好健康脱钩的医疗保健体系，以此控制或消除企业的医疗保健成本。许多经济学家（如果不是大多数经济学家的话）多年来一直主张我们应该这样做。是时候检验他们的想法了吗？从根本上说，我们是否同意每个美国人都有权享受自由教育、收入保障和目标导向的生活？如果这些是最基本的，那么让我们找到一种方法来实现它们，无论是在传统的就业环境中还是在传统的就业环境之外。我们是否足够重视看护、教学和艺术创造？如果是，我们是否需要一种新的方式来酬赏从事这些工作的人，让他们充分体现其价值？

寻找更好的方法来支持和维持良好的工作，可能会成为企业和政府发挥互补作用的公共政策的核心。我相信，激励那些为此努力的人，鼓励他们在这些方面的政治和经济创新，这本身就将是未来最重要的创新。当我们摆脱对于供方的幻想，即市场会给每个人"应得"的工作和收入，自由市场的意识形态就显得不够审慎了，它会让位于常识的政治。国家的历史与我们的个人经历都打破了这个神话——现在我们知道，那些最富有的人并不总是"应得"他们所占的大部分。

在这个全球化、数字化的经济中，我们不能依靠私营部门来保证长期就业，也没法指望它们——更别说命令它们——雇用工人做那些机器能以更低成本完成的工作。近几十年来，技术的最大影响不在于工作的数量，而在于工作的质量：有保障、有福利、有未来的全职工作已被风雨飘摇的就业现状所取代，工人们面临的是一个起起落落、捉摸不定的世界。技术使这些变化成为可能，但导致变化实际发生的却是政治。也正是政治通过工作场所的撕裂扩大了不平等，工作被分解得支离破碎，拍卖给要价最低的人。政治扩大了多数人和少数人之间的鸿沟，引发了对共同价值观和重要社会制度的令人不安的反弹。

美国建立在这样一个经济平台上：公民通过就业获得收入和价值感。我们一直获益于这一战略。但在一个如此众多的健全成年人缺乏全职、稳定就业的时代，这还远远不够。我们的挑战不是找到更多的方法让人们去适应"有意义"的工作，而是帮助人们找到并维持工作，让他们有机会做出贡献，让他们觉得有价值，并自主地创造意义。

不断提高效率是属于工业时代的执念，如今我们再也负担不起这个执念。我们必须停止对 GDP 的盲目崇拜。对于那些为少数人带来巨额利润的工作，GDP 夸大了它们的价值；对于那些对供需双方都具有内在价值的工作，GDP 却忽略了甚至根本无法衡量它们的重要性。后一种工作为国家财富做出了不可估量的巨大贡献，但在很大程度上它们未被承认。如果将这些努力包含在我们对国家繁荣度的计算之中，并在某些情况下通过减税或退税对其做出补偿，这将带来直接的社会效益，并将鼓励更加公平、促进供需良性循环的收入分配。

工作的未来与其说取决于我们的数字化创造，不如说取决于我们的集体想象力。由于计算、统计和数据收集的新技术，我们能够更好地评估哪些努力对我们的幸福感贡献最大。如今，由于技术发展，许多形式的工作都被破坏了，我们正可以用这样的技术来建立一种新的模式，这种模式的补偿至少部分地基于个人的"社会贡献"。我们不能只重视那些可以量化的东西，而要使用这些工具去衡量那些我们真正珍视的东西。通过寻找新方法来衡量工作，那些特别需要人去完成的工作——关怀工作、创造性工作、建设工作、疗愈工作、艺术工作——将得到承认，并得到符合其实际价值的酬赏。

2016年房地产大亨唐纳德·特朗普当选总统反映了数百万美国人感受到的经济不确定性，他们中的大多数都没有学士学位。他们认为自己和后代的机会在减少。在选后民调中，63%的特朗普支持者认为，"美国工薪阶层缺乏就业机会"是一个"非常大"的问题。与此同时，收入不平等与种族和族裔紧张局势的加剧赶走了年轻选民，其中许多人是刚毕业的大学生。他们有理由对现行制度表示失望。工作——不管多么艰难、多么累人、多么忙碌——都会给人带来中产阶级生活，但年轻人现在开始怀疑这个说法。好消息是，这么多人事出有因的不满，以及这种不满所助力的政治力量，重新点燃了公众对集体行动的信心。我们已经认识到，坏工作不是一个必须遵守的自然规律，而是一个需要补救的社会结构。

我还希望，公众能够认识到工作不是赢家和输家的零和游戏。相反，之所以在自由市场民主制度下工作，是为了缩小而不是扩大不平等。虽然教育和专业知识是好东西，但我们应该从过于强调"技能高于一切"的状态中退一步。训练人们试图领先机器一步，这远远不够。一个更好的方法是对我们的思维进行逆向塑造，也就是说，找到新的方法来利用技术，调动人们自己的力量从工作中创造真正的价值。与其称赞雇主"赠予"我们"有意义的"工作，不如让我们同意，我们从工作中获得的意义不是赠礼，而是我们自己努力的产物。

英国经济学家约翰·梅纳德·凯恩斯曾写道，没有人"可以毫无畏惧地期待闲暇和富足的时代"。或多或少地，我们就生活在这样的一个时代，至少是生活在富足的时代。让我们摆脱恐惧，重新调整我们的优先顺序。启蒙主义的理想是，人类社会的进步将把我们从劳碌求生提升到有目的、有意义的生活，如今这个理想已近在我们的门阶。要想回答它的敲门声，我们只需拿出政治意愿和信任。我希望你和我一样，都渴望着打开大门。因为归根结底，确保所有人都有好工作，不仅是公民社会的最高宗旨，也是最具颠覆性的创新。

致　谢

《工作》一书缘起于我多年来与朋友、同事和学生的交谈，诸位对本书的形成发挥了重要作用。非常感谢你们分享关注和洞见的勇气。

永远感谢我的经纪人迈克尔·卡莱尔（Michael Carlisle），他一直在鼓励我坚持下去。在维多利亚时期的小说之外，很少能遇见迈克尔这样的人：彬彬有礼、教养深厚、慷慨善良、直觉敏锐、忠诚可靠。（同时，他也是一个强硬的谈判者。）迈克尔将我介绍给皇冠出版集团和罗杰·肖勒（Roger Scholl），这位大师级编辑的耐心、坚毅和明智的建议对我至关重要。感谢罗杰和他在皇冠的同仁，特别是梅根·舒曼（Megan Schumann）、妮科尔·麦卡德尔（Nicole McArdle）、埃琳·利特尔（Erin Little）和坎贝尔·沃顿（Campbell Wharton），感谢这样一群完美的专业人士以勤奋、优雅和正直的态度所做的一切。

对于工作这个主题，几乎每个人——包括我在内——都有自己的观点，但并非每个人都了解事实。我深深地感谢数以百计的专家，他们引领我努力超越公认的智慧，走向更加开明——而且更加现实——的视角。在与我交流的众多专家中，我要特别感谢耶鲁大学的艾米·瑞斯尼维斯基，感谢她慷慨地允许我参加五月的"意义会议",感谢她与我分享她的第二个孩子出生后的珍贵时光。还有麻省理工学院的泽伊内普·托恩,我们第一次见面的时候,她正怀着双胞胎;以及波士顿学院的迈克尔·普拉特,他是一位非常忙碌的学者,同时也是三个孩子的慈父。此外,我还要衷心感谢以下学人的意见和建议,他们使得对这一议题的讨论更加明晰:马萨诸塞大学的奥弗·沙龙、波士顿大学的米歇尔·安特比、哈佛大学的克劳迪娅·戈尔丁和理查德·默南、约翰·霍普金斯大学的凯瑟琳·爱丁、宾夕法尼亚大学的亚历山德拉·米歇尔、霍华德大学的罗恩·希拉、麻省理工学院的安德鲁·迈克菲、伊利诺伊大学的罗伯特·安东尼·布鲁诺、马萨诸塞大学的罗伯特·波林,以及来自马萨诸塞大学洛厄尔分校、无与伦比、无所畏惧的比尔·拉佐尼克(Bill Lazonick)。

在布鲁克林海军船厂,大卫·贝尔特和他的团队提供了巨大的帮助,大卫·埃伦伯格则是一位精力充沛的向导。正是通过船厂,我遇到了设计师爱德华·雅各布斯,他让我重新审视自己对于这一创举的看法,还有神经科学家特德·霍尔,他否定了我曾相信的人类将永远胜过机器的愿景。

在芬兰,维拉·沃蒂莱宁(Veera Voutilainen)、马里特·基维索(Maarit Kiviso)和安努·莱赫蒂宁(Anu Lehtinen)为我的研究铺路,桑那凯撒·埃桑、基莫·帕沃拉、佩卡·耶拉安-提拉(Pekka Ylä-Anttila)、利奥·帕赫金(Leo Pahkin)、佩卡·波哈卡利奥和托米·莱蒂奥则为领路人。我还要感谢卡拉提综合学校的学生们让我走近他们的思考,其中有一些还让我知道了他们的梦想。

特别感谢代顿的亚当·穆尔卡、史蒂文·约翰逊、达里尔·科尔努特和辛克莱社区学院其他具有献身精神和前瞻性的教职员工。我也要感谢理查德·斯托克和简·多克里,他们对各种工作培训项目的坦率看法令人清醒。

在克利夫兰,特别要感谢特德·霍华德和常青合作社的整个团队,他们中的一些人在百忙之中还带我四处走访。在明尼苏达州,感谢凯尔·库尔博罗斯和他可可公司（Co Co）的团队，他们与我分享其集体智慧，以及香浓咖啡和美味比萨。在底特律，富有远见的电影人、《工厂之后》（After the Factory）的导演菲利普·劳里（Philip Laurie），还有传奇人物莫里斯·考克斯（Maurice Cox），他俩担任了我的向导和爆料人。还是在底特律，摩根·威利斯（Morgan Willis）、埃利·施耐德（Ellie Schneider）、尼娜·比安基（Nina Bianchi）和奥尔加·斯特拉（Olga Stella）带我加入了一场很棒的对话，他们当时正在讨论的是关于"重新设计"数字时代的工作。

在肯塔基州，伯里亚学院的教职员工对我敞开大门，张开双臂欢迎我。他们鼓励我随堂听课，采访学生，花数小时漫步在一派田园风光的校园里，包括它的农场和郁郁葱葱的林地。我尤其要感谢伯里亚的校长莱尔·罗洛夫斯和劳工学院院长大卫·蒂普顿、商业学者彼得·哈克伯特和艺术家丹尼尔·范伯格（Daniel Feinberg），还要感谢为我安排这次访问的蒂姆·乔登（Tim Jordon）。此外，我也感谢同在肯塔基州的罗伯特·雷纳，特别感谢他的父母，他们不顾自己第二天还要辛苦工作，在厨房里与我分享咖啡和观点直到深夜。

感谢缅因州波特兰的海伦·拉斯穆森，她的工作是为电影做窗帘；感谢马萨诸塞州劳伦斯的布伦纳·南·施耐德，她的努力表明，技术若被恰当应用，可以创造基础广泛的繁荣。感谢国际服务业员工协会（Service Employees International）的大卫·罗尔夫（David Rolf），他曾花费数小时和我详细解释，为了适应 21 世纪的经济现实，有组织的劳动可能面临"分崩离析"。

在马萨诸塞州的萨默维尔，消防队长帕特里克·沙利文对我讲解了关于他所选职业的心理学，他还坚持要我爬进消防车，坐上驾驶座，虽然对我而言这个体验绝非愉快。在剑桥，约翰·比奇洛提供了活生生的证据，证明如何从工作中获得意义在很大程度上是一个见仁见智的问题，而他以自己的气魄、风格和诚实应对了这个挑战。

感谢阿贝·戈里克（Abe Gorlick）和艾米·科特曼，为了帮助挣扎中的人们而公开自己的故事,是一种英勇无畏的行为。谢谢二位。

感谢诸多朋友和同仁鼓舞我写作此书,感谢你们原谅我的强迫症……你们的支持是无价之宝。特别感谢苏珊·布劳(Susan Blau)和埃莉·麦卡锡(Ellie McCarthy),她们都是特别细心的编辑,不仅自愿阅读最初的几稿,而且费心纠正了每一处以逗号分隔的连句和分裂不定式(这几乎是一项不可能完成的任务)。我要一如既往地感谢亲爱的教学搭档道格·斯塔尔(Doug Starr),感谢查尔斯·曼(Charles Mann)、安德鲁·沙利文(Andrew Sullivan)、帕甘·肯尼迪(Pagan Kennedy)、罗宾·马兰茨·赫尼格(Robin Marantz Henig)和凯特·蔡尔兹(Kate Childs),他们的忠告帮助我在时而焦躁不安的写作生活中安定下来。许多编辑曾给我早期的一些项目提供支持和指导,这为本书的写作奠定了基础,感谢他们:朱迪·布朗(Judy Brown)、史蒂夫·佩特拉内克(Steve Petranek)、保罗·特拉赫特曼(Paul Trachtman)、科尔比·库默尔(Corby Kummer)、安德鲁·米勒(Andrew Miller)和比尔·菲利普斯(Bill Phillips)。特别感谢《大西洋月刊》的荣休编辑威廉·惠特沃思(William Whitworth)。在过去的几年里,他无懈可击地指导和支持几乎使得一切皆有可能。

在本书写作过程中最受折磨的几位,请允许我对你们说:艾莉森(Alison),你的决心、诚实、智慧和面对几乎任何挑战的沉着令人惊讶,你真是个奇迹;乔安娜(Joanna),你的幽默、洞察力和韧性激励着我,你是希望,你是快乐;马蒂(Marty),你的引领、智慧、幽默,甚至脾气,还有你永恒的忍耐……令每一个重要的梦想得以实现。

索 引

本索引标注页码为原书页码，即本书页边码

Adams, John Quincy　240　约翰·昆西·亚当斯
Addison, Medrick　241—244　梅德里克·艾迪生
advanced manufacturing　182，275　先进制造业
age and fitting corporate culture　31　年龄与适合公司文化
Airbus　273—275　空客；空中客车
Alabama　149，273—275　亚拉巴马州
Alger, Horatio　55　霍拉肖·阿尔杰
Alibaba Group　69　阿里巴巴集团
Alphabet　84—85
AlphaGo　79—80　阿尔法狗
Amazon　亚马逊
 automation and　73—74　自动化和～
 Chattanooga facility　71，73　～查塔努加配送中心
 data collected by　69—70　～收集的数据
 government incentives given to　71—73　政府的激励
 jobs with　70，72—73　～的工作岗位
 MTurk online platform　258—259　MTurk 在线工作平台
 as one of Four Horsemen　85—86　～作为"四骑士"之一
 share of US online market　69　美国在线市场所占份额
American Association for the Advancement of Science　79，93—94　美国科学促进会
American Sugar Refining Company　266　美国制糖公司
analytic thinking skills　56—57　分析思维技能

284　工　作

AND 1　302　AND 1（体育用品公司）
Anderson, Elizabeth　131　伊丽莎白·安德森
Andreessen, Marc　257　马克·安德森
Anteby, Michel　123—124　米歇尔·安特比
anxiety　焦虑
　　stress and　38—39　压力和~
Appalachia　194—210　阿巴拉契亚
apparel industry　278—280　纺织业，服装业
Appelbaum, Eileen　254—255　艾琳·阿佩尔鲍姆
Apple (technology company)　苹果（技术公司）
　　cash holdings overseas　276　~海外持有现金
　　number of employees　59　~雇员数量
　　as one of Four Horsemen　85—86　~作为"四骑士"之一
　　reason for overseas manufacturing　186　海外制造的原因
　　value to US economy　272　对美国经济的价值
aristocracy　贵族政治
　　US founding fathers as　54—55　美国开国元勋
　　Victorian Era　52　维多利亚时代
Arizmendiarrieta, José María　246　何塞·马里亚·阿里兹门迪亚列塔
artificial intelligence　人工智能
　　AlphaGo　79—80　阿尔法狗
　　as job destroyer　3, 82—83　~作为工作摧毁者
　　jobs not able to do　3　~不能从事的工作
　　medical uses　80—81　医用
　　replacement of human intellectual capital by　11　用~代替人类知识资本
arts and crafts　工艺美术
　　economic role of　200—203　~的经济作用
　　worker cooperatives and　258　工人合作社和~
Atlantic (online magazine)　113—114　《大西洋月刊》（在线版杂志）
at-will employment　255—257　随意雇用
Aukland, Shawn　85　肖恩·奥克兰
Austria　奥地利
　　Great Depression　16—20　大萧条
　　Industrialization　15—16　工业化
　　tax subsidies for hiring workers　313　雇用工人的税收补贴
automation　自动化
　　advantages of　73—75, 77—78, 82　~的好处
　　in coal mining　206　煤矿业的~

early 238—240 早期~
manufacturing jobs 271 制造业工作的~
productivity and 6，262，273 生产力和~
self-driving cars 75 ~无人驾驶汽车
training former factory workers unemployed by 183—186 为因~而失业的前工厂工人提供培训
in warehouses/distribution centers 73—75 仓储/分发中心的~
autonomy 自治
defining 107 定义~
importance of 65，106 ~的重要性
Autor, David 60 大卫·奥特尔

Bacevice, Peter 297 彼得·贝斯维斯
"bad jobs strategy" 305—308 "坏工作策略"
Ball, Don 298 唐·鲍尔
banking industry 167 银行业
Barker, James 47 詹姆斯·巴克
Bartik, Tim 151—152 蒂姆·巴蒂克
Basic Income Guarantee (BIG) 315—318 基本收入保障（简称BIG）
Bauer, Otto 17 奥托·鲍尔
Beane, Matt 126 马特·比恩
Beaudry, Paul 60，167 保罗·博德里
Because We Can 286 因为我们可以
Bellah, Robert N. 118 罗伯特·N.贝拉
Belt, David 270，282—284 大卫·贝尔特
Berea College 194—200，204—205，209 伯里亚学院
Best Buy 70 百思买
Bey, Loretta 264—265 洛蕾塔·贝
Bezos, Jeff 70，73 杰夫·贝佐斯
Bigelow, John 292—294 约翰·比奇洛
"A Bill for the More General Diffusion of Knowledge" (Jefferson) 141 《知识普及法案》（杰斐逊）
"Bill Gates effect" 150，187 "比尔·盖茨效应"
Birch, David L. 89—90，92 大卫·L.伯奇
birth circumstances 出生环境
ability to acquire analytic thinking skills and 57 获得分析性思考技能的能力和~
ability to rise in class and 55 阶层上升的能力和~
income and 56，151—152 收入和~

type of work and 55 工作类型和~
Blake, Frank 308 弗兰克·布莱克
Blank, Arthur 307 亚瑟·布兰克
Blasi, Joseph 261, 263—264 约瑟夫·布莱斯
Bowles, Jonathan 270—271, 277—278 乔纳森·鲍尔斯
Bradski, Gary 74 加里·布拉德斯基
brainstorming, value of 228 头脑风暴，~的价值
Brat, David 185 大卫·布拉特
Breckinridge, Mary 207 玛丽·布雷肯里奇
Brooklyn, New York 266—271, 278, 281—282, 284—285 纽约布鲁克林
Brooklyn Navy Yard 266—271 布鲁克林海军船厂
Brooks, Rodney 74—75 罗德尼·布鲁克斯
broom making 204—206 做扫帚
Brown, Chris 2 克里斯·布朗
Bunderson, J. Stuart 121—122 J. 斯图尔特·邦德森
Bureau of Labor Statistics (BLS) 153—155 美国劳工统计局
Burning Glass 154 凸透镜（公司）
Burton, Justin 203—206, 209 贾斯汀·伯顿
Bush, George H. W. 140 乔治·H. W. 布什
Buttonwood Corporation 278—279 梧桐树（公司）

Cadieux, Chester, III 308—310 切斯特·卡迪欧三世
"the called" 109—110 "蒙召者"
calling(s) 神召；天命
    algorithms to discover job candidates with 122 发现带有~的工作候选人的算法
    careers and jobs versus 118 事业、饭碗对~
    described 118—119 关于~的描述
    jobs as 12 作为~的工作
    sushi chef as 120—121 作为~的寿司厨师（工作）
    zookeeper as 121—122 作为~的动物园管理员（工作）
"The Call of the Wild: Zookeepers, Callings, and the DoubleEdged Sword of Meaningful Work" (Thompson and Bunderson) 121—122 "野性的呼唤：动物园管理员、神召和有意义工作的双刃剑"（汤普森和邦德森）
Canada 加拿大
    government guaranteed basic monthly income 316—318 ~政府保证的基本月收入
    primeage labor participation 37 ~黄金就业年龄的工作参与
Capital in the Twenty-First Century (Piketty) 157 《21世纪资本论》（皮凯蒂）
Capitalism, Socialism, and Democracy (Schumpeter) 88—89 《资本主义、社会主义和

民主》（熊彼特）
Cappelli, Peter　170　彼得·卡佩利
"career selfhelp industry"　27　"职业自助产业"
careers versus callings and jobs　118　职业 VS 天职和工作
Carlyle, Thomas　53—54　托马斯·卡莱尔
Case, Anne　37—38　安妮·凯斯
Certified B Corporations　303—305　B 认证集团公司
Chattanooga, Tennessee　70—71，73　田纳西州查塔努加
"chemistry game"　27—28　"化学游戏"
child labor laws　142　童工法律
China　271—272，274，278　中国
Chinchilla, Najahyia　43　纳贾希亚·钦奇利亚
Chomsky, Noam　65　诺姆·乔姆斯基
Chorlton Twist Company　238　乔尔顿纺织公司
Christensen, Clayton　46　克莱顿·克里斯滕森
Christopher Ranch　63—64　克里斯托弗农场
"city workers"　109—110　"城市工作者"
Clark, Dave　72　戴夫·克拉克
class system　阶级制度
　　belief in ability of those of low or moderate birth to rise　55　相信出身一般阶层甚至底层的人可以获得地位上升
　　middle class　7，53，58，256—257　中产阶级
Cleveland, Ohio　242—246，248—249　俄亥俄州克利夫兰
Clinton, Hillary　88，185　希拉里·克林顿
coal industry　199—200，206—207　煤矿工业
"Code wins arguments" ethic　227　"代码胜于雄辩"的伦理
Coen Gilbert, Jay　302—305　杰伊·科恩·基尔伯特
"coffinizing"　50　"棺材化"
college graduates　大学毕业生
　　BLS predictions about percent of jobs requiring degree　153—154　劳工统计局预测的需要学位的工作的百分比
　　credential creep and　153—154　文凭泛滥和~
　　degree as economic imperative　147　作为经济必需品的学位
　　from forprofit institutions　149—150　来自营利性学院的~
　　income of, and family socioeconomic status　151—152　~的收入和家庭社会经济地位
　　market value of degrees　148—150　学位的市场价值
　　most popular majors of　170　最受青睐的大学专业
　　as percent of freshman class　154　入学者中能够大学毕业的百分比

as percent of US workforce　153　美国劳动力总人口中～的百分比
        underemployment among　36　～中未能充分就业者的百分比
Collins, Randall　162—163　兰德尔·柯林斯
Colombia　37　哥伦比亚
commerce　商业
        brickandmortar retail　68—69　实体零售店
        online　69—73　线上～
community colleges　179—183，186—189，191—193　社区大学 / 学院
"comparative advantage" principle　75　"比较优势"原则
"competitive selfmanagement"　47—48　竞争性自我管理
Conn, Randall　202—203　兰德尔·康恩
Conn, Regina　202—203　雷吉娜·康恩
connectedness　109—110　联接性
Connelly, Steven　201—202　史蒂文·康奈利
contract work　合约工作
        coworking and　297　联合工作和～
        evaluation of product/performance　61—62　对产品 / 工作表现的评估
        flexibility　64—65　灵活性
        increase in　64—65　～的增长
        lack of benefits　64　福利的缺乏
        Loconomics and　260　Loconomics 移动工作市场和～
        as portable　61　便携式～
        unions and　289—290，295—296　工会和～
        wages　72—73，100　工资
Cook, Tim　163，186，276　蒂姆·库克
Coolbroth, Kyle　296—297　凯尔·库尔博罗斯
Cooperative Home Care Associates (CHCA)　251—252　家庭护理合作协会
Corning Glass　276—277　康宁玻璃公司
Cornyn, John　168　约翰·科宁
"corporate culture"　"企业文化"
        gender and criteria for fitting　33　性别及适合～的标准
        Hamilton's Rule and　30—31　汉密尔顿法则和～
        need to fit　28—30　适应～的需要
        reflecting in job interviews　28　工作面试中反映的～
cost of living versus wages　9　生活成本 VS 工资
Cotterman, Amy　49—51，66—67　艾米·科特曼
coworking arrangements　296—298　联合工作安排
creative destruction　88—89　创造性破坏

creative economy　201　创造性经济
"credential creep"　153—154　文凭泛滥
"crowdfleecing"　259　"在人群中剪羊毛"
Crowe, Curtis　283　柯蒂斯·克罗
Csikszentmihalyi, Mihaly　100—104　米哈伊·齐克森米哈利
Cubberley, Ellwood　143　埃尔伍德·克博莱
"cultural industry"　200—201　"文化产业"
cultural résumés　31—32　文化简历
Curnutte, Daryl　182—183　达里尔·科尔努特
Curry, Trace　188　特雷斯·库里

Daemo　259—260　Daemo（工人合作平台）
Dale, Anne Caroline　238　安妮·卡罗琳·戴尔
Dale, David　238　大卫·戴尔
Darden Restaurants, Inc.　127　达登餐饮有限公司
Darwin, Charles　215　查尔斯·达尔文
Dashi Dash　35　Dashi Dash 游戏
Dayton, Ohio　49，178—179　俄亥俄州代顿
Deaton, Angus　37—38　安格斯·迪顿
Democracy Collaborative　245—246　民主合作社
Design Necessities Initiative (DNI)　281—282　"设计必需品首创精神"（公司）
destiny, individual control of　55　个体对命运的掌握
Detroit, Michigan　201　密歇根州底特律
DeVos, Betsy　144　贝琪·德沃斯
Dewey, John　118—119　约翰·杜威
digital economy　数字经济
　　arts and crafts sales　203　工艺品销售
　　broadband access　206—207　宽带接入
　　characteristics needed to thrive in　57　在～中繁荣所需要的特征
　　culture of　227　～文化
　　decline in job creation　59　创造就业机会的下降
　　ecommerce　69—73　电子商务
　　inequality and　2—4　不平等和～
　　jobs in　2，170　～中的工作
　　online work "marketplaces"　258—259　在线工作"市场"
　　replacement of human intellectual capital with technology　11　以技术代替人类知识资本
　　"skill gap" in　163—165　～中的"技能鸿沟"
　　skills required in　56—57，59—60　～需要的技能

tools, structures, and processes as more valuable than people　262　比人更有价值的工具、结构和过程

　　unionization of technology workforces　257　技术劳动力联合化

"disruptive innovation,"　46　颠覆性创新

Dockery, Jane　191—193　简·多克里

Dodge v. Ford Motor Company (1919)　303　道奇诉福特汽车公司案（1919）

Douglas, Paul　146　保罗·道格拉斯

drone pilots　180，188—189　无人机飞行员

DrugFree Workplace Act (1986)　166　《工作场所禁毒法》（1986）

drug use　166—167　药物使用

dumpster pools　283—284　垃圾池

Duncan, Arne　144　阿恩·邓肯

Earned Income Tax Credit (EITC)　161—162　所得税抵免

Eastman, George　86—87　乔治·伊士曼

Eastman Kodak　86—87　伊士曼柯达公司

ecommerce　69—73　电子商务

Edin, Kathryn　159—162　凯瑟琳·爱丁

education. *See also* college graduates　教育。也见大学毕业生

　　Berea College　194—200，204—205　伯里亚学院

　　community colleges　179—183，186—189，191—193　社区大学；社区学院

　　compulsory　142　义务～

　　at elite institutions　148—151　精英学院的～

　　Finnish　218—225　芬兰的

　　Frontier Graduate School of Midwifery　207—208　边疆产科学院

　　future employment as purpose of　2—3，5，142—143，188　未来就业作为～目的

　　importance, in late eighteenth and nineteenth centuries　141—142　18世纪晚期和19世纪～的重要性

　　income and　146—147，151—152　收入和～

　　income of college dropouts compared to high school graduates　155　大学辍学者相对于高中毕业生的收入

　　industrialization and　142　工业化和～

　　liberal arts, as best preparation for future　199　人文学科作为对未来的最好准备

　　market value of higher and　145—148　高等～的市场价值以及

　　overselling, as prerequisite of employment　156　作为雇用先决条件的～被过分推销

　　quality of public　147　公共～的质量

　　STEM disciplines　168—169　STEM课程

　　student loans　151　学生贷款

索　引　291

Ehrenberg, David　269—270　大卫·埃伦伯格
Ellsworth, Jeri　45—46　杰里·埃尔斯沃思
Emerson, Ralph Waldo　286—287　拉尔夫·沃尔多·爱默生
employee-employer relationship　雇员 – 雇主关系
　　at-will employment and　255　随意雇用和~
　　market driven　291　市场驱动的~
　　Maslow and　111—112　马斯洛和~
　　midtwentieth century　111，299—300　20世纪中期的~
　　reciprocal obligation　255—256　互惠义务
Employee Stock Ownership Plans (ESOPs)　261—264　员工持股计划
Encouraging Employee Ownership Act (proposed　2017)　261　《鼓励员工所有权法》(2017年提案)
entrepreneurs and entrepreneurship　企业家和企业家精神
　　age of company and productivity　92—93　公司经营年限和生产率
　　as engine of growth　88　作为增长引擎的~
　　family-owned businesses　253—254　家族企业
　　industry deregulation and　89—90　撤销产业管制
　　jobs created by startups　89—90　初创公司提供的工作
　　jobs destroyed by startups　90—91　初创公司破坏的工作
　　manufacturing startups　277—278　制造业初创公司
　　nations with most　91　最富有~的国家
　　in New York City　270—271　纽约市的~
　　percent of total jobs from start-ups　94　初创公司总体工作的百分比
　　replicative versus innovative　91—92　复制型 VS 创新型
　　startups defined　91　初创公司定义
　　worker ownership of stock　261—264　员工持股
ephemeralization　59　少费多用
equality of opportunity, false nature of　56　机会平等的错误本质
Escamilla, Alex　284　亚历克斯·埃斯卡米拉
Essang, Sannakaisa　222—223　桑纳凯萨·艾桑
Evergreen Cooperative Corporation　242—245，248—250，264—265　常青合作社
Evergreen Cooperative Laundry　242—244　常青合作洗衣店
Evergreen Energy Solutions　243　常青能源解决方案
Ewing Marion Kauffman Foundation　90　考夫曼基金会

Facebook　85—87
Fairlie, Paul　229　保罗·费尔利
Fairmondo（易趣的数字合作社）　260

familyowned businesses　253—254　家族企业
Fink, Larry　301—302　拉里·芬克
Finland　芬兰
　　economy　215—216, 219, 232　经济
　　education　218—225　教育
　　immigration　213, 220—221, 223—224　移民
　　monthly income to unemployed　232—233　失业者的月收入
　　national character trait　216—217　国民性格/特征
　　population　213—214　人口
　　public services　215—216　公共服务
　　similarities to US　214　和美国的相似之处
　　trust in government　233　对政府的信任
　　wealth inequality　234　财富不平等
　　work malaise　225—226　工作不适
Finnair　276　芬兰航空公司
firefighters　106—109　消防员
flat corporate organizational structures　44—48　扁平的公司组织结构
"flight from work"　37　"逃离工作"
"flow"　101—104, 227　"心流"
food services　217—218　食品服务
Forget, Evelyn　317—318　伊夫林·福格特
"Four Horsemen"　85—86　"四骑士"
France　37　法国
Franklin, Ben　142　本·富兰克林
Fraser, Max　255　马克斯·弗雷泽
freelancers　自由职业者
　　coworking and　297　联合工作和~
　　evaluation of product/performance　61—62　对产品/工作表现的评估
　　flexibility of　64—65　~的灵活性
　　increase in　64—65　~的增长
　　lack of benefits　64　福利的缺失
　　Loconomics and　260　Loconomics（移动工作市场）和~
　　as portable　61　便携式的~
　　unions and　289—290, 295—296　工会和~
　　wages　72, 100　工资
Freelancers Union　295—296　自由职业者工会
Freeman, Richard　256—257　理查德·弗里曼
freemarket democracy, digital economy as threatening　2—4　自由市场民主，具有威胁性

的数字经济

Freud, Sigmund　51　西格蒙德·弗洛伊德

Friedman, Adam　278　亚当·弗里德曼

Friedman, Milton　298—299　米尔顿·弗里德曼

Frontier Graduate School of Midwifery　207—208　边疆产科学院

Frontier Nursing Service (FNS)　207—208　边疆护理服务

"fullbody rebellion"　43　全身反叛

Fuller, Buckminster　59　巴克敏斯特·富勒

Fuyao Glass Industry Group　190—192　福耀玻璃工业集团

Garrett, Lyndon　297　林登·加勒特

Gates, Frederick T.　143　弗雷德里克·T. 盖茨

gender　性别

 effects of joblessness and　19—20　失业的影响和~

 fitting corporate culture and　31　适应企业文化和~

 increase in number of unemployed who are not looking for work and　36—37　不在找工作的失业者的人数增长和~

 shifting job criteria and　32—33　变化的工作标准和~

General Motors　176—178　通用汽车

Georgia (US state)　275, 313　佐治亚州

Gerhardt, Tom　280　汤姆·格哈特

Germany　德国

 manufacturing jobs　271　制造业的工作

 prime-age labor participation　37　黄金年龄劳工的（工作）参与度

 reduced work hours　315　减少的工作时长

Gerstner, Louis　139—140　路易斯·格斯特纳

"ghost jobs"　171—172　幽灵岗位

"gig" economy.　5, 11　"临时"经济

Girls (television program)　28—29　《都市女孩》（电视节目）

Glass, David　307　大卫·格拉斯

Glassdoor　35　玻璃门（网站）

The Global Achievement Gap (Wagner)　224　《全球成就差距》（瓦格纳）

globalization　7—8　全球化

Goldin, Claudia　145—146　克劳迪娅·戈尔丁

Good, Thomas　140—141　托马斯·古德

Google (aka Alphabet)　谷歌（aka Alphabet）

 artificial intelligence and　79　人工智能和~

 daily searches on　78　~上的每日搜索

  as employer of choice　84　作为特别雇主

  as one of Four Horsemen　85—86　作为四骑士之一

  products　84　产品

  revenue sources　85　收入来源

Gordon, Robert　59　罗伯特·戈登

Gorelick, Abe　23—25, 31, 48　阿贝·戈雷利克

government　政府

  American trust levels in　233—234, 299　美国人对～的信任程度

  corporations as partners of　312　企业作为～的伙伴

  failure of, to prepare for future　301—302　～未能为未来做好准备

  Finnish, monthly income to unemployed workers　232—233　芬兰～每月向失业者发放生活费

  Finnish trust levels in　233　芬兰人对～的信任程度

  incentives to lure jobs　71—73, 274　～吸引就业的刺激措施

  midtwentieth century employee employer relationship and　299—300　20世纪中叶的雇主-雇员关系和～

  negative income tax proposed by Friedman　298—299　弗里德曼提议的负所得税

  political will to cure National Work Disorder　319—320　解决全国性工作乱局的政治意愿

  social welfare and job creation programs　299, 312—314, 316　社会福利和创造工作计划

  subsidies for reduced work hours　315　对工时减少的补贴

  wealth and　234　财富和～

  will needed to cure National Work Disorder　319—320　解决全国性工作乱局的意愿

"grand career narrative"　2　"关于职业的宏大叙事"

Great Depression　16—20　大萧条

Green City Growers,　243, 248—249

Gross Domestic Product (GDP)　国内生产总值

  components　8　国内生产总值的组成部分

Grubb, Norton　141　诺顿·格拉布

Grund, Francis　54　弗朗西斯·格伦德

Grusky, David　56—58　戴维·格拉斯基

Habits of the Heart (Bellah)　118　《心灵的习性》(贝拉)

Hackbert, Peter　200—201, 207—208　彼得·哈克伯特

"hacker" mentality　227　"黑客"心态

Halfteck, Guy　34—35　盖伊·哈尔夫特克

Hall, Ted　285　特德·霍尔

Hamilton, Alexander　264　亚历山大·汉密尔顿
"Hamilton's Rule"　30—31　"汉密尔顿法则"
handicraft revival movement　202　手工业复兴运动
Harrington, Jason Edward　124—125，129　杰森·爱德华·哈林顿
health　健康
 absence of work-life balance and　43　缺乏工作-生活平衡和～
 flat corporate organizational structure and　47　扁平式公司组织结构和～
 home health care industry　251—252　家庭保健产业
 increase in midlife mortality　37—38　中年死亡率的增加
 stack ranking and　48　员工排名和～
 24/7 work and　50　24/7 工作和～
 wages and job prospects and　37—38　工资、职业前景和～
Hegel　52　黑格尔
Henderson, Rebecca　299—302　丽贝卡·亨德森
Herlin, Antti　216　安蒂·赫尔林
Hershbein, Brad　151—152　布拉德·赫什宾
Highhouse, Scott　34　斯科特·海豪斯
high school graduate　高中毕业生
 income of college dropouts versus　151　大学辍学者对比～的收入
 percent decline in compensation for　36　对高中毕业生补偿比例的下降
 wages of community college graduates versus　186　社区学院毕业生对比～的收入
Hillbilly Elegy (Vance)　197—198　《乡巴佬的挽歌》(万斯)
Hira, Ron　168—169　罗恩·希拉
"hire yourself" phenomenon　31—32　"自雇"现象
Hiring Incentives to Restore Employment Act (2010)　313　《恢复就业激励法案》(2010)
Hoffman, Dennis　278—279　丹尼斯·霍夫曼
Hoffman, Steven　278—279　史蒂文·霍夫曼
holidays and vacation, average annual not taken　51　平均每年未休假期
Home Depot　306—308　家得宝
Hoover, Melissa　251—253　梅丽莎·胡佛
Horowitz, Sara　295—296　萨拉·霍洛维茨
Howard, Ted　245，249—250　霍华德·特德
How Did Employee Ownership Firms Weather the Last Two Recessions? (Kurtulus and Kruse)　263　《雇员所有制公司如何承受最近两次衰退？》(库尔图卢斯和克鲁斯)
"How Does Declining Unionism Affect the American Middle Class and Intergenerational Mobility?" (Freeman)　256—257　"工会主义的衰落如何影响美国中产阶级和代际流动？"(弗里曼)
"Human Intelligence Tasks"　258—259　"人类智能任务"

"human rentals" 238，255 "人力出租"

Humanyze 125—126

Hunnicutt, Benjamin 52—53 本杰明·亨尼克特

Hyden, Kentucky 208—210 肯塔基州海顿市

IBM 80

identity, job as individual's 25，27—28，51，132—133，235 工作作为个人的身份认同

immigration 移民

 in Finland 213，220—221，223—224 芬兰~

"inclusive prosperity" 260—261 "包容性繁荣"

income. *See also* wages 收入，也见"工资"

 Basic Income Guarantee 315—318 基本收入保障

 birth circumstances and 56，151—152，256—257 出生环境和~

 of children of members of unions 256 工会成员子女的~

 of college dropouts 155 大学辍学者的~

 of college dropouts versus high school graduates 151 大学辍学者对高中毕业生的~

 college education at elite institutions and 148—151 精英院校的大学教育和~

 distribution of 236 ~分布

 distribution to rentiers 61 食利者的~分布

 education and 146—147，151—152 教育和~

 Finnish monthly, to unemployed 232—233 芬兰失业者的月~

 median household 36 家庭~的中位数

 worker cooperatives and 258 工人合作社和~

indispensability 42 不可或缺性

industrial economy 产业经济

 efficiency in 6，320 ~的效率

 textiles and factories 238—239 纺织品和工厂

industrialization 99—100，142，227 工业化

Industrial Revolution 15—26 工业革命

innovation 创新

 as complementary to production process 272—273 ~作为生产过程的补充

 as creative destruction 88—89 ~作为创造性破坏

 as creator of abundance 86，88 ~作为丰富的创造者

 "crossplatform" collaborations 281—285 "跨平台"合作

 cultural meanings of 235 ~的文化意义

 "disruptive" 46 "破坏性"~

 as driver of productivity 6 ~作为生产力的驱动力

face-to-face interaction and　273　面对面的互动和～
hubs　269—270　～中心
investment in, by US firms　273　美国公司在～方面的投资
job satisfaction and　113　工作满意度和～
loss of jobs and　58—59　失业和～
negative effects of　11　～的负面影响
real economic impact of　87—88　～的真实经济影响
reflection needed for　228　对～所需的反思
research and　93　研究和～
"small batch" production　286　"小批量"生产
sustaining good work as goal of　13—14　可持续的好工作作为～目标
360 degree feedback and　45　360度反馈和～
working in teams to encourage "disruptive"　228　团队合作以鼓励"破坏性的"～

The Innovator's Dilemma (Christensen)　46　《创新者困境》(克里斯滕森)
"In Praise of Electronically Monitoring Employees" (McAfee)　126—127　"赞扬电子监控员工"(迈克菲)
Instagram　86—87
intergenerational mobility　56, 151—152, 256—257　代际流动
International Alliance of Theatrical Stage Employees, Moving Picture Technicians, Artists and Allied Crafts of the United States, Its Territories and Canada (IATSE)　290—291　美加、戏剧舞台员工和电影技术人员、艺人与工匠国际联盟
"interpersonal chemistry"　27—28　"人际化学反应"
"Investing in Our Children" (Committee for Economic Development, 1985)　138—139　"为我们的孩子投资"(经济发展委员会, 1985)
Irving, Texas　71—72　得克萨斯州欧文市
Israel　26　以色列

Jacobs, Edward　281—282, 288　爱德华·雅各布斯
Jahoda, Marie　17, 19　玛丽·亚霍达
Japan　日本
　　fear of, as economic and technological threat　138—139　将～当做经济和技术威胁而产生的恐惧
　　prime-age labor participation　37　黄金(就业)年龄劳动参与率
Jefferson, Thomas　54—55, 141, 264　托马斯·杰斐逊
Jiro Ono　120—121　小野次郎
job crafting　129　工作塑造
job creation　创造工作(就业机会)
　　age of company and　92—93　公司经营年限和～

298　工 作

　　at-will employment and　256　随意雇用和~

　　digital economy and decline in　59　数字经济和~的下降

　　by entrepreneurs and entrepreneurship　89—90　企业家和企业家精神导致的~

　　government incentives to companies to lure　71—73, 274　政府为~而给予企业的激励措施

　　government social welfare and job creation programs　299, 312—314, 316　政府的社会福利和创造工作计划

　　retail industry as most important　68　作为最重要的岗位提供者的零售产业

　　by start-ups　89—90　初创公司的~

The Job Generation Process (Birch)　89—90　《工作的生成过程》(伯奇)

job interviews　工作面试

　　desire to discover candidates with callings　122　发现带有神召/使命/天命的候选人的欲望

　　percent of applicants receiving　35　获得~的候选人百分比

　　"recrutainment" as replacement for　34—35　"招聘娱乐"作为~的替代品

　　reflecting "corporate culture" during　28　反思~中的"组织/企业/公司文化"

　　similarity of candidate to interviewer　30—32　候选人和面试官的相似性

　　simulation of job task as　34　模拟工作任务来进行~

　　value of　34　~的价值

joblessness. See also skills scam/ smokescreen　失业, 也见技能骗局/障眼法

　　blaming self for, in US　25, 27—28　在美国, 为~而自责

　　blaming system for, in Israel　26　在以色列, 为~而责怪制度

　　effects on society　19—20　~对社会的影响

　　Finnish government monthly income and　232—233　芬兰政府发放的月收入和~

　　identity and　25, 27—28, 132—133　身份认同和~

　　increase in number of unemployed who are not looking for jobs　36—37　不找工作的失业者数量的增加

　　Social Security disability payments and　37　社会保障残疾津贴和~

job openings. See also skills scam/ smokescreen　工作空缺, 也见技能骗局/障眼法

　　algorithms to discover job candidates with callings　122　发现带有神召/使命/天命的候选人的算法

　　average number of résumés per　35　每个空缺岗位收到的简历平均数

　　drug tests and　166—167　毒品检测和~

　　"ghost jobs"　171—172　"幽灵岗位"

　　in low-wage, low-skilled　164—165　低薪、低技能的~

　　online applications　159　在线申请

　　"plug and play" strategy　170　"即插即用"策略

　　ratio of applicants to　35　候选人和~的比率

jobs 工作/岗位/饭碗
    at-will employment and creation of 256 随意雇用和创造~
    "bad jobs strategy" 305—308 "坏工作策略"
    BLS predictions about percent requiring college degree 153—154 劳工统计局预测的需要大学学位的~百分比
    as callings 12, 118—121 ~作为神召
    careers and callings versus 118 事业和神召对~
    in coal compared to renewable energy 199—200 煤炭业和可再生能源业的~比较
    decrease in "good" 58—59 "好"工作的减少
    decrease in living-wage 7 能够提供最低生活工资的~的减少
    defining 9 对~下定义
    defining "good" 58 对"好"~下定义
    demand for college instructors 61—63 对大学教师的需求
    demand for farm labor 52—53 对农场工人的需求
    destroyed by startups 90—91 被初创企业毁掉的~
    Eastman Kodak 87 柯达公司
    ecommerce and 71—72 电子商务和~
    EITC and 162 所得税抵免和~
    fastest growing 60 增长最快的~
    gender and shifting criteria for 32—33 性别和变化的~标准
    "good job strategy" 308—311 "好工作策略"
    as identity 25, 27—28, 51, 132—133, 235 ~作为身份认同
    increase in number of unemployed, who are not looking for 36—37 不在找工作的失业者的人数增长
    most desired benefits 65 最想要的福利
    most threatened 81—82 最受威胁的~
    non-tradable defined 218 定义为"不可交易的"~
    as not defining relationship to work 132—133 具体岗位和工作的区别
    percent of total, from startups 94 初创企业提供~，工作总数的百分比
    prime-age labor participation 37 黄金就业年龄的工作参与
    "psychological ownership" of 39 对~的"心理所有权"
    readiness for, as focus of education 142—145 ~准备，作为教育的焦点
    in science and tech sector 168—170 科技领域的~
    "specs game" versus "chemistry game" in obtaining 27—28 求职中的"规格游戏"VS"化学游戏"
    stress and agency over 38—39 ~中的压力和能动性
    surveillance of employees 123—128, 227 对雇员的监控
    technology and skill level of 167 ~的技术和技能水平

true meaning of "freedom" and "flexibility" in 61—62, 64—65 ~"自由"和"灵活性"的真正含义

　　work versus 100—101 工作对饭碗 / 岗位
Jobs, Steve 105, 255 史蒂夫·乔布斯
job satisfaction. See also calling(s) 工作满意度。也见神召 / 天命
　　company loyalty to and trust in staff and 230—232 公司对员工的忠诚和信任以及~
　　decline in 113, 229 ~的下降
　　"following your passion" 105—106, 110 "追随你的热爱"
　　"happiest jobs in America" 292 "美国最令人幸福的工作"
　　self-actualization and 112—113 自我实现和~
　　surveillance of employees 128 对雇员的监控
JobsOhio 191—192 JobsOhio（一家以促进俄亥俄州就业增长和经济发展为目标的非营利性公司）
Joe the Welder 101—103 焊工乔
Johnson, Steven 180—181, 187, 191 史蒂文·约翰逊
Jones, Janell 58 贾内尔·琼斯
Joseph, Carol Graham Lewis 208—209 卡罗尔·格雷厄姆·刘易斯·约瑟夫
Jumpstart Our Business Startups (JOBS) Act (2012) 90 《初创企业扶助法案》（2012）

Kallahti Comprehensive School (Finland) 219—224 卡拉提综合学校（芬兰）
Kane, Tim J. 90 蒂姆·J. 凯恩
Katz, Lawrence 145—146 劳伦斯·卡茨
Kauffman Foundation 90 考夫曼基金会
Kelso, Louis 261—262 路易斯·凯尔索
Kentucky 275—277 肯塔基州
Keynes, John Maynard 322 约翰·梅纳德·凯恩斯
Knack 34—35 纳克公司
Kodak 86—87 柯达公司
Koppman, Sharon 32 莎伦·科普曼
Krieger, Mike 86 麦克·克里格
Kroger (grocery chain) 59 克罗格（连锁超市）
Krugman, Paul 169 保罗·克鲁格曼
Kruse, Douglas 263 道格拉斯·克鲁斯
Kurtulus, Fidan Ana 263 菲丹·安娜·库尔图卢斯

Laitio, Tommi 232—233 托米·莱提奥
Larregui, Dick 267—268 迪克·拉雷吉
Larson, Brian 310 布莱恩·拉森

Latvia　37　拉脱维亚

Lawrence, Massachusetts　173—175　马萨诸塞州劳伦斯市

Lazarsfeld, Paul　17　保罗·拉察斯菲尔德

Learning to Labor: How Working Class Kids Get Working Class Jobs (Willis)　155—156　《学做工：工人阶级子弟为何子承父业》（威利斯）

leisure　闲暇

 as natural human condition in absence of hunger　52　在非饥饿状态下，~作为人类的自然状态

 as sign of progress　52—53　~作为进步的标志

"lemon socialism"　263　"柠檬社会主义"

LePage, Paul　289, 291　保罗·莱佩奇

"license to operate"　301—302　"经营许可"

Lindner, Tim　73—74　蒂姆·林德纳

Lipson, Hod　81—83　霍德·利普森

Loconomics　260　Loconomics 移动工作市场

Lyft　72　来福车

Ma, Jack　69　马云

Madison, James　55　詹姆斯·麦迪逊

Maitlis, Sally　132—133　萨利·麦特利斯

"maker" movement　285, 287　"创客"运动

Manpower Development and Training Act (1962)　112　《人力发展和培训法案》(1962)

manufacturing industry and jobs　制造业和制造业工作

 "cross-platform" collaborations　283—285　"跨平台"合作

 goods produced in US　271　美国生产的商品

 as innovation contributor　272—273　为创新做出贡献~

 loss of　68, 271　~的损失

 outsourcing of　271—272, 274　~的外包

 recent growth since bottoming out　275　降至最低点后的近期增长

 skills shortage and　275—276　技能短缺和~

 "small batch" production　280—281, 285—286　"小批量"生产

 startups in　277—278　初创企业中的~

 urban　278—279　城市的~

Marienthal, Austria　奥地利马林塔尔

 industrialization　15—16　工业化

Market Basket　310—311　购物篮（连锁超市）

Marx, Karl　99, 314　卡尔·马克思

Maslow, Abraham　110—112, 130　亚伯拉罕·马斯洛

"Maslow needs" 111 "马斯洛的需求"
Massive Open Online Courses (MOOCs) 62 慕课
MathWorks 171—172 迈斯沃克公司
May, Warren A. 202 Warren A. May（工作室）
McAfee, Andrew 85—86，88，126—127 安德鲁·迈克菲
McGowan, George, III 297—298 乔治·麦高恩三世
McGrath, Charles 109 查尔斯·麦格拉思
McGrew, Jeffrey 285—286 杰弗里·麦格鲁
McKinley, William 64 威廉·麦金利
McMicken, John 244—245 约翰·麦克米肯
Meaning Meetings 122—124，132—133 意义会议
Meany, George 314 乔治·米尼
Mechanical Turk (MTurk) 258—260 土耳其机器人
Medoff, James 92 詹姆斯·梅多夫
Mehta, Jal 140 贾尔·梅塔
Melmen, Seymour 268 西摩·梅尔曼
"mere exposure effect" 30—31 "纯粹接触效应"
Meyerson, Harold 275 哈罗德·梅尔森
Michel, Alexandra 39—40，42—44 亚历山德拉·米歇尔
Michigan 313 密歇根州
middle class 中产阶级
    decline of 58 ~的衰落
    dignity of work and 53 ~的尊严和工作
    smaller percent of Americans in 7 美国~所占百分比减少
    unions and 256—257 工会和~
Miller, Bob 140 鲍勃·米勒
Mississippi 275 密西西比州
Mondragon Cooperative Corporation (MCC, in Spain) 246—248 （西班牙）蒙德拉贡集团
"moneyball for business" 125—126 "商业金球"
Monroe, James 240 詹姆斯·门罗
Moraine, Ohio 176—178，190—193 俄亥俄州莫雷纳
Morris, William 54，58 威廉·莫里斯
Moynihan, Daniel Patrick 312 丹尼尔·帕特里克·莫伊尼汉
Murka, Adam 176—179 亚当·穆尔卡
Murray, Charles 316 查尔斯·默里
Music Makers 202—203 音乐制作人

索　引　303

Nardelli, Robert　307—308　罗伯特·纳德利
National Association of Manufacturers (NAM)　163　全国制造商协会
National Commission on Excellence in Education report (1985)　138—139　全国杰出教育委员会报告（1985）
National Education Summits (1989 and 1996)　139—140　全国教育峰会（1989 和 1996）
national policy of winner-take-all　4　赢者通吃的国家政策
National Work Disorder, political will needed to cure　319—320　治愈全国工作失调所需的政治意愿
Newell, Gabe　45　加布·纽威尔
New Harmony, Indiana　240　印第安纳州新和谐镇
New Jobs Tax Credit (1977—1978)　313　《新就业税收抵免》（1977—1978）
New Lab　269—270，281—282　新实验室
Newsweek　216　《新闻周刊》
New York City　266—271，278，281—282，284—285　纽约市
New York Times　109，168，301　《纽约时报》
Nietzsche, Friederich　104　弗里德里希·尼采
Nightingale, Paul　92—93　保罗·南丁格尔
99 Degrees Custom　173—175　99度定制服装公司
Nixon, Richard　112　理查德·尼克松
Nokia　216，226，232　诺基亚
Norris, Deb　181—182　德布·诺里斯
Northrup, Jillian　285—286　吉莉恩·诺思拉普
Noyce, Robert　257　罗伯特·诺伊斯

Obama, Barack　巴拉克·奥巴马
　　ecommerce as future and　70—71，73　作为未来的电子商务和~
　　on entrepreneurship as engine of growth　88　~论作为增长引擎的企业家精神
　　on importance of college degree　147　~论大学学位的重要性
　　office design and 24/7 work and　43—44　办公室设计和 24/7 工作
online commerce　69—73　在线商务
The Organization Man (Whyte)　40　《组织人》（怀特）
Orlov, Laurie　251—252　劳里·奥尔洛夫
Osterman, Paul　164—165　保罗·奥斯特曼
outsourcing　外包
　　effects of　5　~的影响
　　government incentives and　274　政府激励和~
　　manufacturing jobs　271—272，274　~制造业工作
Owen, Christine　271　克里斯汀·欧文

Owen, Robert 237—241 罗伯特·欧文

Paavola, Kimmo 220—222, 224 基莫·帕沃拉
Pahkin, Leo 224 利奥·帕金
Panel Study of Income Dynamics (PSID) 151—152 "收入动力学追踪研究"
Patagonia 304 巴塔哥尼亚
payroll taxes 312—313 工资税
Perry, Rick 72 里克·佩里
Piketty, Thomas 157 托马斯·皮凯蒂
platform cooperatives 258—260 平台合作社
Pohjakallio, Pekka 225—232 佩卡·波哈卡利奥
Poland 37 波兰
Pollin, Robert 200 罗伯特·波林
Protugal 37, 313 葡萄牙
Pratt, Michael 97—98, 106—107, 109—110 迈克尔·普拉特
"precariat" and "precarity" 61—64 "朝不保夕族"和"朝不保夕"
Premier Source（公司）280
primeage labor participation in developed world 37 发达国家黄金（工作）年龄劳工的工作参与率
productivity 生产力；生产率
 age of company and 92—93 公司经营年限和~
 automation and 6, 262, 273 自动化和~
 CEO-to-worker compensation ratio and 131 CEO对员工补偿的比率和~
 of ESOPs 263 员工持股计划的~
 increase in worker, and "shareholder primacy" 131, 260 工人的增长，和"股东优先"
 in industrial economy 6 工业经济的~
 making meaning of work and 129 在工作中寻找意义和~
 surveillance of employees and 126—129 对雇员的监控~
 wages and 7, 260 工资和~
 working in teams to maximize 228 团队合作以将~最大化
Program of International Student Assessment (PISA) 225 国际学生评估项目
progress, assumptions about 6 进步，关于~的假设
protestant work ethic 53 新教工作伦理
Provost, Dan 280 丹·普罗沃斯特
public trust 公共信任
 Certified B Corporations and 303—305 B认证集团公司和~
 economic growth and 235 经济增长和~
 at end of twentieth century 233—234, 300 20世纪末~

in Finland　233　芬兰的～

in mid-twentieth century　299—300　20 世纪中叶的～

need of long-term prosperity and　300—301　长期繁荣的需要和～

"shareholder primacy" and　301　"股东优先"和～

solidaristic individualism and　235　团结的个人主义和～

wealth inequality and　234　财富不平等和～

Public Welfare Amendment to the Social Security Act (1962)　112　《社会保障法公共福利修正案》(1962)

Publix Super Markets　263　大众超级市场

Putman, Robert　233—234　罗伯特·普特曼

Quicken Loans　201　速贷公司

QuikTrip　308—310　快旅公司

The Race Between Education and Technology (Goldin and Katz)　145—146　《教育与技术之间的竞赛》(戈尔丁和卡茨)

Rasmussen, Helen　289—291　海伦·拉斯穆森

Reagan, Ronald　166　罗纳德·里根

recession of 2007—2011　36，61　2007—2011 年的衰退

"recrutainment"　34—35　"招聘娱乐"

renewable energy　199—200, 258　可再生能源

Renner, Bobby　194, 198　鲍比·雷纳

Renner, Robert　194—195　罗伯特·雷纳

"rentiers"　61　"食利者"

research　93—94　研究

residential real estate sector jobs　292—294　住宅房地产领域的工作

retail industry　零售业

　　as most important job creator　68　～作为最重要的岗位提供者

　　wages　68—69　～工资

retirement　退休

　　assets and ESOPs　263　～资产和员工持股计划

　　delaying of　37　延迟～

Richardson, Eric　318　埃里克·理查森

Rivera, Lauren　31—32　劳伦·里维拉

"Robo Madness" conference (2015, Cambridge, Massachusetts)　75—77　"机器人也疯狂"会议 (2015, 马萨诸塞州剑桥市)

robots　74—76　机器人

Roelofs, Lyle　196—197, 199—200　莱尔·罗洛夫斯

Romer, Paul　236　保罗·罗默
Roosevelt, Franklin Delano　142　罗斯福总统
Ross, Rubena　267—268　鲁宾娜·罗斯
Rovio　235　罗维奥公司
Royal Worcester Corset Company　68　皇家伍斯特紧身衣公司
Rus, Daniela　76　达尼埃拉·鲁斯

Sahlins, Marshall　52　马歇尔·萨林斯
Samuelson, Paul　273　保罗·萨缪尔森
Sandulli, Joe　256　乔·桑杜利
Sawyer (industrial robot)　74—75　Sawyer（工业机器人）
scarcity　42　稀缺性
Schmitt, John　58　约翰·施密特
Schumer, Chuck　168　查克·舒默
Schneider, Brenna Nan　173—175　布伦纳·南·施耐德
Schumpeter, Joseph　88—89　约瑟夫·熊彼特
Search, Theodore　143　西奥多·瑟奇
The Second Machine Age (McAfee)　85　《第二机器时代》（迈克菲）
security　104，112　安全
self-actualization　111—113　自我实现
self-driving cars　75　无人驾驶汽车
self-employment　61—62，64—65　自我雇用
self-esteem　自尊
　　"chemistry game" and　28　"化学游戏"和～
　　joblessness and　25，27—28，132—133　失业和～
　　money as measure of　42—43　金钱作为～的测量标准
"self-made man"　55　"白手起家的人"
Selman, Bart　80—81　巴特·塞尔曼
service workers　60　服务业员工
Shane, Scott　93　斯科特·沙恩
"shareholder primacy"　"股东优先"
　　Dodge v. Ford Motor Company (1919)　303　道奇诉福特汽车公司案（1919）
　　increase in productivity and　131，260　生产率的增长和～
　　public trust and　301　公众信任和～
Sharone, Ofer　25—28，35，38—39，47　奥弗·沙龙
shipbuilding　266—271　造船
ShopBot（一种工具）　285—286
"simulation" as part of job interview　34　"模拟"作为工作面试的一部分

Sinclair Community College 179—183，187—189，191—193 辛克莱社区学院
"Skill Demands and Mismatch in U.S. Manufacturing" (Osterman and Weaver) 164—165 "美国制造业的技能需求和匹配不足"（奥斯特曼和韦弗）
skills scam/smokescreen 技能骗局／障眼法
 business's desire for oversupply 171 企业对劳动力过剩的渴望
 employers claim of lack of trained workers is more than century old 163—164 一个多世纪以来，雇主声称训练有素的工人短缺
 is favorite argument of politicians and business leaders 163 ～是政客和企业领导喜欢持有的论点
 lack of workers with vocational skills 185—186 具有职业技能的工人的短缺
 low-wage, low-skilled were unfilled 164—165 低薪、低技能岗位雇用不足
 in manufacturing jobs 275—276 在制造业工作中的～
 obsolescence and 188 过时和～
 training former factory workers unemployed by automation and 185—186 为因自动化而被解雇的工人提供培训
 wages in science and technology sector 168—169 科技领域的工资
 as zombie idea 169 ～作为僵尸观念
Snellman 230—232 斯内尔曼公司
Snyder, Gary 46 加里·斯奈德
Social Security disability payments, percent of prime-working-age unemployed men receiving 37 黄金就业年龄的失业者领取社会保障残疾津贴的百分比
solidaristic individualism 235 团结的个人主义
Sonnenfeld, Jeffrey 301 杰弗里·索南费尔德
South Korea 152，313 韩国
Spain 37，246—248 西班牙
"sparks" 110 "火花"
"specs game" 27 "规格游戏"
Spence, Andrew Michael 287—288 安德鲁·迈克尔·斯宾塞
Sprecher, Leo 76—78 利奥·斯普雷彻
Spreitzer, Gretchen 297 格雷琴·斯伯莱兹
Squire, Mack 249 麦克·斯奎尔
stack ranking 48 员工排名
Standing, Guy 61—62 盖伊·斯坦丁
Stanton, Elizabeth Cady 142 伊丽莎白·卡迪·斯坦顿
Startup Acts 2.0 and 3.0 90 《创业法案》2.0 和 3.0
start-ups 初创公司
 defined 91 定义
 jobs created by 89—90 ～提供的工作岗位

  jobs destroyed by　90—91　~破坏的工作

  in manufacturing　277—278　制造业中的~

  percent of total jobs from　94　来自~总体工作的百分比

Stock, Richard　188—189　理查德·斯托克

Stone, Edward Durell　179—180　爱德华·斯通·迪雷勒

"Store Teller Machines" (STMs)　167　"商店出纳员机器"

Strahorn, Fred　192　弗雷泽·史特拉洪

stress　压力；紧张

  cost to US economy　38　~导致的美国经济的代价

  stack ranking and　48　员工排名和~

  surveillance of employees and　128, 227　对员工的监控和~

Studio Neat（公司）　280

success　成功

  costs of　67　~的代价

  defining　66　定义~

Sullivan, Patrick, III　107—110　帕特里克·沙利文三世

Summers, Clyde W.　255　克莱德·W. 萨默斯

Summers, Larry　260—261　拉里·萨默斯

sushi chef as calling　120—121　将寿司主厨当做天命

Sweden　37, 313, 315　瑞典

Systrom, Kevin　86　凯文·斯特罗姆

tax credits　313—314　税收抵免

taxes　276—277, 298—299, 312—313　税收

Taylor, Frederick　163　弗雷德里克·泰勒

Taylor, Mary　190　玛丽·泰勒

teamwork　228　团队合作

technology. See also digital economy　技术。也见技术经济

  digital fabrication　279—281, 287—288　数字制造

  distribution of benefits of　236　~带来的好处的分配

  Finnish economy and　216, 218—219　芬兰经济和~

  replacement of human intellectual capital and　11　对人类智力资本的替代和~

  skill level of jobs and　167　工作的技术水平和~

  worker cooperatives　258—260　工人合作社

Terny, Francois Xavier　282　弗朗索瓦·泽维尔·特尼

Texas　71—72　得克萨斯州

textile industry　238　纺织业

The Theory of the Leisure Class (Veblen)　41　《有闲阶级论》（凡勃伦）

"There's a Lot of Month Left at the End of the Money" (Edin) 160—161 《入不敷出》（爱丁）
"Third Industrial Revolution" "第三次工业革命"
　　"cross-platform" collaborations 281—285 "跨平台"合作
　　digital fabrication technology 279—281, 287—288 数字制造技术
　　manufacturing startups 277—278 制造业的初创企业
　　"small batch" production 280—281, 285—286 "小批量"生产
　　urban manufacturers 278—279 城市制造商
Thompson, Jeffery 121—122 杰弗里·汤普森
"360 degree feedback" 45 "360度反馈"
Tipton, David 209—211 大卫·蒂普顿
Tocqueville, Alexis de 55 亚历克西·德·托克维尔
Todesco, Hermann 15—16 赫尔曼·托代斯科
Ton, Zeynep 305—306, 308, 310—311 泽伊内普·托恩
Toomey, Pat 261 帕特·托米
Training Within Industry program 169 工业培训计划
"triple bottom line" 302—303 "三重底线"
Trump, Donald 唐纳德·特朗普
　　election of 321 ~的当选
　　entrepreneurship and 88 企业家精神和~
　　use of words "work" or "jobs" in campaign 1 ~在竞选时对"工作"或"岗位"的使用
　　as "workaholic in chief" 42 ~作为"首席工作狂"
TSA employees 124—125 运输安全管理局的雇员
"Turkers" 258—259 "土耳其机器人"
24/7 work 24/7工作（每周工作7天，每天工作24小时）
　　flat corporate organizational structure and 47 扁平公司组织结构和~
　　health and 43, 50 健康和~
　　office design and 43—44 办公室设计和~
　　pride in 50 以~为傲

UAL Corporation 263 美联航
Uber 72 优步
Uganda 91 乌干达
unemployed workers. See also skills scam/smokescreen 失业工人；失业者。也见技能骗局/障眼法
　　Finnish government monthly income to 232—233 芬兰政府每月向~发放的生活费
　　increase in number of, who are not looking for jobs 36—37 不找工作的~数量的增加

percent of prime-working-age males receiving Social Security disability payments　37　处于黄金工作年龄的男性中领取社会保障残疾津贴者的百分比

unions　工会

 collective bargaining　290　集体议价

 decline in membership in US　254　美国～成员数量的减少

 incomes of children of members　256　～成员子女的收入

 for independent contractors　289—290, 295—296　独立合同工的工会

 middle class and　256—257　中产阶级和～

 outsourcing in EU nations and　274　欧盟国家的（工作）外包和～

 support for　291　对～的支持

 technology workforce and　257　技术工人和～

 wages and　255　工资和～

 worker cooperatives as similar to　254　工人合作社与～类似

 worker protections and　256　对工人的保护和～

United Kingdom　37　英国

Up in the Air (film)　50—51　《在云端》（电影）

Upward Bound　194—195　"继续升学计划"

Uslaner, Eric　235　埃里克·尤斯兰纳

vacation and holidays, average annual not taken　51　平均放弃的假期

Valve Corporation, "Flatland"　44—46　维尔福公司，"平地"

Vance, J. D.　197　J. D. 万斯

Vanguard　282　先锋公司

Vardi, Moshe　79　摩西·瓦尔迪

Veblen, Thorstein　41　凡勃伦

Vesterbacka, Peter　235　彼得·维斯特巴卡

Victorian Era aristocrats　52　维多利亚时代的贵族

Volkswagen　71　大众汽车

wages　工资；薪水

 automation and　73—74, 82　自动化和～

 "bad jobs strategy"　307—308　"坏工作策略"

 CEO-to-worker compensation ratio　131　CEO 对员工补偿的比率

 community college graduates versus high school graduates　186　社区学院毕业生 VS 高中毕业生的～

 of contract employees　72—73, 100　合同工的～

 cost of living versus　9　生活成本对～

 cost of robots versus workers'　75, 77—78　机器人的成本 VS 工人的～

  current manufacturing jobs　275　当前的制造业工作
  decrease in living-wage jobs　7　能够提供最低生活工资的工作的减少
  ecommerce jobs　72—73　电子商务工作
  ESOPs and　262　员工持股计划和～
  of European outsourced jobs　274　欧洲外包工作的～
  of fastest growing jobs　60—61　增长最快的工作的～
  in Finland　217　芬兰的～
  globalization and　7　全球化和～
  of "good" job　58　"好"工作的～
  "good jobs strategy"　308—310　"好工作策略"
  of home health care aides　252　家庭保健的～
  labor shortage and　63—64　劳动力短缺和～
  lagging demand for goods and　299　对商品需求的滞后和～
  low-wage, low-skilled as unfilled　164—165　无人雇用的低薪、低技能岗位
  percent decline in, for high school graduates　36　高中毕业生～下降的百分比
  productivity and　7, 260　生产力和～
  retail jobs　68—69　零售工作
  in STEM sector　168—169　STEM领域的～
  tool and die makers　183—185　工具和模具制造者
  unions and　255　工会和～
  worker cooperatives and　260　工人合作社和～
Wagner, Adolph　311　阿道夫·瓦格纳
Wagner, Tony　224—225　托尼·瓦格纳
Wall Street banker　华尔街银行家
  as "coin operated"　42　金钱导向的～
  flat corporate organizational structure　44　扁平的公司组织结构
  office design　43—44　办公室设计
  24/7 work　43　24/7工作
Walmart　70　沃尔玛
Warner, Mark　75—76, 261　马克·沃纳
Washington, George　55　乔治·华盛顿
Waste Pro USA　123—124　Waste Pro USA垃圾回收公司
wealth　财富
  average household losses during 2007-2011 recession　36　2007—2011衰退期户均～损失
  trust in government and　234　对政府的信任和～
  of US founding fathers　54—55　美国开国元勋的～
  during Victorian Era　52　维多利亚时代的～
"wealth effect"　255　"财富效应"

wealth inequality 财富不平等
    birth circumstances and　55—56, 151—152　出生环境和~
    consumer demand and　262　消费者需求和~
    currently in US　4　美国当前的~
    income distribution rules　236　收入分配法则
    "small batch" manufacturing and"　281　"小批量"生产和~
    technology and　236　技术和~
    trust in government and　234　对政府的信任和~

Weaver, Andrew　164—165　安德鲁·韦弗
Weber, Max　53　马克斯·韦伯
Weiss, Howard　114—115　霍华德·韦斯
welfare　161, 299　福利
Why Good People Can't Get Jobs (Cappelli)　170　《为什么好人找不到工作》（卡佩利）
Whyte, William H., Jr.　40—41　小威廉·H. 怀特
Wicks-Lim, Jeannette　156　珍妮特·威克斯－林
Wiener, Norbert　259　诺伯特·维纳
Williams, Rosalind　46　罗莎琳德·威廉姆斯
Williams-Steiger Occupational Safety and Health Act (1970)　112　《威廉姆斯－斯泰格职业安全和健康法案》(1970)
Willis, Paul　155—156　保罗·威利斯
Willis Towers Watson　65　威利斯·托尔斯·沃森
Witherell, Rob　254, 257—258　罗博·威瑟尔
work　工作
    in absence of need, is not natural human inclination　52　在非必要时，并非自然的人类倾向
    average hours in 1950s of executives　41　1950 年代高管的平均~时间
    average hours in 2000s of executives　41—42　2000 年代高管的平均~时间
    centralization of　99—100　~的集中化
    as "cornerstone of humanness"　51　作为"人性的基石"
    craft and industrialization of　99　手工艺及~的工业化
    defining　8—9　定义
    dignity of, and middle class　53　~的尊严，中产阶级
    "Do now, think later" strategy　227—228　"先行动后思考"策略
    feeling passionate about　104—105　感觉对~有激情
    glorification of　104　对~的称颂
    inventing, for humans　75—76　为人类发明~
    jobs versus　100—101　岗位/饭碗对工作
    "malaise" described　226—227　描述~"不适"

myth of control over　25　掌控～的迷思
　　as outside employment context　10　雇用情境之外的～
　　passion for, but not for job　132—133　对～而非对岗位的热爱
　　reducing hours of　314—315　减少工时
　　as "requirement" of citizenship　161　～作为公民身份的"必要条件"
　　sanctity of　1　～的神圣性
　　as source of happiness　54　～作为幸福的源泉
　　sustaining good, must be goal　13—14　维持好～，必须成为目标
　　unpaid　20　无报酬～
　　use of word by politicians　1　政客们对该词的使用
　　"youth guarantee" of employment　218　对就业的"青年保障"
work, meaningful　工作，有意义的
　　elements of　106　～的要素
　　making　12，129—130，227　寻找意义
　　for millennial generation　304　工作对千禧一代的意义
　　as product of own efforts　322　有意义的工作作为自我努力的产物
　　quest for meaning through　97—98　通过工作寻求意义
　　reciprocal obligation between employers and employees　255—256　雇主和雇员间的互惠义务
　　seeing selves as "human rentals"　255　将自己作为"人力出租"
"workaholics"　41—42　"工作狂"
Work Colleges Consortium　195—196　工作学院联盟
Worker Cooperative Business Development Initiative (New York City)　252　工人合作企业发展倡议（纽约市）
worker cooperatives　工人合作社
　　arts and crafts movement and　258　工艺美术运动和～
　　current laws　264　当前的法律
　　Democracy Collaborative　245—246　民主合作社
　　Evergreen Cooperatives　242—245　常青合作社
　　Founding Fathers and　264　开国元勋和～
　　growth of　252—254　～的增长
　　"inclusive prosperity" and　260—261　"包容性繁荣"和～
　　incomes in　258　～的收入
　　IT platform　258—260　IT平台
　　Mondragon Cooperative Corporation　246—248　蒙德拉贡集团
　　number in US　251　～在美国的数量
　　Owen and　239—240，251　欧文和～
　　ownership and equity as key　252　作为关键的所有权和公平

as way to revitalize threatened neighborhoods　252—253　作为给遭受威胁的社区重新赋予活力的办法

work-life balance　工作 - 生活平衡

workweek, reducing hours of　314—315　一周工作时间的减少

Wright, Erik Olin　316　埃里克·奥林·赖特

Wrzesniewski, Amy　艾米·瑞斯尼维斯基

 background　116—119　背景

 jobs as answering a calling　12　工作作为对蒙召的回应

 on making meaning of work　129—130　关于在工作中寻找意义

 Meaning Meetings　122—124，132—133　意义会议

 on productivity and surveillance of employees　128—129　关于生产率和对于员工的监控

Ylä-Anttila, Pekka　218—219　拜卡 – 于兰·安提拉

Zeisel, Hans　17　汉斯·蔡塞尔

"zerodrag employees"　51　"零阻力员工"

"zombie ideas"　169　"僵尸观念"

zookeeper as calling　121—122　作为蒙召的动物园管理员

Zuckerberg, Mark　232　马克·扎克伯格